퇴행은 저지하고 희망은 만든다

생명평화민주주의총서 1

퇴행은 저지하고 희망은 만든다

사단법인 생명평화민주주의연구소 엮음

자유문고

퇴행은 저지하고 희망은 만든다

정범진(사단법인 생명평화민주주의연구소 이사장,
bjj0816@gmail.com)

2024년 한국 사회는 거대한 퇴행을 경험하고 있다. 불평등은 더욱 심화되고, 민주주의는 훼손되고 있으며, 남북 관계는 파탄에 이르렀다. 대한민국과 조선민주주의인민공화국, 가진 자와 못 가진 자, 진보와 보수 사이에서 공동체는 사라졌다.

인류공동체는 어떠한가? 러시아와 우크라이나의 전쟁, 이스라엘과 팔레스타인 전쟁 소식을 거의 실시간으로 접하지만 학살은 계속되고, 전쟁을 끝내지 못하고 있다. 나치의 학살을 아우슈비츠 수용소에서 목도한 프리모 레비는 "이것이 인간인가?"라고 물었다. 오늘날의 인류는 이 물음에 답할 수 있는가?

지구공동체는 어떠한가? 채굴과 화석 연료에 의존하는 산업사회의 등장 이후 생태계 파괴는 임계점을 넘어섰다. 지난해 2023년이 12만 5천년 만에 가장 무더운 한 해로 기록되었다는 소식은 이제 전혀 낯설지 않다. 인간의 탐욕을 바탕으로 유한한 지구에서 무한한 성장을 추구하는 자본주의 체제가 강제하는 지구온난화는 비인간 생물종의 멸절을 넘어 여섯 번째 대멸종, 인류 자신의 생존을 위협하고 있다.

여기에 더해 모든 재난은 불평등하게 다가온다. 가난한 사람, 못사는 나라, 차별과 배제로 밀려난 소수자에게 더 일찍, 더 강하게, 더 자주 타격을 가한다. 많은 사람이 위기라고 한다. 그리고 나름의 해법을 제시한다. 하지만 위기와 경고에도 불구하고 사태가 해결되지 않고 있는 이유는 단 하나다. 그 해법이 진실을 은폐한 가짜였기 때문이다. 진실은 현재의 지배질서와 기득권 구조를 유지하려는 강력한 힘에 의해 가리워져 있다.

'2024 생명평화민주주의총서'『퇴행은 저지하고 희망은 만든다』는 2022년 12월 14일 출범한「사단법인 생명평화민주주의연구소(이하 '연구소')」의 지난 1년여 활동의 결과물 중 하나이다. 연구소는 지구공동체는 생명의 위기가, 인류공동체는 불평등의 위기가, 여기에 더해 한반도공동체는 전쟁의 위기라는 삼중고의 위기가 짓누르고 있는 상황에서 이를 극복할 수 있는 담론 구축과 주체 형성에 이바지하는 것을 목표로 창립했다.

이는 '생명평화민주주의'라는 총체적 개념과 '생명담론, 평화담론, 민주주의담론'으로 구획지을 수 있다. '생명담론'은 지구공동체에서 생명 질서의 회복을, '평화담론'은 인간과 비인간 자연의 공존, 불평등의 해소를, '민주주의담론'은 대의제를 넘어 주체 및 대상, 영역의 확장과 심화를 지향한다. 이들 담론은 상호 연결되어 있으며, 사회운동의 주체인 개인은 영성에 대한 성찰과 인식의 총체성 획득을 통해 사회적 실천으로 외화시킨다. 그것은 혁명이고 체제전환이며 새로운 문명의 건설이다.

총서는 크게 3부로 기획되었다.

1부는 '모색'이다. 생명과 평화, 민주주의의 관점에서 기술되었다. 채효정은 "농農을 중심으로 한 체제전환 운동"을, 김일한은 "롤러코스트 타기: 김정은 시대 북한경제"를, 하태규는 "디지털 플랫폼 감시 인공지능 자본주의의 동학"을 통해 오늘 우리 사회의 '생명평화민주주의운동'의 단면들을 보여준다. 이들 글은 모두 '생명평화민주주의총서'를 염두에 두고 기획되었다. 전혀 다른 영역을 다룬 전문가들의 글이지만 독자들은 우리의 생명평화민주주의가 어떤 내용으로 채워져야 하는지를 느껴볼 수 있을 것이다.

2부는 '현장'이다. 연구소의 담론은 현장에서의 실천과 괴리될 수 없다. 모두 12편의 글이 각 부문 운동의 현장에서 복무하는 운동가의 시선으로 쓰였다. 노동 이영주, 평화 신은섭, 성평등 양이현경, 농민 박미정, 교육 천보선, 의료 심희준, 언론 이명재, 기후 정록, 마을 임진철, 전쟁 쥬, 유엔사 문장렬, 평화운동의 평가와 전망 최은아의 글들이다. 지난해 쓰인 글이지만 문제의식은 여전히 유효하다. 우리 사회 곳곳의 투쟁 현장에서 헌신하는 이들의 고뇌, 전망과 대안이 담겨 있다. 독자들은 연대를 청하는 목소리에 귀를 기울이게 될 것이다.

3부는 '공부'다. 연구소의 회원들이 세상을 읽어내고, 새로운 전망을 세우기 위해 노력하는 과정에서 접한 책들에 대한 서평이다. 디지털, 문명 비평, 전기에 이르기까지 영역은 다양하다. 스마트폰과 소셜미디어로 대변되는 시대, 책은 이미 낯설고 불편한 존재가 되었다. 하지만 독자들이 몇 개의 서평을 접하고, 이것이 계기가 되어 책을 통해 성찰의 시간을 갖게 된다면 그것은 기대 이상이다.

총서의 필진으로 참여한 모든 이들께 깊은 감사의 인사를 전한다.

연구소 출범과 유튜브 시민교육채널 '길' 운영, 생명평화민주주의 전문 웹진 『正道精進』 발간, 신진 연구자 발굴 및 지원, 정례토론회 등의 활동에 많은 분들의 정성과 도움을 받았다. 그 고마움을 책의 말미에 이름 석 자를 올리는 것으로 대신했다. 김재승, 윤기홍, 하태규, 김성환 이사의 봉사와 헌신이 연구소의 오늘이 가능하게 만들었다는 점을 특별히 강조하고 싶다.

많이 모자라고 부족하지만 지난 1년여 활동의 결과물을 세상에 내놓는다. 이것은 우리의 세상을 향한 부끄러운 자기 고백이자 선언이다. 동학 2대 지도자 해월 최시형은 그날이 언제 올 것인지를 묻는 제자의 질문에 "길바닥에 비단이 깔릴 때"라고 답한다. 「사단법인 생명평화민주주의연구소」는 비단을 만들고, 그 비단을 깔 사람을 찾는 노력을 게을리 하지 않을 것이다.

2025년에는 보다 더 알차고 성숙한 생명평화민주주의로 찾아뵐 것을 약속한다.

추천사

이 책은 전면적, 총체적 다중 복합위기를 이겨내고, 새 세상을 만들기 위해서 제대로 길을 찾고(모색) 대중과 함께 실천하고(현장) 더 크고 넓은 노력(공부)을 하자는 '정도정진' 안내서입니다. 저부터 제대로 읽고, 주위의 이삼십대 젊은이들에게 읽고 실천하라고 권면하겠습니다.

— 정성헌, (사)한국DMZ평화생명동산 이사장

학술지도 대중지도 아니다. 그러나 우회하지 않고 문제의 본질을 꿰뚫어 본다. 일부 지식인과 종교인들이 주장했던 생명평화 담론을 묵직한 톤으로 담아냈다. 이 책의 발간을 계기로 생명평화가 21세기 대안 담론으로 우리 사회에 우뚝 서기를 기대해 본다.

— 황대권, 생명평화운동가, 『야생초편지』 저자

모두가 이성을 잃은 듯한 지금 시대에 이 책에 담긴 모든 논의와 주장이 영감을 불어넣는다. 오늘날처럼 전례 없는 시대에 꼭 필요한 '계몽啓蒙적'인 담론이다. 벌써 연구소의 다음 결과물이 기다려진다.

— 윤병훈, 사회적경제 미디어 '이로운넷' 발행인

인류역사의 진보운동은 잠정적 유토피아운동에 다름 아니다. 이는 퇴행과 반동에 맞섬과 저항—제도혁신과 정치전환—대안건설과 구축의 동시적 구동과 공진화 가운데 이루어진다. "퇴행은 저지하고 희망은 만든다"는 『생명평화민주주의총서 1』은 위의 세 차원을 모두 포괄하고 있는 책이다.

새로운 시대를 갈망하며 고민하는 이들에게 꼭 일독을 권하고 싶다.

　　　　　　　　　　　　－임진철, 직접민주마을자치전국민회 상임의장

한국사회와 전 지구촌이 절박한 공동체 위기에 처하고, 남북관계까지
파탄에 이르고만 시대에 실천적 대안을 모색할 뿐 아니라 각계 현장의
목소리까지 담아낸 역작이 나와 참으로 고맙다. 출범 1년 만에 이런 책을
낸 것도 매우 놀라운 성과이다. 앞으로 「사단법인 생명평화민주주의연구
소」의 힘찬 활동이 우리 시대의 비전에 목마른 모든 이들에게 희망을
오롯이 세울 수 있는 큰 버팀목이 되길 기대한다.

　　　　　　　　　　　　　　　　　－정연진, AOK한국 상임대표

1부

· · ·

모색

*채효정의 「농農을 중심으로 한 체제전환 운동」은 '생명'의 관점에서, 김일한의 「롤러코스트 타기: 김정은 시대 북한경제」는 '평화'의 관점에서, 하태규의 「디지털 플랫폼 감시 인공지능 자본주의의 동학」은 '민주주의'의 관점에서 기획·준비된 글이다.

'농農'을 중심으로 한 체제전환 운동[*]

| 채효정_기후정의동맹, measophia@naver.com |

1. 왜 '농農'인가

'농' 중심의 체제전환이란 말은 잘 와 닿지 않는 말이다. '노동 중심'은 들어봤어도 '농 중심'이란 말은 잘 들어보지 못했을 것이다. '노동자·민중'과 함께 농민은 80년대까지 사회운동 속에서 계속 변혁의 주체로 호명되었지만, 어느 순간부터 농민은 진보운동 안에서도 소수가 되었다. 30년 전만 하더라도 농학연대는 노학연대와 함께 중요한 민중연대의 한 축을 이루고 있었고, 80년대까지 소설, 영화 등 여러 문학작품과 예술작품 속에서 농민은 민중의 형상을 대표하는 존재였다. 또한 농민운동은 90년대 반세계화 반신자유주의 투쟁에서 선봉에 서 있었다. 그보다 더 앞서, 동학농민혁명이 보여주듯이 봉건질서와 제국주의 침략에 맞서 가장 앞장섰던 것도 농민들의 저항이었다. 90년대 우루과

---

[*]이 글은 필자가 2024년 2월 2일 '2024 체제전환운동 포럼'에서 발표한 글에 대한 토론 결과 등을 반영하여 수정한 것이다.

이 라운드 반대투쟁, 2003년 멕시코 칸쿤에서 이경해 열사가 목숨으로
항거했던 WTO 반대투쟁, 노무현 정부에서 이명박 정부까지 이어졌던
한미FTA 반대 투쟁, 박근혜 정부 퇴진 시위의 도화선이 되었던 백남기
열사의 저항에 이르기까지, 한국 사회운동의 중요 국면마다 저항의
최선두에 농민이 있었다. 그랬던 농민들이 이젠 '약자', '피해자'로
불리며 구호와 지원의 대상이 되었고, 농민운동은 전체 사회운동
안에서도 주변화 되었다. 90년대 이후부터 본격화된 환경운동의 틀
속에서 농업 문제는 주로 먹거리와 관련하여 '농업-먹거리' 문제로
의제화 되었지만, 생협 운동, 친환경 급식, 도시텃밭, 직거래 운동
등의 사례에서 보듯이 농촌보다는 도시 소비자 중심으로 재편되었다.
수입농산물 개방 반대 운동은 대중적 공감대를 만들어내기도 했지만,
애향심과 민족주의적 감정에 호소하면서 반자본, 반체제 성격의 농민
운동으로 나아가지는 못했다. 농촌·농민운동에서 중요한 개념이었던
'지산지소'나 '신토불이'는 신자유주의 이후 태어나 수입 식품이 편의점
과 마트 진열대를 가득 채운 것을 보고 자라난 세대에겐 전혀 와
닿지 않는 말이 되었다. '신토불이'는 유행가 가사로 남거나, '로컬
푸드' 같은 매끈한 말로 대체되었다. 땅 살리기 농 살리기 운동도
유기농, 친환경, 원산지 표기 등 여러 식품인증제의 형태로 제도화되면
서 시장주의적인 '농업-먹거리' 체제 내로 포섭되었다. 기후생태위기
속에서 식량위기와 농업의 중요성이 다시금 대두되고 있지만 '농 중심
의 사회로 가자'고 하면, 진보 좌파는 물론, 환경운동가들 사이에서도
'과거로 돌아가자는 말이냐'는 말이 돌아온다. 기후위기 최일선 당사자
로 농민이 다시 호명되고 있지만, 그 호명은 주로 '피해자'로서의 농민,

'피해지역'으로서의 농촌을 바라보는 관점 속에 머물고 있다.

최근 '농업, 농민, 농촌' 문제를 공론장의 주요 의제로 끌고 온 것은 '기후위기' 담론임은 분명하다. 꿀벌 집단 폐사, 사과 한계선의 북상, 아열대 작물 재배, 가뭄, 이상기후로 인한 농작물 피해, 각종 병해충과 감염병 등 기후위기를 구성하는 많은 이야기 소재들이 농촌과 관련된 이야기들이다. 농업은 다른 산업과 달리 그 성격상 기후변화에 직접적인 영향을 받을 수 없기 때문이다. 기후위기가 날로 체감되고, 그것이 식량위기와 연결되어 있다는 위기감 속에 농업 전환의 필요성에 대한 인식은 확산되고 있지만, 그 관점은 대부분 도시 소비자나 기술전문가들의 관점이고, 해결 대안 역시 여전히 기술주의적 시장주의적 해결책을 벗어나지 못하는 체제유지적 농업전환 계획이다. 미래농업, 기술농업, 정밀농업, 혁신농업 등등의 이름으로 불리는 농업 재편 전략 속에서, 농촌과 농민은 전문가들이 미래를 보여주고, 기술을 가르치며, 혁신해야 할 대상이 된다. 그럴수록 농업은 더욱더 자본에 포획되고, 농민은 점점 더 체제에 종속된다.

2000년대 말부터 자본주의의 위기와 신자유주의의 실패 속에서 전 지구적으로 반체제 저항운동이 번져나가고 있지만 그 사이 도시와 농촌의 분리 단절은 더 심화되어 도시 중심의 저항운동은 농촌을 저항의 장소로, 농민을 저항 주체로 점점 더 상상하지 못하게 되었다. 체제전환운동 속에서도 많은 활동가들이 농업에 대한 자본주의적 수탈과 착취를 피상적으로는 알고 있지만 구체적인 변화와 현실은 잘 모르고, 이론과 사상은 단절되었으며, 그 결과 농업 전문가들이 만들어내는 주류 담론에 대해 농민의 입장에서 제대로 반박하며 싸워

나가지 못하고 있다. '농촌소멸론' 같은 새로운 축출 담론에 대해서도 여기에 제대로 반박하는 대항담론을 만들지 못하는 것이 현재 체제전환 운동의 현실이다.

역사적 변화 속에서 자본주의 체제와 축적 양식에도 변동이 있었고, 그 과정에서 당연히 노동체제 변동과 함께 농업체제도 변동이 있었을 것임에도, 자본주의적 농업 체제의 착취 수탈에 대한 우리의 인식은 도시 산업 노동자의 '저렴한 임금'을 떠받치기 위한 '저렴한 식량' 공급의 필요라고 하는 형태, 즉 산업자본주의 시기의 농업체제에 머무르고 있다. 특히 지난 30년간 농촌 사회에 급격한 변화를 가져온, '신자유주의적 농업 수탈 체제'에 대해서는 더욱더 모른다. 도시생활자라 해도 80년대까지만 해도 부모 세대를 통해 농촌과 연결된 끈이 있었지만, 지난 한 세대를 거치면서 그런 연결고리도 다 끊어져 도-농간 감각적 분리가 심화되었고, 도시에서 태어나 도시에서만 살아온 사람들에게 급격한 변화 속의 농촌은 외국보다 더 낯설고 상상하기 힘든 것이 되어버렸다. 이주노동자에 대한 차별과 학대 사건이 발생할 때면 '고마운 농민, 가난한 민중'으로 표상되었던 농민은 새로운 착취자의 얼굴로 등장하고, '시골'이라는 낭만적 관점에서 농촌을 바라보던 이들은 배반감과 혼란을 느끼기도 한다.

'농업'이 아니라 '농'이란 말을 굳이 쓰는 이유는 이러하다. 현대를 살아가는 우리들에게 '농사'란 말은 낯설고 '농업'이란 말이 더 친숙하다. 농업은 국민경제에 속하지만 농사는 농민에게만 속한 일 같다. '농업'이란 산업분류 체계에 따른 명칭으로, 한국표준산업분류에서 'A 농업, 임업 및 어업'으로 분류된 산업 종류에 속한다. 표준산업분류

체계는 기업의 경제활동 유형에 따라 분류한 것인데, 농업은 제조업, 건설업, 서비스업, 금융 및 보험업, 부동산업, 정보통신업 등과 함께 나란히 산업의 한 종류로 분류된다. 이러한 분류는 우리의 머릿속에 하나의 상像으로 자리잡게 되었으며, 이는 농업과 다른 산업 사이에 놓여 있는 근본적 차이를 인식하지 못하게 한다.

이 과정에서 농업에서 '농'의 생태적·문화적·정치적 의미는 점차 희미해졌으며, '생산성, 효율성, 유용성, 합리성, 소득, 이익' 등 경제·경영의 용어들이 농업 분야 전반을 지배하기 시작했다. 추석이 되면 농촌에는 '농업인 여러분, 수고하셨습니다'라는 현수막이 내걸린다. 산업화 시대에 농사가 농업으로 재정의 되었다면, 신자유주의 시대에 농업은 '농업경영'이 되었고, 농가는 '농가경영체'가 되었으며, 농민은 '농업경영인(기업인)'이 되었다. 이제는 농업에서 아예 '농農'자도 떼고, '생명산업'으로 재규정되고 있다. '농학'은 '생명과학'으로 흡수되었다.[1] '생명산업'이란 용어는 농업이 식품과 제조업의 원료조달 산업에서 생명기술 산업의 하위 영역으로 이동하고 있음을 가리킨다. 오늘날 농촌은 '수탈탐식가'인 금융자본이 꿀꺽 집어삼키려는 새로운 기술-금융 수탈지로 재구획 되고 있다. 자본주의 체제 변동 속에서 농업

---

1 농학과 생명과학은 완전히 다른 학문 분야다. 강원대학교 농업생명과학대학의 학부/학과는 바이오산업공학부, 생물자원과학부, 원예·농업자원경제학부, 환경융합학부, 지역건설공학과, 스마트팜농산업학과로 구성되어 있다. 이와 같은 학제 개편은 농촌, 농민, 농업이 분리되고 농업이 기술, 공학, 경제학에 의해 재구성되고 있음을 보여준다. 기술, 공학, 경제학은 오늘날 지배적 기후 담론과 환경학을 구성하는 주요 뼈대이기도 하다.

체제 변동과 농업을 재구성하는 자본주의적 기획은 농촌의 공간성과 시간성에 치명적인 변형을 가하며, 농업을 반생명적, 반생태적 산업으로 만들고, 농업경영인으로 호명되는 농민에게 기업가-투자자적 주체성을 요구하고 체화시킨다. 지금 정부의 농업정책은 이와 같은 자본의 기획이 순조롭게 진행되도록 뒷받침하는 정책이며, '농업선진화'나 '기술농업', '미래농업', '농정혁신' 등의 이름으로, 농업, 농촌, 농민에 대한 체계적인 말살정책을 펼치는 것이나 다름없다. 지금 농촌은 오랜 시간에 걸쳐 느린 폭력의 형태로 이루어져 온 거대한 생태학살의 현장이며, 다시 '농'을 불러내는 것은 그 생태학살에 맞서 싸울 주체와 장소, 철학과 방법을 찾고 만들어가기 위함이다.

2. 운동이 마주한 곤경의 지점들

1) 농촌 사회 구성과 농민의 계급성 변화

자본주의 체제가 한 단계씩 나아갈 때마다 체제 재편을 위해 필수적인 것이 농민의 해체와 재구성이다. 노동 체제 재편을 위해 노동자의 해체와 재편이 필수적인 것과 마찬가지다. 지난 30년간 신자유주의는 농촌 공동체 파괴를 더 극단적으로 밀어붙였다. 공동체적 생산 양식을 사라지게 하고, 협동하지 않으면 살아갈 수 없었던 농촌을 개별 농가들 간 소득경쟁의 시장으로 몰아넣고, 서로의 일손을 보태고 나누는 문화를 파괴하고 그 자리를 이주노동자로 메웠다. '커지거나, 꺼지거나'로 대표되는 규모화의 농업정책은 농촌 사회 계급 분화와 양극화를 초래했고, 빈농 소농만 아니라 중간규모의 농가도 생계 영위가 어려운 상황으로 내몰았다. 그 과정에서 정규직 노동자가 점점 해체되어가는 과정처럼 농촌에서는 전업 농민이 점점 사라져갔고, 농업으로 생계소득이 보장되지 않는 중소농가에서는 '투잡, 쓰리잡'이 일상화되었다. '반농반X'는 자발적인 선택이기도 하지만 강제된 선택이기도 하다. '반X'를 충당하는 대부분의 일자리는 저임금, 불안정, 임시고용직들이다.

농촌 주민 가운데 안정적인 생활을 영위하는 집단은 대부분 농민이 아니라 안정적인 소득을 가진 공무원, 은행원 등 관리 계급이거나 토지나 건물을 가진 자산소득층이다. 농촌에 돌아와 자리를 잡는 귀촌 청년들은 가족 배경이 중농이상의 토지 소유자나 자산 소유자로 부모의 지원이 가능한 경우가 대부분이다. 귀촌 주민과 원주민과의 갈등도 잠재된 불안이다. 가난한 촌락 사이에 새로 개발되어 들어서는 부유한 전원주택 단지는 원래 있던 주민 거주지를 게토화 하는데, 그 간극이 만들어내는 소외감은 마치 팔레스타인에서 유대인 정착촌을 바라보는 느낌이다. 대농과 소농 사이에 벌어지는 간극은 식민지에서 농촌 상층 계급이 식민 지배와 자본주의 농업 체제를 적극 받아들이면서 중간지주층이 되어갔던 모습과 흡사해 보인다. 지역 토호와 대농 등 농촌 사회의 지배적 위치에 있는 사람들이 거버넌스에 참여하면서 스스로 전체 농민의 대변자가 되고, 농민들에겐 정부의 대변자가 되어 정부 정책을 적극 수용하고 추진하는데 앞장선다. 농촌과 농민 전체가 정치적으로 대변되지 못하고 있는 것이 한국 정치의 현실이지만, 그 속에서도 특히 소농과 빈농의 목소리는 농촌 안에서도 대변되지 못한다.

중간층 농민들이라고 사정이 나은 것은 아니다. 농민을 계약 파트너, 동업자, 하청업체 사장님으로 부르면서, 사실상 계약에 따라 업무를 수행해야 하는 고용관계임에도 고용인과 피고용인의 근로계약이 아닌 대표 대 대표 간의 하청계약, 발주계약의 형태로, 농민을 '임금 없는 노동자'로 만들어 기업의 비용을 개개 농가에 전가함으로서 이윤을 수탈하는 방식은 플랫폼 자본주의가 노동자들을 임노동 체제 바깥으로 외부화 시키는 것과 흡사하다. 일용직, 비정규직, 불안정, '불법화된' 농업 노동자들과 은행 부채와 기업 계약에 종속되어 농사의 자율성을 완전히 상실한 하청 영농업자가 함께 '불안정 농민'군을 형성하며, 농노와 지주, 소농과 대농, 가족농과 기업농 같은 구분을 가로지르며 나타나고 있다. 농촌의 공간성도 변화하고 있다. 오늘날 농촌은 전원일기의 농촌이 아니다. 버스터미널에 내리면 제일 먼저 롯데리아와 도미노피자, CU와 GS25를 만날 것이다. 도랑물 흐르는 논두렁 따라 걷는 길은 사라진 지 오래, 자동차 없이는 이동하기 힘든 마을과 마을 사이에, 시멘트 공장, 물류창고, 식품가공공장, 사료 공장, 비료 야적장, 건축폐기물 처리장, 물류창고, 농공단지와 폐업한 가게들이 수시로 나타나는 것을 보게 될 것이다. 농촌을 방문해도 논밭에서 일하는 농민을 만나기란 쉽지 않을 것이다. 농촌 안에서도 농지가 줄고 농민이 점점 줄고 있다. 직관적으로도 포착할 수 있을 만큼 농민이 잘 보이지 않는 것은, 첫째는 농촌인구가 절대적으로 소수가 되었기 때문이고, 둘째는 고령화 때문이며, 셋째는 소농과 빈농이 외국인 노동자로 대체되고 있기 때문이라고 한다. 더 중요하게는 그 과정과 함께, 농촌 사회 양극화와 불평등이 심화되어 과거와 다른 성격으로 농촌 사회 내부의 계급 변동이 일어나고 있기 때문이다. 이 과정에서 농민운동의 침체도 수반된다. 87년 민주화 이후 분출했던 많은 진보운동들이 신자유주의 체제 속에서 쇠퇴되었지만 그중에서도 가장 쇠퇴한 운동 중 하나가 농민운동이다. 30년 전 4-50대 농민들이 지금 7-80대가 되었다. 그때 죽창을 들고 여의도 광장에 모였던 이들도 그만큼 나이가 들었다. 이들이 사라지면 마지막 농부가 사라지는 것이고, 그런 때를 대비해 스마트 팜, 팩토리 팜을 하라는 것이 지금 농촌소멸 대책이다. 소멸 지역 좌초 산업에 투자하는 것은 세금 낭비라고 여기고, 주민들의 삶을 위해 필수적인 공공 인프라를 철수시켜 소멸을 부추기는 것이 현재의 농정인 것이다. 사회운동 역시 이런 소멸론에 적극 반격하지 못하고, 어쩔 수 없는 '쓸쓸한 모습'으로 무력하게 바라본다. 또 이들이 사라지면 농민운동의 대도 끊기지 않겠느냐고 한다. 지금 농촌의 운동은 도시의 운동을 따라가며 모방한다. 이런 상황에서 이제 다시 농민운동이 가능하겠는가라는 물음이, 운동 안에서 나오고 있다. 하지만 과거의 농민운동을 기준으로 하여 보면서 새롭게 출현하는 운동을 놓치고 있는지도 모른다.

2) '도시 대 농촌'의 대립구도

농촌 사회의 계급적 양극화에 따라 현실에서 마주하는 '농촌(귀촌) 주민'의 모습―어떻게 보면 도시 프롤레타리아보다 훨씬 더 나은 삶을 살고 있는 것 같은―은 혼동을 불러일으킨다. 종종 도시의 활동가들은 농촌을 내부 식민지로 부르고, 도시 대 농촌을 제국 수도와 식민지의 관계로, 북반구 대 남반구의 관계로 설정하는 것에 불만을 제기하기도 한다. ('부유한 농민은 도시의 빈민보다 처지가 낮지 않은가.') 반면 농촌 주민들은 그런 말을 반박하며 부유한 흑인도 가난한 백인에게 차별을 받듯이, 도시와 농촌 사이에는 그와 유사한 인종주의적 차별의 선이 분명 존재한다고 말한다. 도시와 농촌 간의 괴리감과 적대감을 만들어내는 이런 분리의 선들은 완전히 잘못된 것도 아니지만, 그렇다고 제대로 그어진 전선도 아니다. 문제는 이런 적대적 감정과 분리 의식, 차별 의식이 점점 커지고 있다는 점이고, 그것을 제대로 직면하면서 대응하지 못하고 있다는 사실이다.

농촌의 가뭄이 극심하고 강바닥마저 말라갈 때, '흠뻑쇼'라는 이름의 콘서트가 열린 적이 있다. 이에 대한 비난이 쏟아지자, '300톤의 물은 해갈에 도움이 안된다, 비용을 내고 쓰는데 용처를 제재할 수 없다, 문화에 대한 몰이해다' 등의 반대 비난이 쏟아졌고, '수돗물 대신 빗물을 사용하자, 콘서트를 도시가 아니라 농촌에서 열자' 등의 중재안(?)도 제기되었다. 이 사건은 하나의 에피소드처럼 지나갔지만 도시와 농촌의 정서적 이질감과 윤리적 감각의 분리가 어느 정도 심한지를 여실히 보여주었다. 주로 환경주의적 관점에서 평가되었고, 식민주의 문제는 섬세하게 다루어지지 않았다.

에너지를 둘러싼 도-농 갈등 양상도 점점 심각해지고 있다. 화력발전소, 수력발전소(댐), 핵발전소, 송전탑, 태양광, 풍력, 바이오 에너지까지 모두 농어촌에 있다. 기후정의운동은 이런 불평등을 드러내고 부정의함을 고발했지만, 이 시설들을 어떻게 정의롭게 전환하고 배치할 것인지에 대해서는 충분한 논의를 진척시키지 못했다. 그 와중에 들려오는 '핵발전소를 도시에 지어라'는 외침은 ―심정으로는 이해하지만— 매우 우려스러운 적대의 전선을 만들어낸다. 당장 '우리가 낸 세금이다, 농촌으로 가는 재정지원 삭감하라'는 혐오 스피치가 돌아온다. 팬데믹 당시 유럽의 부자들은 한적한 시골로 피신했다. 반면 가난한 노동자들과 도시 빈민은 일터와 주거지에서 집단 감염에 고스란히 노출됐다. 제2차 세계대전 말기 일본에서는 전쟁으로 극심한 식량난에 시달리던 도시민들이 포탄을 피하고 먹을 것을 구해 농촌으로의 피난 행렬이 이어졌다. 농민들은 도시민을 수탈자로 보았고, 도시피난민들은 농민을 —부자들은 먹고 있는데도— 먹을 것을 나눠주지 않는 악마로 보았다. 불평등이 만들어내는 양극의 이주 경로와 그 사이에서 일어날 수 있는 비극을 우리는 앞으로의 재난 속에서 어떤 모습으로 다시 마주하게 될지 모른다.

이미 오랜 '이촌향도'가 세대를 거듭하여 진행됨에 따라 이제 도시생활자라 해도 과거 부모 세대를 통해 농촌의 사정을 이해할 수 있었던 고리도 끊어진 지 오래고, 농촌인구의 급격한 감소와 농민운동의 쇠락으로 인해 여론을 형성할 수 있는 정치적 힘이 약화된 것도 사회 공론장에서 —뿐만 아니라 진보운동 안에서도— 농촌의 실정을 잘 이해하지 못하고 농민의 목소리가 주변화 되게 만든 원인이다. '도—농 갈등'으로 외화되고 있는 이 문제는, 본질적으로는 '중심부와 주변부', '수도와 지방'의 문제이며, 세계 자본주의 체제의 식민주의 전선이 국가 단위에서 어떻게 재현되며, 어떻게 자본의 최상층부에서 최말단까지 식민지 구조가 연결되어 있는지를 보여주는 사례다.

3) 기후정책에 저항하는 농민들

농민은 기후위기 당사자이면서도 기후정책에 대한 강력한 저항자의 모습으로 나타나기도 한다. '태양에너지에 반대하는 농민'은 대표적인 사례다. 재생에너지 전환 과정에서 농민이 소외·배제되고, 난개발로 인해 농지 잠식과 훼손, 임대농-임차농 간, 주민 간 갈등이 발생하고, 농촌형 젠트리피케이션이 일어나자 이에 대해 반발하고 나섰던 것이지만, '부지 확보'의 관점에서 바라보는 기업의 입장이나, '정책 추진' 관점에서 바라보는 정부 입장에서, 농민들은 에너지 전환의 '걸림돌'같은 존재로 표상된다. 뿐만 아니라 '영농형 태양광'에 대해서는 농민단체 사이에서도 입장이 갈라지고 있다.

농촌 주민들은 기후위기로 인한 직접적 피해는 물론이고, 여기에 더해 정책에 대한 농민의 저항이 마치 기후위기에 대한 인식부족이나 재생에너지 전환에 대한 몰이해로 여겨지거나, 내 집 앞은 안 된다는 지역민 이기주의나 주민 간 이해관계에 따른 갈등으로 인식되는 데서 오는 억울함과 소외감까지 이중 삼중의 억압을 느껴야 한다. 농촌과 농민의 목소리에 귀 기울이지 않는 자본과 시장 주도의 에너지 전환은 농촌 주민의 재생에너지 전환에 대한 거부감을 키운다. 에너지 생산과 소비의 공간적 분리와 기업과 시장 수요 중심의 재생에너지 개발은 도시와 농촌, 자본과 농촌 간의 식민지적 종속관계를 강화할 뿐만 아니라, 농민 간의 양극화와 농촌 사회 내부 불평등을 심화한다. 이런 과정은 가장 큰 피해자들인 가난한 농민들이 기후운동 전체에 대한 반감을 갖게 만들 수 있으며, 기후운동을 농민의 사정을 헤아리지 못하는 '도시-중산층-엘리트-환경주의자' 운동으로 바라보게 만든다.

최근 유럽에서 번지고 있는 격렬한 농민 시위에서도 '기후 대 반기후' 전선의 양상이 나타난다. 기후위기도 농민을 위협하지만, 기후위기를 막기 위한 자본의 대응은 그에 앞서 농민을 죽이는 판국이다. '지구가 없으면 일자리도 없다'는 구호에 대항하며 노동자들이 '노동자가 없으면 지구도 없다'고 맞섰던 것처럼, 농민도 '농민이 없으면 지구도 없다'를 외치고 있는 것이다. 2023년 12월 독일 농민들은 자동차 보조금 삭감 정책에 강력히 항의하며 독일 전역에서 베를린으로 집결하여 트랙터로 도로를 점거하는 대규모 농민시위를 벌였다. 유럽 농민 시위는 1월에는 프랑스로 옮겨갔고, 프랑스 농민들은 '달팽이 작전'이란 이름으로 독일에서처럼 트랙터로 차량 흐름을 막는 방식의 시위를 전개하여 수도 파리를 사실상 봉쇄했다. 시위는 벨기에, 이탈리아, 포르투갈, 그리스, 헝가리, 리투아니아 등 유럽 전역으로 번졌다. 나라마다 사정은 다르지만 공통적인 원인에는 기후위기가 있었다. 가뭄과 기상이변으로 수확감소가 이어지고 가축전염병이 덮친 가운데 에너지 비료 가격은 폭등하고 정부 보조금은 삭감되었다. 여기에 각종 환경 규제까지 더해지자 농민의 분노가 폭발한 것이다. 2월 1일 EU 특별정상회담이 열린 브뤼셀에서는 프랑스, 이탈리아, 스페인, 포르투갈 등 유럽 전역에서 농민들이 트랙터 1,300여 대를 몰고 와 시위를 벌였다. '트랙터'는 서구적-남성적-기계농업의 상징이기도 하다. 브뤼셀에는 식민주의적 글로벌 농업 체제에 반대하고 농생태적 전환을 요구하는 비아 캄페시나 같은 국제 소농 단체와 그동안 화석연료와 농업 보조금에 의존해온 농업체제를 유지하려는 농민들이 함께 섞여 있다.

　부자들의 세금은 삭감해주면서 농민에게 기후위기 책임을 묻는 정부의 이중성에 대한 농민의 분노는 유류세 인상과 보조금 삭감을 계기로 시작되어 반신자유주의 투쟁으로 확산되었던 프랑스의 노란조끼 시위와 겹친다. 하지만 단결한 농민의 목소리는 이상한 방향으로 터져 나오기도 한다. 2023년 3월 네덜란드 지방선거에서 제1당으로 부상한 네덜란드의 '농민당'은 농업보조금 삭감과 축산업 축소에 항의하며 EU의 기후환경정책에 반기를 들었다. 뿐만 아니라 축산업 반대와 채식주의를 내건 '동물당'과 정면충돌하고, '우리나라 농민부터 보호하라'며 노골적인 인종차별과 배외주의를 선동하기도 한다. 체제전환운동이 농을 중심에 두지 않고, 농민이 겪고 있는 고난을 제대로 이해하지 못하고 다른 운동과 연결하지 못할 때, 농민을 피해자로 바라볼 뿐 해방의 주체로 인식하지 못하고 농촌 농민 운동의 재구성과 조직화에 함께 노력을 기울이지 않을 때, '농민당'이 극우정당으로 정치세력화하는 모습은, 어디서든 어떤 모습으로든 나타날 수 있다.

　기후위기 대응 정책에 대한 농민의 저항은 세계 곳곳에서 일어나고 있다. 인도와 중국에서는 화석연료 에너지의 대안으로 대대적으로 수력발전소 건설이 시작되면서 농민들이 메가 댐 건설을 막기 위한 투쟁을 벌여나가고 있다. 친환경 전기 생산을 위한 메가 댐은 농민의 삶의 기반과 생계 수단을 모두 빼앗고, 삶터에서 추방하며 강제 이주를 강요한다. 아미타브 고시는 난민의 국가 간 이동만이 아니라 국가 내부의 강제 이주와 내부 난민화의 양상도 심각하게 봐야 한다고 말한다. 국제사회에서 난민 문제는 주로 국외 탈출 난민, 특히 유럽과 미국 국경에 인접한 난민 문제에 주목하며 대책 마련에 부심하고 있지만, 아프리카의 내부 난민과 동남아시아에서 내부 추방과 내부 이주 양상은 국제 이주 이상으로 —국제법상 난민 인정도 받을 수 없는 이주/난민— 심각한 상황이다. 그에 따르면 동남아시아 지역에서는 고향을 떠나 도시로 갔다가 살 길이 없어 폐허가 된 고향으로 다시 돌아오지만 결국 고향에서도 살지 못해 다시 떠나고, 다시 돌아오는 형태가 반복되고 있다고 한다. 한국도 농촌 지역에선 이와 유사한 형태의 내부 난민화 양상을 점점 가까이 목격할 수 있다. 산업화 시기에는 농촌에서 축출된 농민이 도시에서 자리를 잡고 일자리를 구할 수 있었지만, 지금은 그럴 수 있는 상황이 아니다. 더 이상 농사를 지을 수 없게 된 농민은 어디로 가고, 무엇을 해서 살아갈 수 있을 것인가. 농촌을 떠나 도시로 갔지만, 도시에서도 살 수가 없어 다시 농촌으로 돌아오고, 농촌에 와도 별다른 수가 없어 다시 다른 지역으로 떠나는 사람들이 점점 늘어난다.

4) 화석 자본에 포획된 석유 농업

체제전환운동이 마주하는 또 다른 곤경의 지점이 있다. 현 단계에서 농이 '석유'에서 어떻게 벗어날 것인가의 문제다. 석유는 전후 자본의 농업수탈 체제에서 핵심적 수단이었다. 그것을 우리는 농업 근대화, 기술화, 생산력 증대 등으로 불러왔지만, 합리성과 효율성, 생산성, 시장성이 농정의 주방향으로 도입되고 그에 따라 농업은 석유 산업으로 전환되었다. 석유는 농민이 자연과 맺는 관계를 변화시키고 농촌의 공간성과 시간성을 변형시킨 핵심 물질이자 자본이 농업을 예속시킬 수 있게 만든 권력의 원천이다. 기후정의운동과 농민운동은 농촌을 에너지 생산지대로 재구획하고 에너지 전환과정에서 또다시 농민을 희생시키는 것에 대해서는 반대해왔지만, 농촌에서 석유의 그림자를 어떻게 걷어낼 것인지, 그리고 다른 국가의 농촌과 농민을 죽이는 화석연료에 어떻게 맞서고 연대하며 싸울 것인지에 대해서는 거의 논의하지 않았다. 석유에 절대적으로 의존하고 있는 현재 한국 농업의 현실에서, 이 문제는 사실상 기피되어온 주제인지도 모른다. 기후정의 운동에서 농촌의 에너지에 대해 접근할 때는 에너지 기본권의 관점에 서 주로 주거 및 난방용 에너지 문제로 접근해왔고, 에너지 효율성을 높이는 농촌 주택 개량이나, 난방용 에너지 대안이 논의의 주제였지 '석유 없는 농업'에 대한 논의는 아직 제대로 착수하지도 못하고 있다.

'탈석탄'이란 말은 있는데, 왜 '탈석유'란 말은 없을까. 왜 기후운동 안에서도 석탄과 싸우는 것만큼 석유와의 싸움은 전개되지 못하고 있는 것일까? 석탄화력발전소 폐쇄는 요구하면서 왜 유정 폐쇄 요구는 하지 않는 것일까? 왜 생산에 대해선 건드리지 않고 소비와 수요조절에 대해서만 말하는 것일까? '탈석탄'에 비해 '탈석유'가 들리지 않는 이유는 단위물질 당 석탄에서 배출되는 이산화탄소량이 석유보다 더 많기 때문만은 아니다. '정치적 힘'으로서의 석유 권력이 석탄 권력보 다 더 강하기 때문이다. 석유 자본이 석탄 자본보다 더 막강한 권력을 갖고 있다.[2] 7개 석유기업이 독점하고 있는 국제석유자본은 석유의

---

2 메이저 석유 기업을 말해보라면 BP, 로얄더치쉘, 엑슨, 모빌, 텍사코, 등등 줄줄 말할 수 있지만 ―그리고 이 기업들이 100년 넘게 석유 문명을 지배하고 있지만― '석탄 기업'을 말해보라면 잘 떠오르지 않는다. 한전? 포스코? 석탄을 '사용'하는

탐사, 시출, 회수, 파이프라인이나 탱크를 통한 수송, 정제, 판매, 석유화학, 선물거래 형태로 금융화된 석유파생상품까지 장악한 막대한 힘을 가진 세력이다. 20세기는 석탄 문명이 아니라 석유 문명이었다. 오늘날 석유는 생활의 모든 곳에 안 쓰이는 곳이 없으며, 석탄보다 훨씬 더 우리의 일상생활을 지배하는 물질이다. 자동차, 항공과 운항에서 석유는 대체불가능하다. 석탄이 산업혁명기의 자본주의 연료였다면, 석유는 세계화와 신자유주의 시대의 자본주의 팽창을 위한 핵심 연료다.

북반구 산업 국가들이 70년대부터 탈석탄을 —환경적 이유만이 아니라 산업구조조정과 노조분쇄 등 정치경제적 이유에서— 시작했고, 글로벌 분업 체계에서 탈석탄이 북반구에 유리하다는 점도 중요한 이유다. 반면 석유는 남반구의 고통과 비극의 원천이지만, 북반구의 메이저 석유기업과 정부는 이 원천을 제거할 생각이 없다. 뿐만 아니라 석유는 산업의 에너지이기도 하지만 전쟁의 에너지이기도 하다. 핵발전을 EU 그린 텍소노미에 포함시키는 것과 기후 거버넌스에서 석유기업에 대한 규제가 번번이 기각되는 것도 동일한 정치적 이유가 작동한다. 북반구에서 탈석탄을 중심의제로 내세우는 것과 대조적으로 남반구의 기후정의는 주로 석유를 둘러싼 투쟁으로 전개되어 왔다. 석유 생산과 운반 과정에서 일어나는 생태파괴와 그로 인한 피해와 고통이 대부분 남반구에 집중되어 있기 때문이다.

하지만 지금까지 기후정의운동에서 농업 분야 화석연료에 대한

것과 석유를 '생산'하는 것에는 분명 차이가 있음에도, 생산하는 기업은 놔두고 사용하는 기업, 투자하는 기업을 먼저 통제하는 것은 이상한 전도다.

대응 방식은 '항공여행, 자동차 등에 쓰이는 에너지와 식량 생산을 위한 필수에너지는 구분해야 한다' 정도의 논리에 입각해 있었다. 부유층의 낭비적 전기 사용과 가난한 사람들의 생존과 존엄한 삶을 위한 필수적 전기를 구분해야 한다는 것과 같은 논리였다. 그런데 농업 생산 속에서 사용되는 석유화학물질은 농민의 건강과 안전을 위협하고 농업의 생태적 기반을 파괴하는 것이기도 하다. 산업화된 농업은 트랙터, 경운기, 예초기 뿐만 아니라 비료, 농약, 멀칭용 비닐, 포트 같은 플라스틱 농자재, 값싼 중국산 일회용 도구들까지, 그야말로 석유화학물질의 거대한 범벅이다. 하지만 '플라스틱 제로'를 농촌에 쉽게 요구하기는 힘들다. 그 기계와 원료들이 모두 노동과 결부되어 있기 때문이다. 그렇기 때문에 '농촌형 재생에너지' 전환만이 아니라 석유화학물질로부터 탈피할 수 있는 계획과 전망을 수립해야 하는 것이다. 하지만 이것은 농민의 결의와 실행으로 해결할 수 있는 문제가 아니다. 이를 체제전환의 관점에서 접근하지 못하고 농민 개개인의 실천으로 촉구할 때는 대의가 착취의 새로운 도구가 된다. 유기농업이 가혹한 노동시간과 노동 강도를 강제하고 농민의 몸을 망가뜨리면서 가능한 것이라면, 그것은 친환경 인증을 받은 공장에서 노동착취로 생산된 제품에 녹색인증을 붙이고 그것을 선별하여 구입하는 것을 녹색소비자라고 부르는 것과 다를 바가 없을 것이다. 비닐하우스에서 전기화된 스마트 팜으로의 전환은 내연기관 자동차를 전기자동차로, 연료만 바꾸는 것과 똑같다. 공장의 에너지 전환이 탄소만 벗은 착취의 에너지가 아니도록 해야 하는 것과 마찬가지로, 농촌의 에너지 전환도 연료만 바꾼 것이 아니라 농을 둘러싼 관계를 근본적으로 바꿀 수 있는 정의로운 전환의 길을 찾아내야 한다.

이런 곤경의 지점들은 왜 우리가 '체제전환'의 관점에서 농의 정의로운 전환의 길을 찾아야 하는지를 보여준다. 자본주의 체제 안에서 해결책을 찾으려 하는 한, 모순을 다른 곳으로 전가하거나, 불평등을 더 심화하거나, 이해관계의 대립 구도 속에서 피억압자들이 서로 적대하며 싸우게 될 수밖에 없다. 기후위기는 각각의 현안에 매몰되어 문제를 바라보는 좁은 시야를 벗어나 우리가 풀어야 할 문제를 전체적이고 역사적으로 바라보도록 사유와 실천의 시공간을 반강제적(?)으로 엄청난 스케일로 확장시켰다. '자본주의 바깥도 없고 이후도 없다'며 30년간 신자유주의가 봉쇄했던 정치적 상상력이 모처럼 해방될 수 있는 기회가 온 것이다. 실제로 수많은 사회운동에서 그동안 봉인되었던 불가능한 대안들이 가능한 대안으로 되살아나고 있다. 그러나 체제전환운동에서도 농에 대한 상상력은 여전히 부족하며, '가능할까'라는 회의와 패배적 정서에서 벗어나지 못하고 있다. 그사이, 가장 과감하고 급진적으로 전개되는, 그러나 그 어느 때보다 반생태적 반민중적인 자본의 상상력과 정교한 생태학살의 기획 앞에 농촌과 농민은 이전보다 더 위험한 방식으로 포획될 위기에 처해 있다.

3. 자본주의 체제 변동에 따른 농업 체제 변화

산업자본주의에서 농업의 위치는 산업에 필요한 싼값의 원료를 제공하는 것이다. 근대 자본주의 생산 체제에서 '식량 생산' 산업으로서의 농업은 '저렴한 노동력(임금)'을 떠받치는 '저렴한 식품' 조달에 그 일차적 이유가 있었다. 농촌공동체를 파괴하고, 농촌 주민을 도시로 내몰아 저렴한 잉여 노동력을 만들어내고, 도시 노동자들에게 저렴한 식량을 공급하기 위해 농촌 농민을 착취 수탈하는 방식이 자본이 농업을 포획하는 첫 번째 단계의 방식이었다. '저렴한 농산물 가격'과 농민의 노동에 대한 '무가치화'는 자본주의적 농업 체제의 핵심 수단이다.

1945년 이후 선진국 농업은 '기계, 기술, 단작, 대규모'의 방향으로 이행한다. 이와 같은 '농업 선진화'의 핵심 목표는 노동 투입을 줄이고 생산량을 늘리는 것이다. 이 과정에서 '저렴한 석유'가 농업의 에너지로 자리 잡고 농약과 살충제, 화학비료가 대량 투입되기 시작했다. 석유농업은 땅을 죽였을 뿐만 아니라 전통적인 농촌의 경관, 문화, 시공간성, 관계성에 근본적 변형을 가했다. 그리고 이 방식이 '발전', '근대화', '선진화'란 이름으로, 개도국의 농업 발전 모델로 세계의 다른 지역으로 이식된다. 지금 유럽의 농민들이 에너지 보조금을 요구하며 시위에 나서고 있는 것은 화석자본에 포획된 석유농업의 귀결이다.

1990년대 이후 농촌에는 더 급격한 변화가 일어나는데, 글로벌 수준의 농산물 시장 개방과 농식품 기업의 공급망 형성이다. 이는 특히 주변부 농업에 치명적인 영향을 미쳤다. 마이클 우즈는 새로운 농업체제의 특징을 다음과 같이 요약한다. "①국제무역의 자유화와 글로벌 시장의 증진, ②상품이 한 나라에서 생산되어 두 번째 나라에서 거래되고 세 번째 나라에서 가공되어 네 번째 나라에서 판매되는, 글로벌한 상품사슬/가치사슬의 발전, ③초국적 기업과 연합체들의 기업 집중 및 통합, ④외국인 직접투자 및 그 결과로 농촌 지역에 있는 공장의 분점들이 먼 곳에 있는 대기업의 의사결정에 취약해지는 것, ⑤글로벌 재산권체제의 출현" 등.[3] 앞에서 살펴본 것처럼 ④, ⑤는 특히 2007-8년 금융위기 이후 나타난 자본의 공격적인 토지 약탈과 농촌 포획의 특징이다.

이 과정은 정치적으로도 농민의 힘을 약화시키는 결과를 초래했는데, 1995년 WTO체제가 수립되고, 농산물 시장이 개방된 이후, 국내 식량 가격을 수입 농산물로 조절할 수 있게 되자 정부 정책에서 국내 농업과 농민의 중요성이 격하되었다. 부족한 생산은 수입 농산물로, 부족한 일손은 외국인 노동자로 조달할 수 있게 되면서 농민운동의 정치적 협상력도 약화되었다. 신자유주의 농업 정책이 가져온 이와 같은 정치적 결과는 노동시장 개방이 노동자계급의 정치적 힘을 약화시킨 과정과 동일하게 전개됐다. 1980년대까지 정권은 농촌을 지지 기반으로 포섭해야 했고, 노동자들에 대해서도 '산업역군'이나 '수출역군'으로 추켜세우며 농촌으로부터의 식량과 노동력 동원 체제를 유지해야 했다. 45년 이후 국민국가 체제 하에서 주권국가의 영토적 한계는 자본과 권력에게 '억압의 한계'를 설정했지만, '세계화'는 자본-권력이 이 한계를 넘어설 수 있도록 만들었다. 농민운동은 폭력적으로 분쇄되었고, 급격히 쇠락해갔다.

이후 신자유주의적 농업 체제 재편 과정에서, 농업은 1차 산업에서 '고부가가치' 산업으로의 전환이 요구되었고 이러한 맥락에서 '6차 산업'으로서의 농업 개념이 등장했다. 1차적인 식량수급과 2차적인

---

3 마이클 우즈, 박경철·허남혁 옮김, 『농촌-지리학의 눈으로 보는 농촌의 삶, 장소 그리고 지속가능성』, 따비, 2016.

제조업의 원료조달 산업으로 인식되던 농업은 '창조경제'로 빨려 들어 간다. 창조경제는 농민들에겐 환금성 높은 작물로의 전환을 유도했고, 작물 생산에 그치는 것이 아니라 끝없이 파생상품을 창조하도록 요구 했다. 예를 들어 블루베리 생산 농가는, 수확량 증대나 품질 향상이 아니라 블루베리 가공과 유통, 판매를 통해 시장경쟁력을 높일 것을 요구 받고, 나아가 블루베리 체험, 오락, 관광, 축제 등 농촌 문화 컨텐츠 생산자가 될 것까지 요구받는다. 블루베리 식초나 와인, 비누, 사탕, 기념품, 농촌문화체험, 경관 개발, 여가 상품, 패키지와 브랜드, 스토리 개발은 창조경제가 끝없이 요구하는 '농업 파생상품'의 사례이 다. 이 과정은 농촌의 생물학적 다양성과 자급기반을 파괴했을 뿐 아니라, 민주주의도 파괴했다. 농사가 아니라 농사가 돈이 되게 만드는 일이 더 중요해졌고, 농민이 아니라 농촌을 '디자인'하고, '메이킹'하고, '컨설팅'하고, '크리에이티브'하게 만드는 사람이 더 가치 있는 존재가 되어, 농촌 주민 구성에서 발언권 및 대표성에 영향을 미쳤다. 농촌지원 사업의 많은 예산이 브랜드 개발이나 경관 리모델링에 들어갔다.

농업 부문에서 일어났던 이와 같은 변화는 자본의 축적 위기를 극복하기 위해 나타났던 신자유주의 기획 및 그 과정에서의 노동체제 변동 및 통치 양식 변화와 긴밀하게 연결된다. 하지만 새로운 자본주의 의 출구였던 신자유주의체제와 그 기반이 되었던 금융자본주의는 2007-8년 세계금융위기 이후 헤게모니를 상실한다. 90년대 신자유주 의가 도래하며 부르짖었던 시장의 능력과 조절 역량을 이제 아무도 믿지 않는다. 그 사이 농촌의 상황도 점점 악화되었다. 인구위기와 농촌소멸론이 대두되었고, 팬데믹을 겪으면서 돌봄 위기와 먹거리

위기가 동시에 드러났다. 기후위기와 에너지위기, 전쟁위기, 식량위기가 맞물리고 있으며, '6차 산업'으로 억지로 만들어냈던 농업 부문 시장 팽창도 모순과 한계에 직면하고 있다.

자본이 성장의 출구를 다시 찾아내야 하는 상황에서 기후위기의 심각성 및 대응의 필요성이 '녹색자본주의'를 다시 부활시켰다. 자본의 새로운 농업 전략은 '녹색자본주의'안에 재배치되고 있다. 오늘날 녹색자본주의가 생산성 향상에 초점을 두었던 녹색혁명이나 90년대 환경운동의 영향 속에서 생태적 현대화론을 기반으로 나타났던 2000년대 초반의 녹색성장론과 구별되는 지점이 있다. 하나는 그 사이 놀랍게 발전한 인공지능 기술과 디지털 기술이 농업 부분에 도입되고 있다는 점이고, 다른 하나는 생명을 금융의 회로 안에 집어넣으면서 생명-금융 혼성체의 형태가 나타나기 시작했다는 것이다. '자연의 상품화'를 넘어서 '자연의 자본화'는 농업 체제 전환에서 주의 깊게 보아야 할 부분이다. 자연의 상품화와 자본화는 쉽게 구분하기 어렵지만 물을 생수로 상품화하는 것과 수자원을 증권화해서 금융자산으로 전환하는 것은 완전히 다른 방식의 가치 추출이다.[4] 농업이 금융투자의 회로에

---

4 리카르도 페트렐라는 이탈리아의 금융 전문지에 실린 물 광고에 대해 폭로한 적이 있다. '일 솔레 24 오레(Il sole 24 ore)라는 이름의 잡지에 실린 네덜란드 국제은행 에이비엔 암로(ABN-AMRO)'의 광고는 물을 주식 인증서로 전환한 '청색 인증서(Blue Certification)'를 제시하면서 예금주들에게 물에 대한 투자용이성을 설명했다. "2007년 3월에 잡지 한 면에 실린 이 광고에는 '나는 점점 더 갈증을 느낀다'라는 문구가 있었다. 이 문구에 전 세계에 우물이 없어 식수를 조달하지 못하는 사람들이 10억 6천만 명에 달한다는 설명이 덧붙었다. 그리고 다른 쪽에 물에 대한 투자를 유도하는 문구가 이어졌다. 광고는 물에 대한 투자는 석유나

들어간다는 것은 무엇을 의미하는가? 금융자본주의에서는 농산물 선물 시장의 곡물 ―사실은 곡물이 아닌 양도계약서― 가격이 비싸질수록 (농민이 아니라) 투자자들이 환호성을 지른다는 뜻이다.

4. 기후생태위기 속에서 농업 전환을 바라보는 관점

이제 이런 위기 속에서 농업 전환을 바라보는 각 계급의 관점을 살펴보자.

1) 자본의 관점: 생명-금융 자본주의의 새로운 기회

자본이 농업을 포획하는 방식에서 신자유주의가 만들어낸 대표적 수단으로 ① 수직통합, ② 부채종속, ③ 금융화를 꼽을 수 있다. 종자부터 비료, 약제, 설비, 가공, 유통까지 식품대자본이 계열사로 장악하고 매 단계마다 계약 농가에 기업 제품을 구매하도록 하는 '수직계열화를 통한 종속'과 시설농업, 기술농업으로의 전환, 규모의 경제를 강제하여 '대출을 통해 부채에 종속'시키는 방식은 오늘날 자본이 농업을 포획하는 대표적인 수단이다. 대규모 시설농업으로 전환을 촉진하는 것은 농가 소득 증대를 위해서가 아니라 수직통합화의 위계 속에 끌어들이

기계 산업에 대한 투자보다 26%나 더 높다는 점도 명시했다." 여기서 물은 '상품화'를 넘어서 '증권화(금융상품화)'된다. 생수 사업이나 수도 민영화는 수자원을 사유화하고 개발해서 물을 상품화 하는 방식이지만 증권화는 수자원 자체를 수익을 창출할 투자자산으로 전환시킨다.―리카르도 페트렐라, 세르주 라투슈, 엔리케 두셀, 안성헌 옮김, 『탈성장』, 대장간, 2021. 32면 참고.

고, 시설에 들어가는 엄청난 비용을 빚지게 하기 위해서다. 전자에서는
자기 노동에 대한 자기 착취자가 되게 만드는 생명자본주의적 수탈이,
후자에서는 채무자로 만들어 부채를 통해 이자를 추출하는 금융자본주
의적 수탈이 나타난다. 농업에서 수직계열화와 부채종속은 이 두
가지 권력—생명권력과 금융권력—이 어떻게 연결되며 동시에 작동하
는지를 잘 보여준다. 생명-금융 융복합 산업인 농업은 자본의 마르지
않는 화수분으로 인식된다. 빌 게이츠 같은 금융자본가가 '생명에
투자하라'고 외치는 이유는 무엇일까. 모든 인간이 인간을, 모든 생명
이 생명을 낳는 한 노동으로부터만이 아니라 삶 자체로부터 계속해서
이윤을 추출할 수 있기 때문이다. 재난도 자본의 관점에선 좋은 돈벌이
기회다. 유럽에서 전후 경제 호황기를 만든 중요한 원인은 제2차
세계대전으로 인한 파괴였다. 금융위기도 자본과 자본의 관계에서
한계 기업과 부실 금융을 정리하고 독점화하는 기회가 된다. 오늘날
기후위기는 생명-금융 자본주의와 재난 자본주의의 기회다. 몇 가지
사례를 살펴보자.

사례1) 신세계 그룹은 2021년 '씨앗부터 식탁까지' 책임지는 스마트
팜 프로젝트를 추진하면서 기후위기 대응을 내세웠다. 스마트 팜이란
딸기 하우스의 컨테이너 판으로 수직형 컨테이너에서 환경을 통제하며
채소를 양액 재배하는 기술이다. 컨테이너는 하우스와 달리 이동과
적재—수직화—가 가능하다. 이런 스마트팜을 '가뭄에도, 홍수에도,
안전'할 뿐만 아니라 가뭄과 홍수 등 이상기후에는 돈을 더 많이 벌
수 있다고 선전한다. 신세계 푸드 스마트팜은 엔씽이라는 벤처 스타트

업과 협업으로 (신세계 투자+엔씽 기술개발) 구축한 것으로, 물류 센터 옆에 컨테이너를 설치해 물류이동비용을 줄였다. 일반 농민에겐 너무 큰 자본금이 필요하다. 2023년 신세계푸드는 한 농업법인에 설비비를 선지원하고 5년간 토마토를 전량 납품 받는 직거래 계약을 맺었다. 계약재배 방식에서 흔히 사용되는 설비비 지원은 공짜가 아니라 '당겨쓴 돈'으로 계약기간 동안 상환해야 하는 채무로 전환될 뿐이다. 스마트팜에 진출하고 있는 식품대기업들은 이런 문제를 지적 하며 농민들을 위해 정부 지원금과 은행 대출금을 늘려야 한다고 주장한다. 이런 형태가 일반화되지 않더라도 상관없다. 컨테이너 토마 토의 시장 판매 수익보다 더 중요한 것은 이런 투자 뉴스가 기업의 주가에 반영되고, 투자자를 끌어들이고, 기업의 금융자산 가치를 높이 는 것이다. 물론 이런 과정을 통해 소규모 토마토 농장은 차례로 망하게 될 것이고, 유통망을 장악한 대기업 물류 시스템 속에서 신선 채소 대부분은 기업이 통제하게 될 것이다.

사례2) 북미 최대 축산기업인 타이슨푸드는 네덜란드 곤충단백질 생산기업 프로틱스에 투자하여 기술합작으로 미국 최대 곤충사육시설 건설 계획을 발표했다. 프로틱스의 혁신기술이란 식품부산물('음식쓰 레기')을 곤충에게 먹이고, 곤충에게서 단백질을 얻는 방식으로 식품 생산과 폐기의 '완벽한 순환경제'를 만들어낸 것이다. 이 곤충단백질을 가축 사료로 대체 시 탄소배출량과 물소비량을 크게 감축할 수 있다는 점에서 녹색기술로 분류된다. 타이슨푸드는 가축에게 곤충 사료를 먹이고, 곤충에게 축산 과정에서 나오는 가축 부산물을 먹이는 방식으로 프로틱스 기술을 응용할 계획이다. 이 계획의 실행이 바람직한지, 과연 실행될 수 있을지는 차치하고, 타이슨푸드는 프로틱스의 지분을 인수함으로서 축산업 분야 탄소배출 감축 계획을 제출할 수 있었고, 'ESG' 평가를 비롯해서 투자유치에 걸림돌이 되는 환경 지표 문제를 해결할 수 있었다.[5] 최근 농-테크 기업들은 그린 택소노미(Green Taxonomy)나 홀론 아이큐(Holon IQ) 같은 녹색 산업 분류체계에 포함되어, 기후악당 기업은 그런 녹색산업에 분류된 스타트업을 지분 소유하여 그린 워싱하는데 활용하기도 한다. 빌게이츠가 2015년 설립한 기후대응 전문 투자펀드인 브레이크스루 에너지 벤처스(BEV)는 총 23억 달러(2023. 10. 30. 기준), 한화로 3조 1,200억 원 규모의 기후투자펀드 3개를 운영하는데, 투자 받은 회사들 중에는 소에서 나오는 메탄 감축을 위한 해조류 사료를 개발하는 회사도 있다. 녹색분류체계는 기본적으로 은행이나 평가사, 자산운용회사와 투자자들에게 정보를 제공하기 위해 구축된 것이다. 포스코가 ESG 우수 평가 기업이 될 수 있었던 이유도 기본적으로 ESG나 RE100 같은 인증제도가 지표화에 의한 평가이기 때문이다. 여기에 이행점검관리 시스템이 추가된다 해도 그 역시 지표에 의해 검증된다. 탄소중립 목표도 이와 동일한

---

5 "북미 최대 축산기업, 곤충생산 기업 프로틱스와 손잡은 까닭?" –그리니엄 2023. 10. 25. 다음 사이트 참고.

https://greenium.kr/circulareconomy-industry-food-waste-insect-protein-up-cycling-tysonfood-protix/

"타이슨 푸드, '미래 식량' 곤충 단백질 개발 본격화" –비건뉴스, 2023. 10. 23. (https://www.vegannews.co.kr/mobile/article.html?no=16355)

방식으로 평가, 인증, 이행의 절차 속에서 관리되는 '목표 관리주의적' 행정이다. 해썹, 친환경, 저탄소, 유기농 인증제도 마찬가지다. 취지와 목표보다 인증 결과를 위해 행위가 배치되도록 만든 관리 절차로 흡수된 대표적인 사례다.

사례3) 빌 게이츠는 농업부문 최대 투자자이자 금융자본의 농업 투자를 선도하는 대표적 인물이다. 빌 게이츠는 미국에서 가장 많은 농지를 소유한 개인으로, 미국 농지 1%를 소유한 땅부자이며, UN산하 전문연구기구인 국제농업개발기금 (IFAD)에 2억 달러를 기부하여 GMO, 생명과학기술 등 '차세대 기술' 지원에 투자하도록 하였으며, 게이츠 재단 산하 조직인 아프리카녹색혁명동맹(AGRA)를 통해 종자 기업과 농화학기업이 진출할 수 있도록 아프리카 각국 정부에 압력을 넣고 정책에 개입하고 있다. 국제농업연구자문그룹과 게이츠 재단 제휴기관인 노르웨이의 스발바르 국제종자은행은 전 세계에서 재배되는 다양한 작물의 종자를 스피츠베르크 섬의 암반 지하에 보관한다. 스발바르 종자은행은 파국적 상황에서 종자가 사라지지 않게끔 안전하게 보관하는 생태적 프로젝트로 알려져 있지만, 철저한 보안 하에 농민은 접근도 할 수 없도록 철저히 통제되는 공간에서, 단단한 플라스틱 상자 안에 갇혀 있는 씨앗은 그 자체로 자연의 법칙에 위배될 뿐만 아니라, 기후위기가 악화되고 식량위기로 인해 정말로 파국적인 국면이 도래할 때 '평화의 씨앗'은 언제든 '전쟁의 씨앗'이 될 수 있다.[6]

---

6 리오넬 아스트뤽, 배영란 옮김, 『빌 게이츠는 왜 아프리카에 갔을까-거짓 관용의 기술』, 소소의 책, 2021. 참고.

　사스키아 사센은 빌 게이츠가 하고 있는 전방위적 토지 매입이 2000년대 중반부터 전 세계적으로 급격히 증가하는 양상과, 이 과정에서 남반구의 숲과 경작지가 모기지론 서브프라임과 같은 방식으로 금융 도구가 되고 있음을 지적한다.[7] 사센에 따르면 "2005년부터 2011년 사이에만 2억 헥타르 이상의 토지가 외국 정부 및 기업의 손에

---

7 2008년 서브프라임 모기지 사태로 시작된 세계 금융위기는 주택거래를 금융화하는 과정에서 만든 금융파생상품이 문제였다. 이 방식은 주택을 '계약(모기지)' 형태로 존재하는 자산으로 인식하고, 계약서가 입증하는 담보 가치를 증권 형태로 전환한다. 2000년대 미국에서 개발된 '서브프라임 모기지'는 모기지 계약을 "조각조각 분해해 각각의 요소를 고등급 부채와 섞은 다음, '자산담보부증권ABS'을 발행해 이를 금융투자가들에게 판매"하는 새로운 금융기술이었다. 이 금융상품의 매매를 위해 "필요한 것은 자산(주택)이 존재한다는 사실을 증명할 은행과 주택구매자 사이의 계약서뿐"이었다. 주택담보대출은 작은 구성요소로 분해되어 다른 부채와 섞인 뒤 고도의 금융회로를 통해 매매되었다. 실제로 존재하는 주택과 주택담보대출 위에, 그 대출계약서를 가지고 만들어낸 또 다른 금융파생상품이 자산담보부증권이었고, 금융시장에 더 많은 ABS금융상품을 공급하기 위해서 필요한 것은 대량의 주택매매계약서다. 은행의 주택대출상품이 서민의 내집 마련을 위해서가 아니라 금융회로 내에서 필요한 도구, 자산담보증권을 구축하는데 이용되었다. 즉 주택 수요가 금융 수요를 만든 것이 아니라, 금융 수요가 주택 수요(매매계약)를 창출한 것이다. 이 과정에서 부채는 금융상품으로 전환되었다. 또한 투기 자본에는 속도와 물량이 중요하기 때문에, 이러한 금융시장의 요구는 주택 건설과 매매가 빠른 속도와 엄청난 물량으로 이루어졌다. '빚내서 집 사라'던 시대의 배경이다. 농산물의 금융화도 주택담보계약으로부터 파생된 금융상품과 똑같은 방식으로 이루어졌다. 주택을 할부 대출로 구매하는 대출 거래가 있고, 그와 별도로 대출 계약으로 만드는 금융상품이 있듯이 농산물을 직접 거래하는 농산물 시장이 있고, 선물 계약 형태로 만들어 그 계약서를 증권화해서 사고파는 금융상품이 별도로 존재하는 것이다.

넘어간 것으로 추정"되는데, 그중 대부분이 아프리카 땅이고, 남미에
서도 빠른 속도로 증가하고 있으며, 유럽과 아시아 일부 지이다. 이와
같은 토지 취득의 첫 번째 원인은 환금성이 높은 특용작물 수요로,
팜나무가 대표적인 작물이다.[8] 두 번째 원인은 2000년대 들어 식품가격
이 급등함에 따라 토지가 투기에 유용한 투자 대상이 된 것이다.
특히 "2007년 금융위기를 계기로 토지는 물적 자원으로서는 물론,
원자재(식량, 특용작물, 희토류, 물)에 대한 접근성을 높이는 수단으로서
자본의 투자대상으로 부상"했다. 그리고 나서는 토지 자체가 '땅'이라
고 불리는 원자재로 재창조되고 토지의 금융화로 이어진다.[9] 국내에선
팜농장 대신 인삼밭이 토지 가격과 농지 임대료를 높이는 원인이다.
개인 투자자들은 직접 농지를 매입하거나 임대하지 않더라도 자산운용
사들이 여러 가지 파생상품을 섞어 만든 펀드를 통해, 어떤 경우에는
녹색펀드라는 이름으로, 이와 같은 자본의 토지 약탈에 공모하게
될 수도 있다.

사례4) 식량과 토지가 금융회로 속으로 들어갔을 때 어떤 일이
일어나는가. 가장 치명적인 것은 전쟁으로, 2008년과 2011년의 식량위

---

8 대우는 마다가스카르에서 농지의 절반을 99년간 무상임대하는 계약을 추진하다
  발각되었는데, 이는 마다가스카르에서 반정부 혁명이 일어나게 된 계기가 되었다.
  남반구의 가난한 나라를 대상으로 초국적 기업이 벌이는 이런 유형의 식민주의적
  토지약탈에 대해서는, 스테파노 리베르티, 유강은 옮김, 『땅뺏기』, 레디앙, 2014.
  참고.
9 사스키아 사센, 박슬라 옮김, 『축출 자본주의─복잡한 세계경제가 낳은 잔혹한
  현실』, 글항아리, 2016. 제2장 참고.

기 사례를 통해 알 수 있다. 루퍼트 러셀은 『빈곤의 가격』[10]에서 금융위기와 식량위기의 얽힘이 우연이 아니며, 실제로 원자재 선물 시장의 가격 변동이 어떤 파괴적 결과를 초래했는지를 보여준다. 2011년 '유럽 난민위기'라 불린 사태를 초래한 아프리카와 중동 지역으로부터 대규모 난민 탈출은 그 기원에 국제 농산물 선물 시장의 가격 폭등이 자리하고 있다. 2008년 금융위기 이후 주택과 부동산 시장으로 몰렸던 투기 자본은 보다 안정적인 투자처를 찾아 '식량'과 '원자재' 시장으로 몰렸다. 곡물을 직접 매입한 것이 아니라 선물거래시장에서 농산물 파생상품을 구매한 것이다. 곡물 선물거래로 돈이 몰리자 금융공학 프로그램에 따라 빅데이터에 기반한 추세 투자가 이어졌고 선물시장에서 밀 가격이 폭등했으며, 이는 다시 실제 밀 가격을 상승시켰다. 2010년 아프리카의 자스민 혁명과 아랍의 봄으로 불린 대규모 반정부 시위는 빵 값 폭등이 시작이었고, '빵과 자유'가 혁명의 구호였다. 반정부 시위는 정권교체나 혁명을 통해 순조롭게 체제전환으로 이행되지 못하고, 내전과 학살로 점화되었으며, 이 과정에서 수많은 난민이 발생했고, 빵과 물과 안전을 찾아 지중해를 건너 유럽 국가들의 문을 두드렸다. 선물 거래는 농산물 금융화의 대표적 수단이다.

2) 자유주의적 관점: 계급타협을 통한 체제관리와 체제유지

빌 게이츠를 위시한 녹색 자본주의 전도사들이 생명과 금융의 복합산업으로 만들고자 하는 지배계급의 의지와 관점을 노골적으로 보여준

---

10 루퍼트 러셀, 윤종은 옮김, 『빈곤의 가격』, 책세상, 2023.

다면, 기후위기와 식량위기를 다루는 자유주의 담론은 이런 구조적 문제들을 회피하며, 자본주의 역사 속에서 연결되어 나타나는 문제로 포착하지 않고, 개별 사안에 대해 개별적 대안/솔루션을 제공하는 방식을 취한다. 구조와 역사를 외면하면서 '원 프로블럼, 원 솔루션', '문제가 있는 곳에 해결(기술)이 있다'고 말하는 '솔루션 자본주의'는 사회 문제를 기업이나 기술전문가가 내놓는 해결책에 의존하도록 만드는 신자유주의 문법이다. 여러 연구소와 씽크탱크, 스타트업을 동원하여 해결책을 만들어내지만, 그 해결책이 하나를 해결하는 대신 또다른 문제를 야기하면, 그 문제에 대한 또다른 해결책을 발명한다. 축산업 메탄 배출을 줄이기 위해 소에게 해조류를 먹이거나 입에 가스 흡수 마스크를 씌우는 방안을 내놓는 것이 대표적인 사례다. (빌게이츠 재단은 해조류 사료 개발회사에도 투자, 이 회사도 그린텍소노미에 친환경 기업으로 분류되어 인증)

농업 문제도 마찬가지다. 농업 혁신과 농촌 개발, 농민에 대한 지원을 따로따로 생각한다. 재생에너지를 둘러싼 주민 저항을 '입지 갈등'으로 바라보고 '보상 체계'를 만드는 방식으로 접근하는 것이 대표적인 사례다. 재정자립도가 낮은 지자체에 정부 지원금을 주고 시설비, 운영비 등을 보조하면서 기피 시설을 유치하도록 하는 것이나 (인제에는 바이오가스 에너지화 시설―음식폐기물과 축분 처리장―이 들어옴) 에너지 산업 사유화 방식은 은폐하고, 대규모 태양광 발전 민간 에너지 기업을 유치하고, 지자체가 지분을 투자하여 향후 투자배 당금을 주민에게 배당하는 방식을 '윈윈', '주민상생' 등으로 포장하는 사례도 빈번하다.(신안군 민자 태양광발전소에 대한 지자체 투자 주민 배당

사례) 농민을 보상과 시혜의 대상으로 바라보고 토지약탈과 생태학살을 이해관계자들 간의 갈등 조정과 중재의 문제로 치환한다.

CPTPP와 메탄 협약을 체결하는 과정에서 농민의 의견은 수렴하지 않고, 논물 빼기 등 해결 방안을 농민에게 가르치는 방식으로 대응했던 것도 그런 사례다. 기후위기 대응 정책이 온실가스와 원인 물질인 '탄소'에 집중되면서, 논은 메탄가스 배출원이 되고 농업은 온실가스 배출산업으로 지목되었다. 함께 책임을 져주어야 할 문제는 모른 척하다가, '탄소 배출'에 대한 책임을 지울 때는 전문가들이 총동원되어 책임의 양을 계산하고 의무를 부과한다. 기후 단체와 연구소, 전문가들은 '기후위기를 막기 위해' 메탄협약의 당위성을 설파하고 가입을 종용하면서 농민의 의견은 묻지도 않았고, 농산물 시장 완전 개방과 생명 안전을 위협하는 규제 조치를 담고 있는 CPTPP에 대해서도, 저지 투쟁이 아니라 '안타까움을 표하며' 피해보상 이야기를 먼저 꺼냈다. 메가톤급 FTA라 불렸음에도 CPTPP 반대 투쟁은 과거 FTA 반대 투쟁과 비교가 되지 않을 정도로 축소되었고, 반대 논리도 '농업-먹거리 안전'의 관점에서 접근하는 경우가 많았으며, 사안의 심각성에 비해 전민중적 투쟁으로 조직되지 못하였다. 'WTO, FTA, CPTTP' 같은 국제 협약들이야말로 기후위기의 주범이고 농촌말살의 주범이지만, 자유주의 기후환경담론은 이에 맞서 싸우는 대신 국제협약을 수용하고 적응하도록 정부의 정책 수립을 요구했다.

계급타협론에 입각한 자유주의적 조정과 중재의 정치는 환경문제에서도 그대로 나타나는데, 기업의 환경오염과 주민의 피해를 양자의 재산권의 충돌로 규정하고 오염에 대해 보상으로 상쇄하는 계산법(코즈의 정리)은 대표적인 경우다. 기업의 영리추구 활동으로 강이 오염될 경우, 이로 인해 발생하는 어업권 피해에 대해 기업의 이익 중 일부를 보상으로 제공하면 기업의 이익과 어민의 이익은 동시에 보장할 수 있게 된다는 발상은 오늘날 자유주의적 환경경제학과 환경법에서 널리 수용되고 있다. 기업과 주민 사이의 '윈-윈' 전략에서 자연은 거래의 대상일 뿐이고, 오염된 강의 회복과 치유는 고려되지 않으며, 강의 권리는 법적 권리로 인정받지 못한다. 자연의 권리를 법적 권리로 인정하려는 여러 시도가 있지만, 그것이 보상 체계의 수립을 위해 활용되는 것인 한, 명백한 한계와 오용의 가능성이 존재한다. 또한 권리를 주는 자와 받는 자 사이의 위계와 불평등 관계가 작동하는 속에서 이루어지는 권리 부여는 자연을 바라보는 인식에 근본적 변화를 가져오지는 못한다. 개인주의적 소유권에 기초한 자유주의적 권리 개념의 해체를 통해 권리를 재구성할 때만, 자연의 권리는 자본의 권리를 제한하는 자연의 역능으로서 힘을 가질 수 있다.

상쇄의 정치와 경제는 탄소 배출을 흡수로 상쇄하는 '탄소중립' 계산법에서 절정에 달한다. 위에서 본 메탄의 경우, 넷제로를 달성하는 방법으로 소의 사료를 해조류로 바꾸거나, 소의 입에 메탄을 흡수하는 마스크 등이 개발되고 있다. 설령 그런 식으로 메탄배출을 저감할 수 있다고 하더라도, 소를 '탄소배출원'으로 바라보는 관점, 육상동물에게 해조류를 먹이는 발상은 그 자체로 반생명적이고 반생태적이며, 설정한 목표를 위해 다른 존재를 대상화 수단화하는 사고방식에서 한 치도 벗어나지 못한 것이다. 이런 사고방식 속에서 생산량 증대라는 목표를 위해 비료와 농약을 땅에 쏟아 부었던 산업화된 농업의 세계관은 그대로, '환경주의적 목표'를 위해 살아 있는 존재를 통제하고 조작하며 일방적으로 닦달하는 방식으로 전환된다. 이와 같은 인식론으로는 '농적 세계로의 전환'이란 상상은 시작조차 할 수 없다.

자유주의적 관점은 기본적으로 자본의 관점, 체제유지 관점에 서있지만 따로 분류한 것은 지구와 사회가 어떻게 되든 상관없고, 사익만을 추구하며 재난도 기회라고 생각하는 자본의 관점과 달리 중간층 관리계급은 어느 정도 체제관리적 입장에서 '관리주의적 관점'을 갖고 있기 때문이다. 하지만 농촌에 대한 시혜적 관점에서 접근, 조정과 중재의 과정을 만들어 그 안에서 자기 권력을 만들고(중재권력, 거버넌스 권력), 당장의 대안이나 정책을 제시하며 문제 해결을 해나가는 것처럼 보이지만 결과적으로는 해결을 영구적으로 지연시키고, 그 과정에서 지배체제를 약화하기보다는 오히려 강화하는 데 기여한다. 이것은 어떤 점에서는 농업의 생태적, 공공적, 민주적 전환에 더 해로운 요소로 작용한다.

3) 기후정의, 체제전환운동은 농에 대한 어떤 전환의 상을 가지고 있는가

운동이 마주한 곤경들은 운동 속에서는 실천적 해답을 찾아나갈 수밖에 없다. 앞에서 살펴본 운동이 마주한 곤경들에 대해 기후정의운동은 우리가 그 곤경의 지점을 어떻게 풀어나갈 수 있을 것인지에 대한 단초를 제공한다. 그것은 문제의 당사자들과 최일선의 목소리를 기후정의의 주체로 운동 안으로 불러오려 함으로서 가능했다. 석탄화력발전소 노동자와 탈석탄 활동가가 적대적 관계가 아니라 함께 기후운동의 주체가 될 수 있는 장을 만들었고, 재생에너지 전환 과정에서 소외되고 배제되는 농민의 목소리를 드러내고 함께 싸우며 '생태 파괴, 농지 약탈, 공동체 파괴'의 원인이 재생에너지가 아니라 '에너지 사유화'에 있으며 근본적인 문제가 자본주의 체제에 있음을 폭로하면서 함께 정의로운 전환의 주체가 될 수 있었다.

네덜란드 농민당은 동물당과 적대적 관계가 되었지만, 많은 비건 활동가들이 노량진 수산시장에서 삶터와 일터를 빼앗긴 시장 상인들과 함께 싸우는 모습은 새로운 연대의 가능성을 만들어내고 있다. 공장식 축산업의 폐지를 촉구하지만 축산업의 체제에 예속된 농민과 노동자들을 비난하는 대신, 오늘날 자본에 포획된 축산업의 식민주의적 구조를 폭로하고 그 체제 속에서 신음하는 동물, 농민, 외국인 노동자의 해방이 다르지 않음을 이야기할 때, 적대적 관계는 함께 해방되기 위해 함께 싸워야 할 투쟁과 연대의 관계로 재탄생할 수 있다는 것도 기후정의운동의 장에서 만들어가고 있는 이야기다. '기후정의동맹'에도 동물권을 대변하는 활동가와 축산 농가를 대표하는 농민이 함께 참여하고, 축산농가와 경종농가, 관행농과 생태농이 함께 있다. 외형상 대립하고 갈등하는 관계로 보이는 주체와 운동들이 함께 마주하고, 교차하며, 서로 적대하는 것이 아니라 공동의 적에 함께 맞서는 연대의 관계를 만들어내는 것은 기후정의운동의 중요한 과제이자 조금씩 축적되고 있는 경험이기도 하다.

그럼에도 불구하고 기후정의, 체제전환 운동 안에서도 '농' 중심의 관점과 대안은 여전히 미흡한 것이 사실이다. 농촌은 기후불평등의 대표적 사례로 늘 언급되지만 불평등의 구체적 실태와 원인은 제대로 폭로하지 못하고, 주로 농촌이 실상을 알리는 정도에 그치고 있다.

무엇보다 기후정의운동에서도 농민을 저항의 주체, 변혁의 주체, 체제전환의 주체로서 인식하지 못한다. '농업, 농민, 농촌' 문제는 한편으로는 잘 모르기 때문에 쉽게 말할 수 없는 문제이고, 다른 한편으로는 잘 몰라도 쉽게 말할 수 있는 문제가 되어버린 탓이기도 하다. 반자본주의 농민운동, 국제 소농운동, 토종씨앗을 지키는 지역공동체 및 여성 농민 운동, 농촌의 노동자와 도시의 농민이 연결될 수 있는 실천의 지점들을 만들고 이 운동들과 더 강력하게 결합하는 기후정의운동을 펼쳐나가야 하고, 기후정의운동과 체제전환운동 속에서 농촌 농민 운동이 더 큰 비중을 차지할 수 있도록 의식적으로 노력해야 한다.

지금 자본주의 체제 자체가 위기에 처한 상황에서 어떤 식으로든 기존 체제로부터의 전환은 전 계급적 과제가 되고 있다. 지배계급 내부에서도 체제전환의 필요성이 제기되고 있다는 뜻이다. 물론 이때의 체제전환은 체제전환운동에서 말하는 자본주의 철폐와 대안 체제로의 전환이 아닌 대안 자본주의적 전환을 뜻할 것이다. 중요한 것은 각 계급의 체제 전환 속에서 농업이 차지하는 위치다. 현재 현 상황을 탈피하려는 각 계급의 전망 속에서 농업 전환을 축적 위기를 돌파할 수 있는 기회로 가장 비중 있게 보고 있는 것이 자본의 관점이고, 생명자본주의와 금융자본주의의 교차 영역에, 생명-금융자본주의의 하위 체제로 농업이 재편되고 있다고 생각한다. 다시 말해 지금 농업 분야는 에너지 전환과 맞물려 자본의 독점과 새로운 추출 양식으로 전유될 위험에 놓여 있다. 그런 점에서 '농업 체제를 어떻게 전환할 것인가'를 둘러싼 투쟁은 체제전환운동에서도 매우 중요한 과제가 될 수밖에 없다. 그리고 우리는 저 질문 자체를 '어떻게 농생태적

세계로 나아갈 것인가'라는 물음으로 바꾸는 것부터 시작해야 하는지
도 모른다.

5. 왜 체제전환운동에서 '농'이 중심이 되어야 하는가

앞에서 살펴본 것처럼 자본주의 역사 속에서 일어난 농업 체제의
변동은 —노동체제 변동과 달리— 체제전환운동 내에서도 정확히 인식
공유되고 있지 못하다. 많은 사람들의 인식 속에 농업의 역사적 시간은
혼재되어 있고, 농촌은 문화적 정치적 공간으로 표상되지 못한다.
미디어가 만들어 낸 양극의 이미지—벤처 타는 청년 농부, 허리가 휜
할머니—는 농촌 대상화의 전형이다. 이런 이미지들이 강화될수록
농촌은 문화적으로 획일화되고, 그 안에서 작동하는 계급변동과 내부
정치, 다양한 역동성과 가능성은 제대로 포착하기 어렵다. 그래서
여전히 지금도 많은 사람들이 생각하는 농업은 일차적으로는 '먹거리'
를 생산하는 산업이자, 각 산업 부문의 원재료를 생산하는 산업이다.
목화 농장은 의류 산업의 원자재를 생산하며, 팜 나무 농장은 식품,
의료, 미용, 거의 모든 산업에 들어가는 기초 원료인 팜유를 추출하고,
거위 농장은 구스 다운을 위한 재료를, 돼지 농장은 스팸의 원료를,
생산한다. 물론 자본주의 체제에서 농업은 다양한 산업 생산 체계의
하위에 위치한다. 그러나 현 단계에서 농업은 공업과 제조업을 떠받치
는 부수적 산업을 넘어서 생명-금융 자본주의를 지탱하는 포스트
신자유주의 핵심 산업이 되고 있다. 한편에서 농업은 자본주의 초기와
같은 플랜테이션 노예 농업으로 돌아가고 있고, 다른 한편으로는

생명, 금융, 인공지능 분야의 최첨단 기술이 결합된 융복합 산업으로 나아가고 있다. 여전히 전자는 남반구에 위치하고 후자는 북반구의 농식품 기업들이 장악하고 있다. 그리고 이 둘은 상호 연결되어 있고, 한국의 농업에는 두 개의 그림자가 모두 드리워져 있다. 농촌은 반자본주의 반식민주의 투쟁의 숨은 최전선이다.

오늘날 금융자본은 자연의 생명활동을 자산화 수단으로 재발견하고 재가치화 하려고 노력한다. '생태계 서비스' 계산이나 강이나 산림에 대한 가치 평가는, 자연의 활동을 무상으로 전유했던 것을 반성하고 가치를 부여하며 존중하는 것처럼 보이지만, 자본이 모든 생명들의 공동의 활동을 각각의 가치로 분리해서 화폐 가치를 매기고, 계산 가능한 것으로 만들어 지표화 하는 이유에는 기후·환경 리스크에 대응하는 보험업계와 법률적으로 보상/배상의 기준 및 재산권 체제를 재수립하기 위한 법·제도적 대응이 작동하고 있다. 녹색 가치 분류 체계를 보험회사와 평가회사 등 금융자본이 주도하여 만들고 있다는 것이 그에 대한 증거다. 자본주의 경제의 지속가능성과 인간의 필요를 위해 자연의 가치와 권리를 재조정하는 것과 생태계의 존속을 위해 기업과 자본의 권리를 제한하고 인간의 권리를 재규정 하는 방식으로 생태협약을 만들어가는 것은 전혀 다른 문제다. 오염을 권리로 전환하는 계산법이나 나무의 호흡을 탄소크레딧(탄소배출권)으로 증권화하는 기술, 탄소배출을 흡수와 교환하여 상쇄시키는 기만적인 탄소중립 셈법도 자연의 자산화, 자본화 사례다. 금융기술 자본의 전략은 자연의 무상화, 무가치화에서 자연의 자본화, 재가치화로 변모하였다. 자본화된 자연은 금융시장으로 투입되는 새로운 '판돈'이 된다. 이는 농촌을 생명산업의 채굴장으로 만들 것이다.

자본에게 '유정과 탄광'에 대한 장악이 '죽은 에너지(화석 에너지)'에서 이윤을 뽑아내고 자본주의 체제의 지배 유지에 필수적인 것이라면, '농'에 대한 장악은 '산 에너지(식량, 노동)'를 통제하기 위해 필수적인 것이다. 체제전환 운동은 이 새로운 농업의 사유화 방식에 적극 대응해야 한다. 자본주의 농업 체제의 변동에서 자본 권력은 석유자본, 생명(농·식품·의약·유전자)자본, 금융자본으로 중심을 조금씩 이동하였고, 자본주의 체제 변동에 따라 농업 체제도 기계화, 시장화, 금융화의 단계로 변모해왔다. 이에 대응하는 농민운동은 땅살리기, 유기농업, 친환경농업에서 반세계화 운동을 거쳐 왔고, 이제 반부채 반금융 투쟁 등 본격적인 금융 수탈에 대한 저항이 필요한 시기에 도달했다고 생각한다. 에너지가 발전노동자의 문제에 국한되지 않듯이, 농촌 농민 문제도 마찬가지다. 그것은 우리 모두의 문제이며, 현재 에너지를 둘러싼 계급투쟁이 펼쳐지고 있는 것처럼, 농을 둘러싼 중대한 계급간의 일대 격전이 펼쳐지고 있다고 생각한다. 그러나 농을 중심으로 한 체제전환운동을 해나가자는 의미는 자본의 계획을 저지하는 것에만 있지 않다.

농을 중심에 놓자는 것은 자본의 수탈체제에 저항하고 농을 탈환하는 의미인 동시에, 다음 사회의 전망 속에서도 농을 중심으로 하는 세계를 그려보자는 의미다. 낸시 프레이저는 『식인자본주의』[11]에서 생산과 재생산, 착취와 수탈, 사회와 자연 등 분리될 수 없는 것을

---

11 낸시 프레이저, 장석준 옮김, 『좌파의 길-식인자본주의에 반대한다』, 서해문집, 2023.

분리시켜 놓고 전자가 돌보고 책임져야 할 부분을 모두 후자로 전가시켜놓고 비가시화 한 것이 지금의 위기를 초래하였다고 설명한다. 나아가 이 분리와 전가가 만들어놓은 문제를 해결하려면 예컨대 생산과 재생산을 분리를 넘어 통합적 관점에서 보아야 할 뿐만 아니라, 재생산을 중심으로 생산을 배치해야 한다고 말한다. 생산을 위해 재생산을 지속가능하게, 노동을 위해 돌봄이 노동을 떠받칠 수 있도록 만드는 것이 아니라 반대로 해야 한다는 것이다. 즉, 재생산이 가능하도록 생산을 배치하고, (교육체제를 떠받치는 돌봄이 아니라) 돌봄이 가능하도록 교육체제를, (노동체제를 떠받치는 교육이 아니라) 교육이 가능하도록 노동체제를 바꾸어야 한다. 농과 식의 분리, 식량의 생산과 소비의 분리도 같은 맥락에서, 자본주의 생산체제가 만든 위계를 뒤엎고 종속의 관계를 뒤집어야 한다. 글로벌 차원의 농의 정의로운 전환 계획 또한 북반구가 아니라 남반구부터 시작해야 하고, 중심부 국가들이 아니라 주변부 지역의 필요를 우선하여 착수해야 한다. 위기가 먼저 도래하는 곳이기 때문만은 아니다. 해방은 위에서 아래로 내려오는 것이 아니라 가장 낮은 곳의 해방이 모두의 해방을 담보할 수 있기 때문이다. 농의 전환도 이와 같은 관점에서 바라봐야 한다고 생각한다.

'농'을 체제전환운동의 중심에 놓아야 하는 가장 중요한 이유는 이것이 자본주의가 아닌 다른 사회를 상상할 때, 우리가 도달하고자 하는 생태적 대안사회의 미래상을 제시할 수 있기 때문이다. 많은 '생태사회'의 모습이 제시되고 있지만 자본이 그려주는 '멋진 녹색 신세계'나 '그린 리바이어던' 같은 모습이 아닌, 정말로 우리가 살아갔으면 하는 생활양식에 대한 구체적인 전망은 아직 많이 부족하다. 상상력의 비어 있는 큰 구멍에 '농생태적 상상력'이 있다고 생각한다. 자연의 한계 안에서 뭇 생명과 공존하는 삶의 구체적 형태에 가장 가까운 것이 농촌에서, 농민으로, 농사를 지으며 살아가는 것이다. 사람들이 농사를 고된 일로 상상하는 것은, 그리고 실제로 고되고 힘든 일이 되는 것은, 그 일 자체에 내재한 성격 때문이 아니라 자본주의 농업 체제 하에서의 착취와 수탈 때문이다. 자본의 포획으로부터 벗어난다면 농사는 평화롭고 건강하며 풍요로운 삶의 양식이 될 수 있다. 우리는 이러한 농생태적 삶의 양식을 기후위기 시대에 반드시 필요한 삶의 전환 방향으로 제시할 수 있다. 울리히 브란트와 마르쿠스 비센이 비판했던 '제국주의적 삶의 양식'을 넘어서고 극복하기 위한 대안적 삶의 양식으로서 '농생태적 삶의 양식'은 그에 맞선 대항 개념이 자 대안 실천이 될 수 있을 것이다. 자연과 분리된 인간 존재가 아니라 자연의 한 존재로서 인간답게 사는 방식에 대한 영감을 얻기 위해 '지구 절반 야생화 프로젝트' 같은 여러 기획도 나오고 있지만 '지구 절반 재야생화'의 가장 좋은 수단은 인류 대다수가 농에 기반한 삶으로 전환하는 것이다.[12] 기후정의행진에서 농민복을 입고 시위에 나온 청년 농민들을 만난 적이 있다. 그들의 손에 들려 있던 '공사 말고 농사짓자'는 4대강 공사에 맞서 양수리 유기농지를 지키기 위한 두물머리 투쟁 당시 농민과 연대자들이 들었던 구호에서 따온 것이지만, 기후시위 현장에서 만난 저 말은 이제 어느 한 곳의 공사와 농사의

---

12 트로이 베티스, 드류 펜더그라스, 정소영 옮김, 『지구의 절반을 넘어서』, 이콘, 2023. 참고.

싸움이 아니라 우리가 의존해야 할 미래의 경제를 가리키는 방향 전환이자 세계관과 문명 전환의 좌표가 되기에 충분했다.

이것은 불가능한 상상일까. 기후정의운동에서 재생에너지 전환이 갖는 의미는 단지 탄소배출을 하지 않는 연료원을 찾기 위한 의미만이 아니다. 태양에너지와 풍력에너지는 우리의 감각 세계에서 분리된 멀리 떨어진 곳에서 채굴되고 대량생산되어 수송되는 원격 에너지가 아니라 내가 사는 마을, 동네, 일터에서 조달할 수 있는 근린 생산이 가능한 에너지였고, 그렇기 때문에 착취와 수탈이 없고, 생태적 파괴가 없으며, 민주적으로 통제할 수 있다는 점에서 '생명, 평화, 민주주의'를 위한 에너지 수단이었기 때문이다. 기후정의운동은 재생에너지 전환이 불가능하다고 생각하지 않으며, 반드시 해야 할 일이라고 생각하고, 할 수 있는 방법으로 '공공 재생에너지 전환'을 제시한다. 공공 재생에너지 전환은 자본의 에너지 사유화에 맞서 싸우는 것과 동시에 다음 사회의 에너지 체제에 대한 대안을 제시한다. 농의 체제 전환도 마찬가지다. 현재와 같은 생명파괴적 농업은 더 이상 지속되어선 안 된다. 식량의 독점과 사유화도 막아야 한다. '농생태적 전환'은 '공공 재생에너지 전환'처럼 저항의 전선과 전환의 좌표를 동시에 제시하는 구호다. 우리가 목도하고 있듯이 우리가 꿈꾸었던 태양과 바람의 에너지도 자본의 성장체제를 위해 쓰이게 될 경우에는 또다시 자원 전쟁, 환경 파괴의 수단으로 변질된다. 그 과정은 유기농, 친환경 농업의 꿈이 마주하고 좌초되었던 과정과 똑같다. 그렇기 때문에 체제전환 운동 안에 농적 전환의 상을, 농촌 농민 운동에 체제전환의 상을 함께 그리고 만들어나가야 하는 것이다.

코로나 팬데믹은 우리가 '농촌'이라 부르는 지대의 또 다른 의미를 재발견하게 해주었다. 인간과 비인간 존재의 공동 구역이자 경계 지대로서의 농촌이다. 롭 월러스는 자본주의적 영토의 팽창이 이 경계 지대를 무너뜨림으로서 예전에는 만날 일이 없었던 행위자들이 서로의 영역을 침범하게 되고 부딪치면서 전에 없던 인수공통감염병이 계속 생겨나고 있음을 지적한다. 그 결과 면역과 보호, 회복 지대로 역할 했던 농촌이 오히려 감염병의 발원지로 변모했다는 것이다. 그리고 도시로 전파된 감염병은 도시 간 이동 경로를 통해 빠른 속도로 전 지구로 확산된다. 경제의 비중과 인구 구성을 볼 때도 과거에는 농촌 지대 안에 도시가 점으로 나타났다면, 지금의 비대해진 도시에 농촌이 점처럼 붙어 있는 형태다. 지구에서 뭇 생명과 평화롭게 공존하기 위해서는 이 구조를 되돌리지 않으면 안 된다. 농촌은 점점 더 커져야 하고 농민은 더 많아져야 한다. 도시 속에서도 경작지가 점처럼 생겨나고 번져나가도록 할 수 있을 것이다. 15분 도시가 아닌 15분 농촌을 구상해볼 수도 있다. 모두가 전업농이 되지 않더라도, 농이 삶의 일부로 자리 잡는 생활양식은 얼마든지 가능하다. 이미 산업화 시대의 이촌향도와 다른 정반대의 이도향촌의 경로가 생겨나고 있다. 팬데믹 시기 세계 곳곳에서 나타났던 도시 탈출과 시골을 향한 행렬은 일시적인 현상으로 끝나지 않을 것이다. 기후위기는 이도향촌을 촉진할 지도 모른다. 우리는 이 이탈과 탈출의 경로가 난민화의 경로가 되지 않도록, 계획적이고, 공공적이고, 민주적으로 만들어내야 한다. 농생태적 전환의 상을 가지고 있을 때, 우리는 그런 미래로 가기 위해 준비해야 할 것들을 현재의 목록에 놓을 수 있다. 그때 우리는 지금 농촌에서 학교, 병원, 버스, 기차가 사라지면 안 되는 이유를 미래의 전망 속에서 납득시킬 수 있다.

농촌 사회의 변동과 계급분화 속에서 저항의 주체인 농민이 해체되어가는 모습과 함께, 새로운 주체들이 등장하는 신호도 놓치지 말아야 할 것이다. 부채에 종속되고 이중 삼중의 억압에 구속된 불안정한 삶의 양태는 도시 노동자와 가난한 농민의 '공통성'이 되고 있다. 대공장 체제가 해체되고 노동자들이 파편화되어 뿔뿔이 흩어져 사라지고 없다던 노동자들이 전통적인 조직노동의 외곽에서, 미조직 노동자들의 모습으로, 노동자성을 인정받지 못하는 상태의 노동자로서, 노동권을 요구하고 노동조합을 결성하는 사례들이 도처에서 나타나고 있듯이, 인구가 줄어들고 노인 세대들이 떠나고 나면 농촌과 농민은 소멸할 것처럼 말하지만 농촌에서도 새로운 형태의 반농-반X 노동자들이 나타나고 있고, 농민 운동 역시 전통적인 조직 운동의 틈새와 바깥에서 새로운 얼굴의 농민들과 새로운 양식의 농촌 농민 운동들이 조금씩 출현하고 있다.

농촌에서 늘어나고 있는 다양한 이주민들의 존재는 운동의 교차점이 될 수 있는 존재인지도 모른다. 결혼이주여성, 외국인 농업노동자, 또는 도시의 낙오자가 되어, 또는 삶의 전환을 위해 농촌으로 이주한 국내 이주민들, 다양한 형태의 '반농-반X' 주체들이 있다. 뿔뿔이 흩어져 있는 이들이 만나고 모일 수 있도록 하기 위해 무엇이 필요한지, '조직화'와 '세력화'의 방법을 진지하게 생각해 보아야 한다. 7-80년대 노동운동이 노동자를 만나고 조직하기 위해 '노동상담소'가 필요했다면, 금융자본주의 시대의 민중운동은 '부채상담소'를 차려야 한다고 말하기도 한다. 농민운동도 마찬가지다. 농촌에는 임금체불상담소, 부채상담소, 차별상담소, 의료상담소, 귀농정착상담소, 삶의 기술상담소가 필요하다. 중심부에서 조금만 눈을 돌려 보면 전 세계적으로 자본주의 체제에 대한 끈질긴 저항을 해왔고, 지금도 부단히 일어나고 있는 곳이 농촌이고, 농민이다. 그 속에 담긴 가능성을 작게 보지 않았으면 한다.

이 글의 목적은 체제전환포럼에 온 동지들에게 왜 체제전환운동에서 농 중심의 관점이 필요하고, 왜 농 중심의 체제전환운동이 되어야 하는지 설명하고 설득하는 것이었다. 여러 이유를 말했지만 가장 중요한 것은 억압의 장소가 해방의 장소가 될 것이라는 점이다. 갈레아노의 말을 인용하며 끝맺으려 한다.

"라틴 아메리카는 정맥주사 장치가 달린 지역이다. 대륙의 발견부터 우리 시대에 이르기까지 모든 것이 항상 유럽 자본이나 (이후엔) 미국 자본으로 변환되어 멀리 떨어진 권력의 중심지에 축적되었다. 흙, 흙에서 나는 열매, 미네랄이 풍부한 표토층, 주민들과 노동 및 소비와 관련된 그들의 능력, 자연자원, 인간자본 등 모든 것이 그렇게 이용되었던 것이다.(그 목적은 항상 당대 외국 대도시의 이익을 위한 것이다) 각 지역에는 한 가지 기능만 부여되었으며, 끝없는 의존의 사슬이 끊임없이 펼쳐졌다. 이 사슬은 고리가 두 개 이상이었다. 라틴 아메리카 내부에 존재하는 큰 이웃나라들에 의한 작은 나라들의 억압과, 각 나라 내부 도시에 존재하는 대도시와 큰 항구들에 의한 자국의 식량과 노동 관련 자원의 착취가 또 다른 고리를 형성했던 것이다."[13]

지금 농촌은 라틴아메리카고, 아프리카이며, 팔레스타인이다. 흡혈 자본의 정맥주사 장치를 함께 뽑아버리고, 다른 세계로, 다른 삶으로 나아가자.

---

13 에두아르트 갈레아노, 박광순 옮김, 『수탈된 대지: 라틴아메리카 5백년사』, 범우사, 2009.

참고자료

김철규, 「세계체제의 변화와 한국의 농식품체계: 식량체제론을 중심으로」, 『아시아리뷰』, 제10권, 제2호(통권 20호), 2020.

낸시 프레이저, 장석준 옮김, 『좌파의 길─식인자본주의에 반대한다』, 서해문집, 2023.

롭 월러스, 구정은·이지선 옮김, 『팬데믹의 현재적 기원』, 너머북스, 2020.

루퍼트 러셀, 윤종은 옮김, 『빈곤의 가격』, 책세상, 2023.

리오넬 아스트뤽, 배영란 옮김, 『빌 게이츠는 왜 아프리카에 갔을까─거짓 관용의 기술』, 소소의 책, 2021.

리카르도 페트렐라, 세르주 라투슈, 엔리케 두셀, 안성헌 옮김, 『탈성장』, 대장간, 2021.

마이클 우즈, 박경철·허남혁 옮김, 『농촌─지리학의 눈으로 보는 농촌의 삶, 장소 그리고 지속가능성』, 따비, 2016.

반다나 시바·카르티케이 시바, 추선영 옮김, 『누가 지구를 망치는가─1%가 기획한 환상에 대하여』, 책과 함께, 2022.

사스키아 사센, 박슬라 옮김, 『축출 자본주의─복잡한 세계경제가 낳은 잔혹한 현실』, 글항아리, 2016.

송원규, 「한국 대안농식품 운동의 분기와 진화: 생협에서부터 푸드플랜까지 제도화를 중심으로」, 『농촌사회』 제30집 1호, 2020. 97-143.

스테파노 리베르티, 유강은 옮김, 『땅뺏기』, 레디앙, 2014.

아네트 아우렐리 데스마레이즈, 박신규 엄은희 이소영 옮김, 『비아 캄페시나─세계화에 맞서는 소농의 힘』, 한티재, 2011.

아미타브 고시, 김홍옥 옮김, 『육두구의 저주─서구 제국주의와 지구 위기』, 에코리브르, 2022.

에두아르트 갈레아노, 박광순 옮김, 『수탈된 대지: 라틴아메리카 5백년사』, 범우사, 2009.

울리히 브란트, 마르쿠스 비센, 이신철 옮김, 『제국적 생활양식을 넘어서』, 에코리브르, 2020.

장상환, 「세계화와 농업문제의 전환」, 『마르크스주의 연구』, 제9권 제3호, 2012.

채효정, 「은행을 접수하라－금융세의 자본주의와 기후위기」, 『문화과학』 통권 제109호, 2022 봄호.

_____, 「지옥의 기원」, 『모심과 살림』 17호, [이슈－산안마을 조류 '살처분'을 통해 던지는 생명에 대한 물음], 2020 봄호.

_____, 「육식과 자본주의」, 『물결』, 2021 여름호.

_____, 「세계의 끝에서」, 경기민예총연간지 『다-다-』 제5호, 2023.

크리스티안 마라찌, 심성보 옮김, 『금융자본주의의 폭력』, 갈무리, 2013.

트로이 베티스, 드류 펜더그라스, 정소영 옮김, 『지구의 절반을 넘어서』, 이콘, 2023.

롤러코스트 타기: 김정은 시대 북한경제

| 김일한_동국대학교 북한학연구소, earthkm16@gmail.com |

1. "경이적인 승리" vs. "심각한 식량난"

2023년 12월 전원회의에서 김정은 위원장은 2023년의 "경이적인 승리", 2022년의 "심각한 식량난"이라는 상반된 평가를 제시했다. 결론적으로 북한경제는 여전히 혼란스러운 대내외 환경을 통과하고 있다.

2021년 제8차 당대회 이후 북한경제 운영기조는 '선택과 집중'으로 요약된다. 대북제재와 코로나의 장기화 국면, 빈번한 자연재해, 즉 3중고의 위협을 완전히 통제할 수 없는 환경에서 필연적인 선택이었을지 모른다. 주요 투자대상으로 "자립경제의 쌍기둥" 금속과 화학공업, 그리고 ▲ 농업, ▲ 살림집, ▲ 생필품 생산 및 공급은 국가 경제시스템을 관리하는 효과적인 전략이라는 판단에서다.

2023년 12월 당 중앙위 전원회의 관련 언론보도에 따르면, 지난 3년 동안 국민총생산액이 140% 증가했고, 금속공업이 특히 높은 성장률을 기록했다. 식량생산과 살림집건설도 계획을 달성했다. 나아가 인민소비품 생산을 위해 지방공업공장을 전국에 건설하는 〈지방발전 20×10 정책〉이라는 새로운 정책 추진을 예고했다. 그리고 2024년 대외무역은 2019년 수준으로 회복했고, 코로나 펜데믹 기간의 시장물가와 환율은 이전 시기로 복귀했다.

북한경제 평가와 분석을 위해 2024년 거시경제 변화, 즉 재정운영계획, 무역 및 대외경제관계, 시장 물가와 환율 등의 변화를 평가 분석할 필요가 있다. 지난 3년 동안 140% 증가했다고 알려진 국내총생산액 평가는 중요 분석대상이다. 나아가 2021년 제8차 당대회 이후 집중하고 있는 부문별 경제 동향, 즉 농업생산량, 살림집건설은 인민생활향상이라는 관점에서 분석과 평가가 필요하다. 금속공업의 발전을 토대로 추진되고 있는 기계공업 정상화 추진정책 역시 주목할 만한 주제이다.

"경이적인 승리"와 "심각한 식량난"의 딜레마적인 환경에서 롤러코스트를 타고 있는 북한경제에 대한 주의 깊은 연구가 필요하다.

2. 김정은 시대 거시경제정책: 긴축 vs. 확장

1) 재정운영 기조 변화: 완만한 확장재정[1]

북한경제가 완만한 회복기조를 예고하고 있다. 2020년 코로나 팬데믹

---

1 "경애하는 김정은 동지께서 조선민주주의인민공화국 최고인민회의 제14기 제10차회의에서 강령적인 시정연설을 하시였다,"; "조선민주주의인민공화국 최고인민회의 제14기 제10차회의 진행,"; "조선민주주의인민공화국 주체112(2023)년 국가예산집행의 결산과 주체113(2024)년 국가예산에 대하여-최고인민회의 제14기 제10차회의에 제기한 국가예산보고,"〈로동신문〉, 2024년 1월 16일.

이후 유지해오던 극단적인 긴축예산 기조를 팽창기조로 전환했다. 2024년 예산지출 증가율이 전년 대비 3.4% 증액하면서 확장재정을 예고한 것이다. 2021년부터 내리 3년 동안 전년 대비 1.0%대의 예산지출 증가율을 기록하던 상황과 비교하면 완연한 회복세를 보여주는 것이다.

예산수입 및 지출 증가율

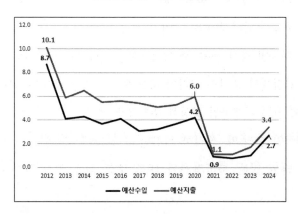

거래수입금/국가기업리득금 증가율

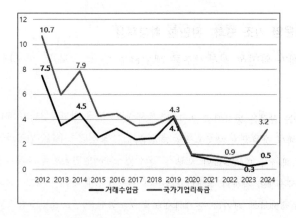

예산지출 증가율의 상향조정은 예산수입이 늘어나면서 나타나는 현상이다. 우리의 법인세에 해당하는 국가기업리득금 증가율이 코로나 팬데믹 이전인 2019년 4.3%의 74%에 해당하는 3.2%로 증가했다. 그러나 북한의 예산수입항목에서 국가기업리득금과 함께 한 축을 담당하는 거래수입금(거래세) 증가율이 회복되지 못하고 있는 상황에서 제한적인 재정운영계획을 수립한 것으로 보인다.[2]

2024년 재정운영계획의 특징적인 변화는 2023년 대비 축소된 농업/농촌부문 지출과 교육/보건/체육/문학예술부문 지출이 코로나 이전 시기로 회귀다. 2023년 14.7% 증액했던 식량증산과 농촌개발 투자예산이 기계공업 등 기간공업부문과 복지예산 증액으로 정책기조를 전환한 것이다.

---

2 국가기업리득금과 거래수입금은 북한 예산수입의 약 85%를 차지한다.

국가예산지출계획 추이

증가율	인민경제(투자)							인민시책(지출)				
	농업	수산	경공업	기간공업	과학기술	기본건설	산림	교육	보건	사회보장	체육	문학예술
2012 10.1	9.4			12.1	10.9	12.2		9.2	8.9	7.0	6.9	6.8
2013 5.9	5.1			7.2	6.7	5.8		6.8	5.4	3.7	6.1	2.2
2014 6.5	5.1		5.2		3.6	4.3		5.6	2.2	1.4	17.1	1.3
2015 5.5	4.2	6.8	5.1		5.0	8.7	9.6	6.3	4.1		6.9	6.2
2016 5.6	4.3	6.9	4.8		5.2	13.7	7.5	8.1	3.8		4.1	7.4
2017 5.4	4.4	6.8	4.5		8.5	2.6	7.2	9.1	13.3		6.3	4.6
2018 5.1	5.5				7.3	4.9		5.9	6.0		5.1	3.0
2019 5.3	5.7				8.7	6.6		5.5	5.8		4.5	4.1
2020 6.0	7.2				9.5			5.1	7.4		4.3	5.8
2021 1.1	0.9				1.6			3.5	2.5		1.6	2.7
2022 1.1	2.0				0.7			2.6	0.7		0.8	
2023 1.0	14.7			1.0	0.7	0.3		0.7	0.4		0.1	0.3
2024 3.4	0.1				9.5	0.5		6.0	5.5		5.0	5.0

*출처: 북한 최고인민회의 발표 자료 각 년도. 단위: %

*2014년 체육: 평양청춘체육촌 건설, 종목별경기장과 체육인 숙소 서산호텔 건설 등

*2016년 건설: 백두산영웅청년 3호발전소 건설, 류경안과병원 등 15개 건축물 건설 등

*2017년 보건: 평양치과위생용품공장 건설, 제약공업 현대화 등

*2023년 농업: 식량증산, 농촌건설 예산증액

*2024년 재정계획: ▲ 인민경제사업비 0.4% 증액, ▲ 과학기술 별도 분리, ▲ 비상방역 전년 동일

지난해 12월 전원회의는 이례적으로 2020년 대비 부문별 중기성장률을 공개했다. 제8차 당대회 이후 3년 차에 공개한 눈에 띄는 실적은 2020년 대비 ▲ 국내총생산액이 1.4배 증가했으며, ▲ 금속공업부문의 삼화철, 선철, 압연강재 생산이 각각 350%, 270%, 190% 성장했고,

▲ 공작기계 생산이 510%, ▲ 질소비료와 시멘트 생산이 각각 130%, 140% 증가했다는 것이다. 더불어 2022년 계획된 12개 중요 경제고지의 생산계획을 완수했거나 초과 수행했다고 발표했다.[3]

국가 예산지출 증가는 ▲ 국내총생산액 증가와 ▲ 금속공업 등 기간공업부문 성장, ▲ 2023년 경제부문별 실적향상이 반영된 결과로 해석할 수 있다. 먼저, 3중고를 겪은 2020년의 극심한 경기침체가 기저효과로 작용했을 가능성이 높다. 2020년 시작된 코로나 팬데믹의 영향으로 북중국경 봉쇄와 무역중단의 영향은 산업생산성에 직접적인 영향으로 작용했고, 2017년 이후 지속된 고강도 대북경제제재 역시 장기화되었다. 2020년 발생한 제9호 태풍 마이삭, 제10호 태풍 하이선은 연이어 북한 지역을 직격했다. 2021년 4월 〈고난의 행군〉을 주문할 정도로 김정은 체제 등장이후 최대의 위기에 직면했다.[4]

둘째, 선철, 압연강재 등 철강산업 발전이 관련 산업의 연관효과 확대로 나타난 것으로 보인다. 철강산업은 건설, 기계 등 전방산업과 원료, 에너지 등 후방산업의 생산을 유발하는 산업간 연관효과가 제조업 전체 중 가장 큰 산업으로 알려진다.[5]

---

3 "조선로동당 중앙위원회 제8기 제9차전원회의 확대회의에 관한 보도,"〈로동신문〉, 2023년 12월 31일.

4 "조선로동당 제6차 세포비서대회에서 한 폐회사, 김정은,"〈로동신문〉, 2021년 4월 9일.

5 철강산업의 전후방연관효과는 제조업 평균인 3.19보다 큰 5.45로, 석유화학 4.92, 일반기계 2.29, 자동차산업 2.06, 조선산업 1.72보다 높다. 2012년 기준. 한국철강협회, https://kosa.or.kr; 따라서 공작기계, 화학비료, 건설건재부문의 성장은 산업간 유기적 관계를 반영한 결과로 평가할 수 있다.

부문별 성장률: 2020 vs. 2023(%)

		2020	2023
국내총생산액		100	140
금속	삼화철	100	350
	선철	100	270
	압연강재	100	190
기계	공작기계	100	510
화학	질소비료	100	130
건설건재	시멘트	100	140

*자료: 2023년 실적은 제8기 제9차 전원회의(2023.12) 발표내용; 제8차 당대회. 800만 톤 시멘트생산 목표

셋째, 2023년 부문 경제실적이 향상된 결과로 평가할 수 있다. 북한은 2022년 12월 전원회의에서 경제분야 12개 중요고지를 선정하고 생산목표 달성을 독려해왔다. 결과 식량증산을 비롯해 금속 및 화학공업, 주택건설 등 12가지 주요경제부문 성장목표를 수행했거나 초과달성했다고 발표했다. 특히 "알곡생산 103%"는 "지속적인 농업발전을 위하여 더없이 소중한 변혁중의 진짜변혁"이라 평가했다.〔농업부문 평가는 3장 참조〕

더불어 "자립경제의 쌍기둥" 금속 및 화학공업부문에서 ▲ 압연강재는 102%, 유색금속은 131%(비철금속, 전기아연 140%, 연 121%, 마그네샤크링카 104%)로 생산계획을 초과달성했고, ▲ 질소비료는 100%, ▲ 주택건설 실적은 109% 수행했다고 발표했다.

발표내용이 사실이라면, 북한경제는 코로나 팬데믹 이후 3년 동안 지속된 긴축재정에서 벗어나 제한적인 수준이지만 팽창기조로 전환하는 계기를 맞은 것으로 평가할 수 있다.

12개 고지 성과

구분	제8기 제6차 전원회의(2023) 계획 제8기 제9차 전원회의(2024) 실적	제7차 당대회 5개년 전략(2016-2020) 생산 계획
금속	④압연강재: 102% ⑤유색금속: 131% - 전기아연: 140% - 연: 121% - 마그네샤크링카: 104%	- 철강 120만 톤
기계	- 전동기: 220% - 변압기: 208% - 베아링: 121%	
화학	⑥질소비료: 100%	- 질소비료 120만 톤(남흥 60, 흥남 60) - 탄소하나화학공업 창설(메탄올 30만 톤, 합성석유 15만 톤, pp섬유 1만 톤, 에틸렌 5천 톤)
전력	②전력: 100%	- 500만kW(수력 250만kW, 화력 150 만kW, 자연에너지 30만kW 등)
석탄	③석탄: 100%	- 석탄 3,800만 톤
교통운수	⑫철도화물: 106%	- 철도수송량 5,500만 톤 - 무역항 3,700만 톤 통과능력(원산항 500만 톤 규모 건설 등)
건설건재	⑦시멘트: 101% ⑧통나무: 109% ⑪살림집: 109% - 판유리: 100%	- 시멘트 500만 톤
농축수산	①알곡: 103% ⑩수산물: 105%	- 식량 800만톤 생산, 장기 900- 1,000만 톤(1979년 657.6만 톤) - 고기 25만 톤, 수산물 150만 톤
경공업	⑨일반천: 101% - 종이: 113% - 화장품: 109%	- 직물 2억 5,000만m - 신발 6,000만 켤레

*자료: 5개년전략 목표는 이찬우, 『북한 제8차 당대회 평가 및 전망』, 경남대 극동문제연구소 제68차 통일전략포럼 자료집, 2021.1, pp.211-217. 참조.; 제8차 당대회. 건설건재부문 평양시 5만 세대 건설, 검덕지구 2.5만 세대 건설, 800만 톤 시멘트생산 목표

2) 대외경제 환경변화와 완만한 회복세: 무역, 물가, 환율 동향

(1) 북한의 대외경제관계 동향과 특징

2023년 코로나 팬데믹 탈출 이후 북한의 대외경제도 변화의 계기를 맞고 있다. 2017년 이후 고강도 대북제재와 2020년 코로나 팬데믹의 영향으로 북중무역이 급격하게 위축되었지만, 최근 중국, 러시아와의 무역이 확대되고 있다.

북한의 대중무역 동향: 2016-2023년

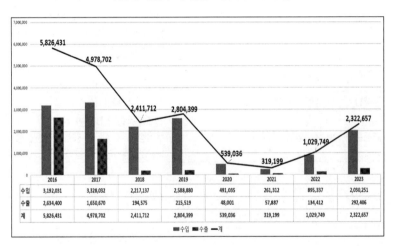

	2016	2017	2018	2019	2020	2021	2022	2023
수입	3,192,031	3,328,032	2,217,137	2,588,880	491,035	261,312	895,337	2,030,251
수출	2,634,400	1,650,670	194,575	215,519	48,001	57,887	134,412	292,406
계	5,826,431	4,978,702	2,411,712	2,804,399	539,036	319,199	1,029,749	2,322,657

*자료: kita.net. 단위: 천 달러

2023년 북중무역은 코로나 팬데믹 이전 2018년 수준을 회복했다. 나아가 최근까지 해상 및 철도운송을 중심으로 무역이 진행되었다면, 주요 교역로인 단둥-신의주 등 육로를 통해 트럭무역이 전면화될 경우 북중무역은 형식과 품목, 규모가 모두 증가할 가능성이 높다.

무역규모 확대와 함께 경제협력 가능성이 증가하고 있다. 북중국경의 인구이동이 허용될 경우, 노동자 파견 및 관광재개 가능성이 높아지기 때문이다.

한편, 북러경제관계 활성화에도 관심이 증폭되고 있다. 최근 북한 무역에서 러시아가 차지하는 비중은 2% 이하에 불과하지만, 경협이 확대될 경우 무역규모의 순증효과가 매우 높을 수밖에 없는데, 북러무역의 기저효과를 기대할 수 있기 때문이다. 북러 사이의 노동자 파견사업도 주목할 필요가 있다. 현재 러시아에 파견된 노동자 규모보다 늘어날 가능성이 높다.

2023년 11월 제10차 북러 무역, 경제 및 과학기술협조위원회는 과거와는 다른 양상을 보여준다. 북한의 윤정호 대외무역상과 러시아의 알렉싼드르 꼬즐로브 자연부원생태학상 사이에 합의된 회담 보도문에 따르면 "(북러관계가) 새로운 전략적 높이에 올라선데 맞게 무역, 경제, 과학기술 등 각 분야에서 다방면적인 쌍무교류와 협력사업을 활성화하고 확대해나가기 위한 대책적인 문제들이 구체적으로 토의 확정"됐다는 것이다.

2024년은 북한이 중국, 러시아와 수교 75주년을 맞는 해라는 점에서 중-북-러 사이의 교류협력이 어느 때보다 활성화될 수 있는 조건을 갖추고 있다.

북러 무역 경제 및 과학기술협조위원회

	일정	장소	회담대표		보도 내용
			북한	러시아	
10차	2023. 11. 16	평양	윤정호 대외경제상	알렉싼드르 꼬즐로브 자연부원생태학상 (2019년 원동 및 북극 발전상)	(북러관계가) 새로운 전략적 높이에 올라선 데 맞게 무역, 경제, 과학기술 등 각 분야에서 다방면적인 쌍무교류와 협력사업을 활성화하고 확대해 나가기 위한 대책적인 문제들이 구체적으로 토의 확정
9차	2019. 3. 10	러시아	리광근 대외경제성 부상	-	북한 대외경제성, 수산성, 보건성, 철도성 등 대표단 15명 구성 (연합, 2019. 3. 2)
8차	2018. 3. 22	평양	김영재 대외경제상	알렉싼드르 갈루슈까 원동발전상	무역, 경제 및 과학기술협조를 더욱 확대발전시킬 데 대한 문제들 토의
7차	2015. 4. 28	평양	리룡남 대외경제상	알렉싼드르 갈루슈까 원동발전상	무역, 경제 및 과학기술협조를 더욱 확대발전시킬 데 대한 문제들 토의

*일정, 로동신문, 조선중앙통신 등 보도기준

(2) 2023년 북중무역의 산업별, 품목별 동향

2018년 수준으로 회복된 무역규모에도 불구하고 산업적 활용도 높은 전략물자의 수입액은 64.3%(2023년 9월 현재) 수준으로 아직 미진한 상황이다.[6] 전략물자관리원에서 공개하고 있는 전략물자(이중용도 품목)는 군사용은 물론 산업용으로도 활용 가치가 높은 품목으로서,

---

6 전략물자관리원 인터넷 자료 www.data.go.kr/data/15034135/fileData.do 참조.

이들 품목의 수입정보는 북한의 산업 활성화 정도를 분석할 수 있는 지표로 활용된다.

2023년 1~10월 전략물자 수입액은 2,841만 달러로 2018~2019년 1~10월 평균 총수입액 5,279만 달러의 약 53.8%에 해당하는 것으로, 산업생산의 정상화 수준이 상대적으로 저조한 수준으로 평가된다.

북한의 대중 전략물자(이중용도품목) 수입 추이

*자료: 중국해관통계. 단위: 만 달러

북한의 대중 전략물자(이중용도품목) 수입액

	2015	2016	2017	2018	2019	2020	2021	2022	2023
1월	1,070	1,734	2,320	420	373	488	-	131	257
2월	1,091	700	911	190	145	3	-	123	146
3월	1,824	1,004	2,124	353	568	23	4	85	170
4월	2,172	1,850	1,956	410	692	6	29	101	301
5월	1,550	2,035	2,797	540	792	53	0	3	334
6월	1,747	1,916	1,962	565	664	129	21	68	350
7월	2,101	838	1,368	489	637	185	35	145	350
8월	1,727	2,075	1,728	485	651	79	36	220	316
9월	1,753	1,895	1,076	543	704	38	90	104	343
10월	1,472	1,647	1,848	520	816	-	52	187	274

11월	2,596	2,006	994	556	719	-	86	181	-
12월	1,995	1,731	1,950	367	755	-	107	144	-
1~10월 소계	16,508	15,694	18,090	4,515	6,042	1,004	267	1,165	2,841
연간 총계	21,099	19,432	21,035	5,438	7,516	1,004	459	1,491	-

*자료: 중국해관통계. 단위: 만 달러

2023년 10월 현재 산업별 수입품목 비중은 섬유와 의류가 29.5%로 가장 높고, 농업이 25.8%, 화학이 14.9%, 플라스틱과 고무 14.8%로 뒤를 잇고 있다. 농업부문은 식량, 비료, 농자재 등이 주요품목을 형성하는데, 화학과 플라스틱, 고무 품목 역시 예년과 유사한 수입 경향성을 보여주고 있다.

그러나 주목할 부분은 섬유와 의류 수입비중인데, 주로 원부자재를 중심으로 수입품목을 형성하면서 2020년 이후 가파르게 수입비중을 확대해 2017년 수준을 회복했다. 이러한 현상은 내수용보다는 수출용 섬유와 의류생산이 확대되고 있을 개연성이 높은 것으로 보인다.

북한의 산업별 대중 수입비중: 2015-2023. 10.

| 비중 | 2017 | 2018 | 2019 | 2020 | 2021 | 2022 | 2023* | 2023년 | |
								9월	10월
농업	13.8	27.5	26.0	44.5	21.0	26.6	25.8	27.3	24.6
화학	5.1	11.6	10.3	14.0	33.0	20.4	14.9	10.9	9.5
전자기기	10.3	0.4	0.1	0.0	0.0	0.0	0.0	0.1	0.0
기타	5.3	7.9	9.9	6.4	2.4	4.3	2.3	3.4	3.2
섬유/의류	25.9	27.9	29.6	14.1	8.5	18.9	29.5	32.3	34.3

기계류	7.6	0.3	0.0	0.1	0.0	0.0	0.0	0.3	0.0
수산	3.2	3.3	2.2	1.1	0.0	0.0	0.1	0.2	0.5
광업	2.5	1.8	2.0	1.6	3.7	2.1	5.0	5.6	4.9
플라스틱/고무	8.8	12.6	13.2	12.3	26.1	20.8	14.8	10.8	13.7
금속	6.5	0.1	0.0	0.0	0.0	0.0	0.0	0.0	0.3
목재	4.6	6.5	6.6	5.8	5.3	6.9	7.6	9.0	8.8
운송수단	6.3	0.1	0.0	0.1	0.0	0.0	0.0	0.0	0.0
총계	100.0	100.0	100.0	100.0	100.0	100.0	100.0	100.0	100.0

*자료: 중국해관통계. 단위: %

주요곡물 수입량도 늘어나고 있다. 코로나 엔데믹 이후 곡물 수입량 확대 경향성이 나타나고 있다. 쌀은 2019년 이래 최대치를 경신할 가능성이 높아졌고, 밀가루 수입량은 상대적으로 증가세가 둔화되고 있다. 2023년 10월까지 경향성을 유지한다고 가정할 경우, 2023년 말 곡물 수입량 25만 톤을 상회할 것으로 추정되며, 이러한 수입량은 연간 생산량(약 500만 톤 추정)의 약 5%에 해당하는 양이다. 무역규모의 확대, 공업용 곡물수요 증가 등이 주요 요인으로 보인다.

화학비료 수입량도 2019년 규모에 근접했다. 특이한 점은 과거에는 질소비료를 중심으로 수입했다면, 2023년에는 인(P)성분이 강화된 복합비료를 대부분 수입했다. 2020년 대비 2023년 질소비료 생산량이 130% 늘어나면서 부족한 인비료 성분을 보완한 결과로 추정된다.

북한의 대중국 곡물 수입량(상) 비료 수입량(하)

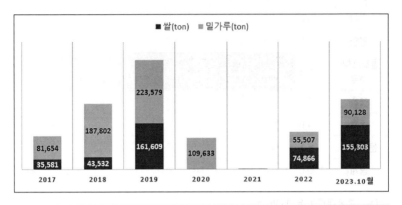

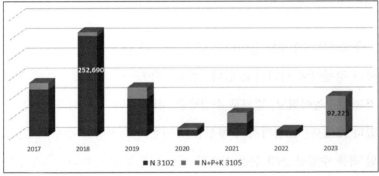

*자료: 중국해관통계. 단위: ton

3) 2023년 시장 물가와 환율 동향

북한 시장의 환율 변화는 코로나 팬데믹과 밀접한 상관성을 가진다.
따라서 달러, 위안 환율은 코로나 이전 수준으로 복귀했다. 무역 재개
기대감에 환율이 정상화되었는데, 달러 환율은 2019년 8,000원 중반으
로 회귀했다. 2022년 1월 4,550원으로 최저가격을 기록했는데, 2023년
3월 현재 약 2배가 상승한 8,000원대 중반으로 환율이 복귀했다.

중국 위안화 환율 또한 2019년의 1,200원대 가격으로 회귀했다. 2021년 6월 520원으로 최저가격을 기록한 이후 2023년 3월 약 2배가 상승한 1,200원대에 복귀했다. 원인은 물론 무역 재개 기대감이었다.

북한 시장 달러 & 위안 환율 추이: 2019-2023. 3.

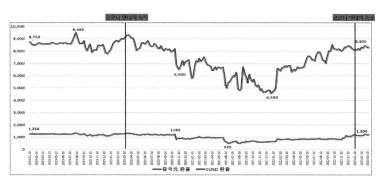

*자료: www.asiapress.org. 단위: 북한 원

북한 관련 주요 이슈인 식량난의 원인으로 지목되고 있는 곡물가격 변동은 극적인 변동성을 보여주고 있다. 핵심 곡물인 쌀 가격은 2022년 1월 5,000원/kg을 기준으로 2022년 6월말 6,600원으로 상승했다가 2023년 10월 5,400원으로 하락했다. 옥수수 가격 역시 동일한 패턴을 보이며 가격이 안정되었다. 김정은 체제 출범 이후 쌀과 옥수수의 평균가격은 5,000원과 2,500원에 수렴하고 있다.

특히 밀가루가격 변동은 주목할 만하다. 북한 시장의 밀가루가격은 2022년 1월 기준 1만 원대/kg에서 2023년 1월 2만 원대로 폭등했다. 그러나 5월에는 8천 원대로 폭락하더니, 10월 현재 6천 원으로 또 다시 하락했다. 밀가루 가격이 지속적으로 급등하던 현상이 돌연 폭락세로 전환한 것이다. 밀가루 가격 상승의 주요 원인으로 지적되어 왔던 수입량 부족 등 수급불균형에서 찾았다면 밀가루 수입량 감소는 또 다른 설명을 요구한다. 즉 국내 생산량 확대 말고는 최근의 밀가루 가격 폭락을 평가할 수 없다. 그럼에도 불구하고 국제곡물시장에서 거래되는 밀가루가격이 쌀가격에 비해 낮게 거래되는 점을 고려하면 시장의 밀가루는 여전히 높은 가격을 유지하고 있다.

북한 시장의 주요 곡물 가격 변동

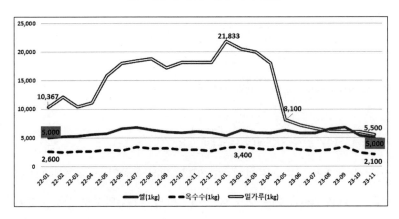

*자료: 신의주, 평성, 청진시장 월말 가격.

반면에 북한 시장의 휘발유, 디젤유는 가격상승 현상이 뚜렷하다. 이러한 현상은 유류의 수요 대비 공급부족이 가장 설득력 있는 분석으로, 러시아-우크라이나전쟁 이후 국제 유가 변동성 확대, 건설기계와 농기계 가동률 향상 등 복합적인 요인을 주목할 필요가 있다.

북한 시장의 휘발유, 디젤유 시장 가격: 2022-2023. 11.

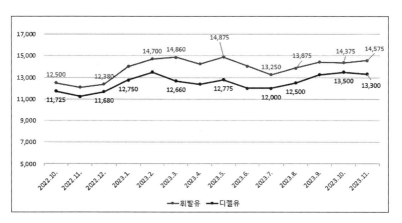

*자료: asiapress.org 월 평균가격. 단위: 북한 원/kg

    결론적으로, 주요 생필품의 물가와 환율은 코로나 팬데믹 이전, 나아가 김정은 체제 출범 이후 평균 수준으로 수렴, 안정화되고 있다. 특히 핵심 곡물인 쌀, 옥수수는 지난 10년 평균가격으로 수렴하고 있다. 주민과 시장의 수요가 매우 큰 밀가루 가격의 변동성은 드라마틱하다. 밀가루 시장가격의 격렬한 변동성은 국가의 농업정책을 변경할 정도의 파괴력을 가지고 있다는 사실을 입증한다. 전통적인 곡물인 옥수수 재배면적을 줄이고 밀 생산을 늘리는 정책을 추진하고 있기 때문이다.

    대외경제, 특히 북중무역의 핵심변수인 환율 역시 코로나 팬데믹 이전, 김정은 체제 출범 이후 평균 가격수준으로 수렴하고 있다. 2023년 북중무역은 2018년 규모를 회복했고, 2024년 북한의 무역규모는 돌발변수가 나타나지 않는다면 더욱 확대될 가능성이 높다. 북러무역,

경제협력 확대가 새로운 변수로 등장했기 때문이다.

3. 김정은 시대 인민생활정책: 농업 & 농촌발전정책

1) 김정은 시대 식량증산: 2000년 대비 2023년 34% 증산(농진청)

북한 당국은 2023년 식량작물 생산목표를 103%, 질소비료는 100% 달성했다고 발표했다. 한편 남한의 농촌진흥청은 2023년 482만 톤을 생산해 2022년 451만 톤 대비 약 6.8% 증산량을 추정했다.

1990년대 중반 '고난의 행군' 이후 북한의 최우선 해결과제는 식량문제를 해결하는 것이었다. 다양한 정책이 추진되었고, 더디지만 생산량은 꾸준히 증가했다. 아래 그래프는 농진청이 추정한 북한의 식량작물 생산량으로 2000년 이후 2023년까지 34% 증가했다.

북한의 식량작물 증산 추이

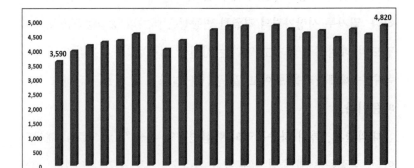

*자료: 농촌진흥청 보도자료. 각 년도. 단위: 천 톤

특히 김정은 체제 등장 이후 농업정책은 본격적인 체계화 과정을 거쳐 추진되어왔다. 2012년 '포전담당책임제'로 알려진 농업정책이 시범사업으로 진행되었고, 2014년 '우리식경제관리방법'의 농업부문 정책인 '농장책임관리제'로 체계화되었다. 식량증산 관련 핵심 법령인 「농장법」은 2012년부터 2022년까지 모두 9차에 걸쳐 법안이 개정되었고, 농지확장을 위한 간석지개발 5개년계획, 농지보호를 위한 치산치수전망 10개년계획이 추진되었다.

특히 2020년 이후 식량증산 관련 법령이 제정 또는 개정되는 사례가 빈번하게 발견되었다. 농업기본법인 「농업법」 개정(2020)을 시작으로 「농장법」(2022) 개정, 화학비료생산 및 공급을 의무화한 「화학공업법」(2021)과 농기계생산 관련 「기계공업법」(2021)이 제정되었다. 곡물생산 및 통계관리, 농업인프라보호 제도화를 위해 「허풍방지법」(2022)과 「단위특수화, 본위주의반대법」(2021)이 새롭게 제정되었다.

농업정책의 체계화: 5.30 경제관리개선조치(2014)

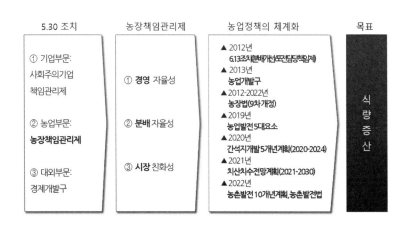

최근 농업법령 제정 및 개정

	식량증산	
❖농장책임관리제 제도화		❖농업법(2020 개정), 농장법(2022 개정)
❖수확후 손실분·절감 제도화		❖농장법(2022 개정)
❖농자재 공급 제도화		❖화학공업법/기계공업법(2021 제정)
❖곡물생산 및 통계관리, 농업인프라 보호 제도화		❖허풍방지법(2022제정), 〈단위특수화본위주의반대법〉(2021제정)
❖곡물유통관리체계 강화 제도화		❖량정법(2021 개정), 수매법/사회급양법(2022제정)
❖농촌 균형발전 제도화		❖농촌 발전법(2022제정)

곡물유통관리체계를 강화하는 「량정법」(2021)을 개정했고, 곡물관리를 위한 「수매법」과 「사회급양법」(2022)을 제정했다. 식량증산과 농촌주택 개량 등 도시와 농촌의 격차를 해소하기 위해 '새시대 농촌혁명강령' 10개년 정책추진과 이를 법제화한 「농촌발전법」(2022)을 제정했다.

농업 법제화는 농업생산을 '안정적이며 지속적인 장성궤도에 올려세우기'[7]위한 조치로 ▲ 농촌문제 중장기 발전전략(2021년 12월, 당중앙위 전원회의, 제8기 제4차전원회의) → ▲ 농업예산 14.7% 대폭증액(2022년 12월, 제8기 제6차전원회의) 정책으로 이어졌다.

2023년 북한 당국은 농업예산을 전년대비 14.7% 대폭 증액했다.[8] 북한 당국에 따르면, 10개년 계획을 목표로 "새시대 농촌혁명강령을 높이 받들고 농촌진흥을 다그치기 위한 사업에 투자를 늘리는 원칙에

---

7 "조선로동당 중앙위원회 제8기 제7차전원회의 확대회의에 관한 보도," 〈로동신문〉, 2023년 3월 6일.

8 "조선민주주의인민공화국 최고인민회의 제14기 제8차회의," 〈로동신문〉, 2023년 1월 19일.

서 지난해 114.7%에 해당한 많은 자금을 농촌건설과 농업생산환경을 현대적으로 개변하는데 지출"한다고 발표했다. "새시대 농촌혁명강령"은 농촌지역의 ▲ 농업발전(식량증산), ▲ 농촌살림집 건설, ▲ 지방공업 개선, ▲ 치산치수사업, ▲ 교육, ▲ 보건분야의 6대 분야 개발을 목표로 재정 투입을 확대하는 정책이다. 식량증산정책이면서 북한식 새마을운동이 본격화된 것이다.

2. 2023년 식량생산 동향[9]

2023년 북한경제를 평가할 때 식량생산량은 언제나 최고의 관심사였다. 그만큼 민감하고 폭발력이 강한 분야이기 때문이다. 대폭 증액된 농업예산 만큼이나 추수철이 가까워질수록 식량생산량에 대한 관심이 더욱 고조되었다. 외부세계의 이러한 관심을 반영해서인지 김정은 위원장이 직접 나서 풍작을 발표했다. 2023년 농업부문에서 "자연재해를 이겨내고 풍작을 거두고 있는 농업발전의 놀라운 현실"을 이룩했다는 것이다.[10]

연간 식량생산량은 봄작물과 가을작물 생산량을 합산해서 평가한다. 북한은 언론을 통해 밀, 보리와 감자 등 올곡식(봄작물)은 전국적으

---

9 식량생산 관련 내용은 다음의 보고서 수정 보완한 것이다. 김일한, "2023년 북한경제 평가와 2024년 전망," 국회 입법 및 정책개발 연구용역보고서, 국회의원 이용선, 2023년 12월, pp.37-44. 참조.

10 "조선민주주의인민공화국 최고인민회의 제14기 제9차회의 진행,"〈로동신문〉, 2023년 9월 28일.

로 "례년에 없는 풍요한 작황을 마련"했고,[11] 북한의 서해 곡창지대인 황해남도와 평안남도, 평양시, 남포시 등 전역에서 "정보당수확고를 획기적으로 높인 다수확농장, 작업반, 분조, 농장원들이 계속 배출"되고 있으며,[12] 최대 곡창지대인 황해남도에서는 "올곡식다수확단위 지난해보다 크게 증대"했다고 보도했다.[13] 올곡식을 증산한 이유는 "우량품종의 종자 적극 도입, 질좋은 유기질비료 시비, 물원천확보와 재배면적보장, 관개시설을 리용한 가물극복, 과학농법 도입"한 결과라는 것이다.[14]

한편, 가을추수 결과는 서해곡창지대인 황해남북도, 평안남북도, 남포시에서 "최근년간에 볼 수 없었던 높은 수확고"를 기록했고, 이와 같은 높은 수확고는 관개체계 정비와 농기계 및 비료공급 확대, 그리고 박막 등 농자재 공급을 확대한 결과라고 평가했다.[15]

(1) 봄작물 생산 동향: "례년에 없는 풍요한 작황"

북한 언론은 2023년 봄작물 생산과 결산과정에서 몇 가지 이례적인 장면을 보도하고 있다. 먼저, 황해남도 은률군 장련농장의 봄작물

---

11 "전국적으로 지난해보다 보름 앞당겨 앞그루밀, 보리수매 기본적으로 결속," 〈로동신문〉, 2023년 7월 11일.

12 "흐뭇한 올곡식작황 마련," 〈로동신문〉, 2023년 6월 29일.

13 "올곡식다수확단위 지난해보다 증대-황해남도에서," 〈로동신문〉, 2023년 7월 14일.

14 "흐뭇한 올곡식작황 마련," 〈로동신문〉, 2023년 6월 29일.

15 "한해 농사를 떳떳이 총화한 기쁨 전야에 넘친다-서해곡창지대 농장들에서 결산분배 련일 진행," 〈로동신문〉, 2023년 11월 3일.

증산 사례로 "올곡식이 너무도 잘되여 그것만으로도 한해 국가알곡수 매계획을 큰소리치며 넘쳐 수행"[16]했다는 보도가 등장했다. 매우 특수한 사례로 보이는데, 봄에 생산한 작물만으로 1년 농사 수확고를 달성했다는 것은 2023년 상반기 영농환경이 예년에 비해 매우 우호적이었다는 사실을 반증한다.

둘째, 2021년부터 추진 중인 밀농사 확대정책에 따라 전국적으로 밀재배 면적이 확대되고, 파종 및 추수기간이 단축되었다. 대표적인 밀생산 농장인 황해남도 재령군 삼지강농장은 지난해에 이어 봄밀 생산계획을 넘쳐 수행했는데, 전년 대비 재배면적을 확대한 것이 생산실적으로 이어졌다.[17]

셋째, 봄작물인 밀 생산량이 증가하면서 밀가공공장 개건과 건설 사업이 전국적으로 추진되고 있다. 북한 농정 당국은 올해 밀가공기지건설련합지휘조를 구성하고 전국 밀가공능력 확장사업을 추진하고 있는데, 전국 200여 개 시, 군량정사업소를 개건 및 신설을 추진하고, 밀가공능력 강화를 추진하고 있다. 대표적으로 황해북도 사리원시량정사업소가 시, 군단위 본보기공장으로 지난 9월 준공했는데, 내각총리가 현지료해를 진행할 정도로 정책적 관심이 매우 높은 사업이었다.[18]

---

16 "우리 당의 현명한 령도아래 펼쳐지는 관개체계완비의 벅찬 현실을 체감하며,"〈로동신문〉, 2023년 11월 9일. 황해남도 은률군 장련농장 사례

17 "재령군 삼지강농장 일군들과 농업근로자들의 투쟁,"〈로동신문〉, 2023년 7월 6일.

18 내각총리 김덕훈은 2021년 10월 5일과 2023년 7월 17일 사리원시량정사업소를

FAO에 따르면 북한의 봄작물 생산량은 45~50만 톤으로 추정하고 있다. 봄 밀과 보리, 그리고 감자로 구성된 봄작물은 가을추수 전까지 중요한 식량자원 역할과 함께 생산량에 따라 시장의 곡물가격 등락폭을 결정하는 역할을 한다.[19]

한편, 시장에서 고공행진하던 밀가루 가격이 밀 추수가 본격화되는 5월 이후 폭락세가 이어지고 있는데, ▲ 밀 생산량 증가, ▲ 국가양정사업소의 공급능력 확대, ▲ 국가양곡판매소의 판매, ▲ 주민 결산분배몫의 시장 거래량 증가 등의 영향으로 해석해 볼 수 있다. 밀가루 가격 하락과 동반해서 쌀과 옥수수 가격도 하향 안정되었다.[20]

(2) 가을 추수 동향: "최근년간에 볼 수 없었던 높은 수확고"

2023년 가을추수 시기에도 북한 언론은 과거와는 다른 양상의 보도를 이어갔다. 대표적인 사례는 ▲ 알곡생산계획 초과 완수, ▲ 국가알곡수매, ▲ 주민 결산분배로 이어지는 전형적 과정을 기사화했다. 이러한 현상은 2023년의 특징적인 현상인데, 전년까지는 의례적인 보도가 간헐적으로 이루어져 왔다는 점에서 매우 특징적이다. 또한 식량

방문해 국가양정사업과 밀가공공장 건설을 독려했다.

19 The Democratic People's Republic of Korea Food Supply and Demand Outlook in 2020/21 (November/October), FAO, 14 June 2021. FAO는 2020/2021 북한 식량생산량을 추정하면서 봄철 계절곡물 생산량을 46만 6천 톤으로 예상(봄철 계절곡물 생산은 전체 생산량에서 약 8% 내외로 추정)했다. 6-7월 출하되는 봄작물 (밀, 보리, 감자 등) 생산량은 식량공급 및 시장가격에 직접적인 영향을 미치는 주요한 변수다.

20 북한 시장의 주요 곡물 가격 변동 참조

증산과 관련해 ▲ 강냉이, 벼 모두를 증산했고, ▲ 간석지, 산간오지 등 저수확지 증산 사례가 빈번하게 등장하고 있으며, ▲ 린안비료 공급과 시비 보도가 유례없이 다수 보도되었다.

먼저, 알곡생산계획 초과 완수 → 국가알곡수매 → 결산분배 과정을 보도한 기사를 살펴보자. 지난 10월초 전국적으로 벼와 강냉이가을(추수)을 기본적으로 마감하고[21] 운반, 낟알털기도 빠른 속도로 진척되면서 지역별로 곡물생산 실적이 이어졌다.

평안남도 평성시가 농사를 한 달 앞당겨 10월 4일까지 국가알곡수매를 마쳤고,[22] 황해남도 배천군 역구도농장이 알곡생산계획을 초과 완수하고, 국가알곡수매를 거쳐 10월 8일 주민 결산분배를 마쳤다.[23] 남포시 온천군 증악농장도 정보당 평균 1.2t의 알곡을 증수해 최고수확년도를 돌파하고, 결산분배를 진행했으며,[24] (로동, 10. 16) 대표적인 식량생산지 평안남도 숙천군, 황해남도 배천군, 평안북도 염주군이 국가알곡수매를 마쳤다.[25]

---

21 "전국적으로 벼가을이 마감단계에 이르렀다,"〈로동신문〉, 2023년 10월 7일.; "각지 농촌들에서 강냉이가을 기본적으로 결속,"〈로동신문〉, 2023년 10월 7일.

22 "올해 알곡고지를 기어이 점령할 드높은 열의-평성시에서 농사결속사업을 지난 시기보다 한달 앞당겨 추진,"〈로동신문〉, 2023년 10월 8일.

23 "황해남도에서 농업생산력이 미약하던 농장이 다수확의 성과 달성-배천군 역구도농장에서 올해 알곡생산계획 초과완수, 풍년의 자랑안고 결산분배 진행,"〈로동신문〉, 2023년 10월 9일.

24 "간석지벌에 넘치는 풍년의 기쁨-남포시 온천군 증악농장에서 최고수확년도 돌파, 결산분배 진행,"〈로동신문〉, 2023년 10월 16일.

25 "나라의 쌀독을 채우는데서 큰 몫을 맡고 있는 손꼽히는 벌방군들인 숙천군, 배천군, 염주군에서 국가알곡수매를 성과적으로 끝냈다,"〈로동신문〉, 2023년

그리고 서해곡창 황해남도가 알곡생산목표 달성하고, 20일 이상 빨리 국가수매와 결산분배를 끝냈다.[26] 강원도와 함경남도, 함경북도, 평안북도, 평성시가 알곡생산계획을 초과완수하고 결산분배를 진행했다.[27]

수매, 결산분배 절차

구분	세부 내역	
1순위	국가의무수매몫	국가알곡수매
2순위	농장 자체조성곡(종자, 가축사료, 공업원료)	
3순위	농장원 분배몫	결산분배
4순위	확대재생산용알곡(저축)	
합계	총 알곡생산량	

*자료: 박승갑, 『협동농장에서 사회주의기업책임관리제 실시와 실현방도』(평양: 농업출판사, 2016), p.67. 수정.

한편, 저수확지에서 식량을 증산한 사례가 예년과는 다르게 다수 보도되었다. 가장 눈에 띄는 사례는 평안남도 숙천군 채령농장으로 정보당 최고 10.8t의 논벼를 증산했고, 자강도 위원군 고보농장이

10월 22일.

26 "서해곡창 황해남도의 농촌들에서 한해 농사를 총화하는 결산분배모임 련이어 진행,"〈로동신문〉, 2023년 10월 25일.

27 "함경북도에서 전례없는 혁신 창조, 10월중에 국가알곡수매 결속,"〈로동신문〉, 2023년 10월 28일.; "관개체계의 덕으로 높은 알곡소출 기록-평안북도에서,"〈로동신문〉, 2023년 10월 28일.; "올해 알곡생산계획 초과완수, 결산분배 진행-강원도, 함경남도, 평성시의 농장들에서,"〈로동신문〉, 2023년 10월 28일.

정보당 5t 이상 알곡생산계획 초과 수행했다는 것이다.[28] 이례적인 사례와 함께 저수확지(뒤떨어진, 뒤자리 농장 등)의 증산 기사가 빈번하게 등장했다.

황해남도 배천군 역구도농장은 이름에 알 수 있듯이 섬을 연결해 조성한 간석지농장이다. 농장은 2023년 알곡생산계획을 130% 이상 초과수행하고, 국가알곡수매를 거쳐, 8일 주민 결산분배를 마쳤다. 농장의 대표적인 저수확 작업반에서도 정보당 2t 이상의 알곡을 증수할 만큼 생산력이 향상되었다.[29]

남포시 온천군 증악농장도 대규모 간석지농장으로 지력이 낮고 농사조건이 불리해 과거 농사가 잘 안 되던 곳으로, 해마다 전체 군이 달라붙어야 모내기와 가을걷이를 할 수 있는 농장이었는데, 올해 정보당 평균 1.2t의 알곡을 증수하고, 최고수확년도 돌파했다. 농장은 분조관리제안에서 포전담당책임제를 방법론 있게 실시해 올곡식(봄작물)생산계획을 197% 초과 수행했다.[30] 수천정보의 평안북도

---

28 (평안남도 숙천군 채령농장 사례) "평안남도에서 29일까지 낟알털기결속, 전반적인 농촌들에서 높은 알곡생산실적 기록," 〈로동신문〉, 2023년 10월 31일.; (자강도 위원군 고보농장 사례) "산골농장에도 알곡증산의 기쁨 넘친다-위원군 고보농장을 찾아서," 〈로동신문〉, 2023년 11월 8일. 매우 이례적인 사례인데, 휴경지를 복구했거나(채령농장) 중산간지대의 관개시설 정비와 농자재가 추가적으로 공급(고보농장)된 예외적 사례로 보인다. 일반적인 농지의 추가 생산량으로 보기 어렵기 때문이다.

29 "배천군 역구도농장의 결산분배장에서 울려나온 농업근로자들의 격정의 목소리," 〈로동신문〉, 2023년 10월 14일.

30 "간석지벌에 넘치는 풍년의 기쁨-남포시 온천군 증악농장에서 최고수확년도 돌파, 결산분배 진행," 〈로동신문〉, 2023년 10월 16일.

홍건도간석지논에서도 예년과 다른 작황을 거두었다.[31]

간석지에 이어 중산지역의 저수확지 증산소식도 이어졌다. 평안남도의 중산간지대인 덕천시, 개천시, 북창군, 증산군, 신양군 등의 농장이 벼와 강냉이농사에서 성과를 내고, 황해남도의 저수확지 삼천군과 평안북도 녕변군 세죽농장, 평안남도 평원군 운연농장, 황해북도 금천군 원명농장, 황해남도 신원군 무학농장, 함경북도 김책시 룡도농장도 다수확농장으로 전환되었다.[32]

북한 언론은 2023년의 높은 식량증산 실적이 영농기술의 축적과 농자재 공급능력의 향상, 그리고 재배면적의 확대 등 국가의 "농업생산을 획기적으로 늘일수 있는 혁명적인 조치"의 결과라는 것이다. 북한은 당중앙위 제8기 제6차, 제7차전원회의 결정에 따라 각급 농업지도기관은 다수확농장 등 특정 농장에 대한 생산지원체계에서 전체 농장에서 정보당 생산량을 높이는 방향으로 정책을 전환하고, 관개시설 정비와

---

31 "평북의 드넓은 간석지벌에 흐뭇한 작황이 펼쳐졌다-수천정보의 홍건도간석지 논에서 매일 많은 면적의 벼가을걷이 진행,"〈로동신문〉, 2023년 10월 3일.; 홍건도간석지는 ▲ 2016.10. 1단계 완공, ▲ 2021. 6. 2단계 공사를 완공, "1단계 건설을 4년이라는 짧은 기간에 완공해 4,500정보의 새 땅을 얻어낸 데 이어 2단계 목표를 점령함으로써 또다시 5,500정보의 땅을 마련하는 성과를 창조" "용감한 바다정복자들의 위훈을 조국은 영원히 잊지 않으리-홍건도간석지 2단계 건설을 완공한 평안북도간석지건설종합기업소 일군들과 로동계급의 영웅적투쟁을 전하며,"〈로동신문〉, 2021년 6월 21일.; 1단계 지역에서 농사를 지었다면 7년 만의 증산 성과인 셈이다.

32 "우리당 농업발전관을 구현하기 위한 투쟁에서 이룩된 성과-지난 시기 뒤떨어졌던 많은 농장들이 올해에는 용을 쓰며 일어나 높은 소출을 냈다,"〈로동신문〉, 2023년 10월 26일.

영농물자 공급을 강화했다.

식량증산의 요인은 ▲ 관개체계 정비에 따른 농수 공급, ▲ 린안비료 등 농자재 공급, ▲ 모내기 및 추수철 농기계 가동률 향상이 직접적이다.

북한 언론은 올해 알곡증산의 요인으로 국가적 지원체계를 지목하고 있는데, ▲ 농촌에 필요한 영농물자들이 적기에 맞춰 두메의 산골작업반까지 넉넉히 공급하고, ▲ 강령호담수화공사와 청천강-평남관개물길 완공 등 물이 필요한 밭이라면 높은 둔덕에도 관개망을 조성했으며, ▲ 큰 농장, 작은 농장 가릴 것 없이 새 농기계를 공급했고, ▲ 흥남비료련합기업소 등에서 증산한 비료, 우월성이 확증된 좋은 종자와 〈진심 1〉 등 식물활성제 공급과 강서분무기공장에서 최고생산년도수준을 뛰어넘어 수십만 대의 분무기를 농장에 공급했으며, 농업과학기술보급실 조성, 먼거리영농기술문답봉사체계와 화상지도체계, 먼거리협의체계도 훌륭히 구축해 과학농사를 실현했기 때문이라는 것이다.[33] 특히 봄작물인 밀, 보리, 감자 등은 밭작물로 농수공급 능력에 따라 생산량이 좌우될 수 있다는 점에서 생산량에 적지 않은 영향을 미쳤을 것으로 보인다.

---

33 "뜻깊은 올해의 풍요한 가을과 더불어 사회주의농촌에 약동하는 진흥의 새 기운, 새 숨결을 가슴 벅차게 체감하며,"〈로동신문〉, 2023년 10월 28일.; 식량증산은 국가의 "농업생산을 획기적으로 늘일 수 있는 혁명적인 조치" 때문인데 종자, 비료, 농기계 등 농자재의 공급 확대가 주요 요인이다. "한해 농사를 떳떳이 총화한 기쁨 전야에 넘친다—서해곡창지대 농장들에서 결산분배 련일 진행,"〈로동신문〉, 2023년 11월 3일.

농업생산성에 영향을 미치는 주요 변수 관리는 2019년 농업발전 5대요소로 정책화되었다. 주요 변수를 체계적으로 관리하기 위한 조치였다.

농업발전 5대요소

5대요소	주요 내용
영농과학기술	육종, 품종개량 ICT 등 영농과학기술
농자재공급	종자/비료(화학/유기)/농약(화학/유기) 농기계, 비닐박막 등
농업 인프라	간석지/토지정리 관계체계 정비, 물길공사, 저수지, 댐 등
증산 영농	저수확지증산기술/기관·기업소 분양 수확 효율화
증산 경쟁	증산경쟁요강 분배

*자료: "농업발전의 5대요소에 관한 당의 사상의 기본요구," 〈로동신문〉 2019년 12월 30일.; 제7기 제5차 전원회의 결정

3) "심각한 식량난"과 "의식주"

(1) 김정은, 2022년 "심각한 식량난"

2023년 12월 김정은 위원장은 2023년 식량증산 소식을 전하면서 2022년에 "심각한 식량난"을 겪었다고 밝혔다. 북한의 최고지도자가 처음으로 식량문제를 인정한 이례적인 장면이었다. 발언의 맥락상으로는 코로나 방역과 대북제재의 영향으로 식량작물 생산량이 감소했다는 것이지만, "식량난"의 ▲ 수준, ▲ 범위, ▲ 생산량 감소의 원인에

대해서는 설명을 붙이지 않았다. 한편, 북한의 공식발표나 언론보도에서도 2022년 식량생산 관련 공식보도가 발견되지 않았다.

3년나마 지속된 국제적인 공중보건비상사태가 해제된 이후로도 국가적으로 실시한 엄격한 방역조치로 하여 모든 부문이 많은 제약을 받았고 적대세력, 방해세력들의 극악한 제재압박에도 대처해야 했고 험악한 안전환경에도 대응해야 했으며 더욱이 급박한 문제로 나선 것은 **지난해 농사를 잘 짓지 못하여 산생된 심각한 식량난**을 해결하는 것이었습니다.[34]

북한 식량생산 관련 공식발표

	내용	출처
2023	"알곡 103% … 알곡생산목표를 넘쳐 수행 …. 2023년도 경제사업에서 달성한 가장 귀중하고 값비싼 성과" 김정은	당 중앙위 제8기 제9차전원회의(로동, 2023.12.31.)
2023	"지난해 농사를 잘 짓지 못하여 산생된 **심각한 식량난**" 김정은	당 중앙위 제8기 제9차전원회의(로동, 2023. 12. 31.)
2023	"자연재해를 이겨내고 풍작을 거두고 있는 농업발전의 놀라운 현실" 김정은	최고인민회의 제14기 제9차회의(로동, 2023. 9. 28.)
2023	"올해 초 개성시인민들은 **식량문제로 하여 참으로 어려운 난관**을 겪지 않으면 안 되였다."	개성시 판문구역 채련농장 (로동, 2023. 10. 29.)[35]
2021	"당이 제일 중시하는 농업부문에서 **평가할 수 있는 성과, 자신심을 가지게 하는 뚜렷한 진일보**가 이룩되였으며, 올해의	제8기 제4차전원회의 (로동, 2022. 1. 1.)

---

34 "조선로동당 중앙위원회 제8기 제9차전원회의 확대회의에 관한 보도," 〈로동신문〉, 2023년 12월 31일.

	내용	출처
	불리한 조건에서도 농사를 잘짓는데 적극 기여한 농업부문의 모범적인 일군들과 근로자들, 과학자, 기술자들에게 당중앙위원회의 이름으로 감사인사" 김정은	
2021	"농업부문의 알곡생산량을 전례없이 높이는 성과"	김정은, 제8차 당대회 제7기 사업총화(로동, 2021. 1. 9.)
2020	"과학농사열풍, 다수확열풍을 세차게 일으켜 (2020년) 올곡식생산계획을 넘쳐 수행하였다."(농근맹중앙위원회)	올곡식과 올과일생산목표 점령을 위한 2020년 사회주의경쟁총화(로동, 2020. 9. 27.)
2019	"적대세력들의 악착한 제재로 말미암아 많은 제약을 받고 불리한 기상기후가 계속된 조건에서도 (2019년) 올해 농사에서 최고수확년도를 돌파하는 전례없는 대풍이 마련"	당 중앙위 제7기 제5차전원회의 보도(로동, 2020. 1. 1.)
2016	"농업생산을 늘이는 데 힘을 집중해 (2016년) 알곡생산에서 최고생산년도수준을 돌파하는 자랑찬 성과를 이룩"	최고인민회의 제13기 제5차회의(로동, 2017. 4. 21.)

　　최고지도자만 식량문제를 거론한 것은 아니었다. 2023년 10월 〈로동신문〉은 개성시 판문구역 채련농장 방문기를 보도했는데, 2023년 초 개성지역에 식량문제로 어려움을 겪었다는 기사가 등장한 것이다. 채련농장 경리(구 관리위원장) 김용길의 인터뷰 기사에서 식량부족은 개성시민뿐만 아니라 농장원도 마찬가지였다는 것이다.

---

35 "항상 나라를 생각하는 진심을 묻어야 한다-개성시 판문구역 채련농장 경리 김용길동무에 대한 이야기,"〈로동신문〉, 2023년 10월 29일.; "황해남도에서 지난 시기 영농사업에서 나타나던 여러 가지 폐단," "조선로동당 중앙위원회 제8기 제9차전원회의 확대회의에 관한 보도,"〈로동신문〉, 2023년 12월 31일. ▲ 다수확 농장에 지원이 집중되는 현상 등

올해 초 개성시 인민들은 **식량문제로 하여 참으로 어려운 난관**을 겪지 않으면 안 되었다. 채련농장의 농장원들도 사정은 마찬가지였다. 바로 그러한 때 **당에서 보내준 식량이 개성시에 도착**하였다.[36]

황해남도 지역에서 "영농사업에서 여러 가지 폐단"도 발생했다.

특히 **황해남도에서 지난 시기 영농사업에서 나타나던 여러 가지 폐단**을 근절하기 위한 교양과 투쟁의 된바람을 일으키고 과학농사 추진조의 역할을 높여 알곡수매계획을 수행한 것은 그 누구보다도 농사의 주인인 도안의 시, 군당위원회들과 농업부문 당조직들, 일군들과 농업근로자들과 인민들이 특별히 수고를 많이 한 결과이라고 평가하였다.[37]

"심각한 식량난" "식량문제로 하여 참으로 어려운 난관" "영농사업에서 나타나던 여러 가지 폐단" 등 국가적으로 숨기고 싶은 사실을 북한 언론과 최고지도자가 이례적으로 공개하는 의도는 매우 미스터리하다. 특히 김정은 위원장의 "식량난" 발언이 아사자가 발생할 정도의 심각한 위기로 판단하기 어려운데, 발언의 동기(Why)와 얻고자 했던 결과(What)가 불분명하기 때문이다. 김정은 시대 정치방식을 '선군정

---

36 "항상 나라를 생각하는 진심을 물어야 한다-개성시 판문구역 채련농장 경리 김용길동무에 대한 이야기,"〈로동신문〉, 2023년 10월 29일.

37 "조선로동당 중앙위원회 제8기 제9차전원회의 확대회의에 관한 보도,"〈로동신문〉, 2023년 12월 31일.

치'에서 '인민대중제일주의'로 전환하고, 지속적으로 인민생활향상을 강조했다는 점에서 더욱 그러하다.

몇 가지 가능성을 추론해 보면, ▲ 대응이 가능한 수준의 위기였을 가능성, ▲ 위기를 국가적 역량으로 극복했다는 성과 과시일 가능성, ▲ 2024년 농업부문의 긴장감 조성 가능성 등이다. 그중에서도 더디지만 지속적으로 생산성을 늘리고 안정화 궤도로 올려놓기 위한 자극제일 가능성이 높다. 2023년 3월 제8기 제7차전원회의 확대회의 보고가 단초가 될 수 있다. 농업부문의 문제를 찾아내고 해결함으로써 안정적이고 지속적인 궤도에 올려놓아야 한다는 것이다.

> **농업생산을 안정적이며 지속적인 장성궤도에 올려세우기 위한 중요 과업들과 전망목표들**을 수립하고 … 농업발전에 부정적작용을 하는 내적요인들을 제때에 찾아내여 해소하며 … 사회주의경제건설의 2대분야인 **농업을 가까운 몇 해 안에 안정적이며 지속적인 발전궤도**에 확고히 올려세우기 위한 보다 확실한 방안들을 책정하고 국가의 전면적 부흥을 촉진시킬 수 있는 전환점을 마련[38]

개성시 등 일부지역에서 식량부족문제가 발생한 것은 분명해 보이지만 전국적인 현상으로 평가하기는 어렵다. 2023년 상반기 북한 당국이 코로나 봉쇄를 해제하기 전까지 지역 간 물적, 인적 이동이 봉쇄된 상황에서 지역적으로 식량공급에 문제가 발생했을 가능성도 또한

---

38 "조선로동당 중앙위원회 제8기 제7차전원회의 확대회의에 관한 보도,"〈로동신문〉, 2023년 3월 6일.

고려해야 하기 때문이다. 나아가 시장의 곡물가격 변동폭 역시 아사자가 발생할 정도의 식량위기로 판단하기에는 무리가 있다. 또한 개성시의 지역자립체계 강화를 위한 사업이 진행되고 있는 것으로 보이는데, 정확한 내용을 확인하기는 어렵지만 이것 역시 식량문제를 야기했을 가능성도 배제할 수 없다.

최근 몇 년 동안에 중평온실농장과 련포온실농장을 건설하고 김화군의 지방공업공장들을 완전히 일신시키였으며 전국적인 농촌살림집건설을 본격적으로 추진하고 **개성시가 자체로 살아나갈 수 있게 도와주기 위한 사업을 진행**하고 있는 것을 비롯하여 지방인민들을 위한 사업들을 작전하고 내밀고 있는 것은 사실입니다.[39]

최대곡창지대인 황해남도의 농업문제는 "농사지도에서 편파성"과 "균형성을 보장"하지 못한 문제에서 비롯된 지적으로 보인다. 농업지도의 편파성은 식량작물 생산량이 많은 농장을 중심으로 농자재 및 기술지도 등을 우선 지원하는 문제점을 지적한 것으로 이러한 문제를 해결하기 위해 2023년 3월 농업위원회 위원장 주철규는 "전국적인 농업생산량을 늘이기 위해 농사지도에서 편파성을 극복하고 전반을 책임지는 균형성을 보장"하기 위해 "모든 농장에서 정보당수확고를 높이도록 하는데 중심을 두고 농업생산지도를 혁신"하는 내용의 정책 추진을 강조했다.[40] "모든 농장의 정보당 수확고 확대정책"의 결과

---

39 "경애하는 김정은동지께서 조선민주주의인민공화국 최고인민회의 제14기 제10차회의에서 강령적인 시정연설을 하시였다."〈로동신문〉, 2024년 1월 16일.

북한 언론에는 2023년 정보당 곡물생산량 우수 농장 대부분이 간석지, 중산간지대 등 저수확지 농장이 사례로 등장하고 있다.

(2) "식의주"에서 "의식주"로

40여 년 북한에 공식적으로 사용했던 "식의주" 대신 "의식주"라는 용어가 등장했다. 김정은 위원장이 2024년 1월 최고인민회의 제14기 제10차회의 시정연설에서 "인민들의 의식주에서 실제적인 개변"을 주문하면서 의식주가 등장한 것이다. 북한의 공식적인 용어가 식의주[41]인 점을 고려하면 이 역시 이례적인 현상임에 틀림이 없다.

몇 가지 의도를 추정해볼 수 있는데, ▲ 식량생산이 일정한 궤도에

---

40 "조선로동당 중앙위원회 제8기 제7차전원회의 확대회의에 관한 보도,"〈로동신문〉, 2023년 3월 6일.

41 식의주 개념은 최근까지 사용되었다. 대표적인 사례로는 "우리 당과 국가는 당대회와 당중앙전원회의를 비롯한 중요회의들에서 인민들의 식의주문제해결에서 돌파구를 열기 위한 문제들을 취급하고 인민생활을 개선하기 위하여 …" "공화국의 존엄, 당의 권위와 직결된 정치적문제,"〈로동신문〉, 2024년 1월 8일.; "인민들의 식의주문제를 해결하기 위한 당의 정책적과제들을 철저히 집행 …" "사설, 전체 근로자들이여, 애국의 열정과 근면한 노력으로 사회주의조국의 부강번영을 이룩해나가자,"〈로동신문〉, 2023년 5월 1일. 등.; 식의주 용어가 시작된 것은 1985년 10월 정무원책임일군들과 한 담화에서 김일성 주석이 "사람들이 살아나가는 데서 먹는 문제가 제일 중요하다. 옷이나 집 같은 것은 부족하여도 좀 참을 수 있지만 배고픈 것과는 타협할 수 없다. 나는 사람들의 생활에서 먹는 문제가 중요하기 때문에 의식주라는 말을 식의주라고 고쳐 쓰도록 하였다"고 밝히면서 용어에 변화가 나타났다. "공산주의적 시책, 정무원책임일군들과 한 담화 1985년 10월 22일,"『김일성저작집』 39권(1985. 1-1986. 5), 조선로동당출판사, 1993.

오르면서 정책 전환을 준비하는 과정에서 등장한 용어일 가능성, ▲ 전국적인 지방공업발전계획인 〈지방발전 20×10정책〉을 통해 전반적인 주민생활향상을 위한 정책 추진력을 높이기 위한 가능성 등을 고려해 볼 수 있다.

(3) 여전히 부족한 식량작물 생산량

최근 북한의 식량작물 생산량 증가에도 불구하고 국가적 수요를 감당하기에는 생산능력이 여전히 뒤떨어진다. FAO에 따르면 연간 식량작물 생산량과 별도로 추가 1백만 톤 이상의 곡물이 필요하다고 평가하고 있다.

FAO의 평가와는 별도로 가공용, 사료용 등 추정이 어려운 변수까지 고려하면 현재 북한의 식량작물 생산량은 주민 식량용을 대체하는 수준으로 평가하는 것이 합리적이다.

FAO 2020/2021 식량생산량 추정치

Table 5: Democratic People's Republic of Korea - Food balance sheet for 2020/21 marketing year, November/October *(000 tonnes)*

	Rice (milled)[1]	Maize	Wheat and barley	Other cereals	Potatoes[2]	Soybeans[3]	TOTAL
Domestic availability	1 395	2 214	146	161	697	276	4 889
Main season production	1 395	2 214	-	161	377	276	4 423
Winter/spring production	-	-	146	-	320	-	466
Total utilization	1 930	2 636	252	161	697	276	5 952
Food use	1 605	1 954	207	124	413	238	4 541
Feed use	-	137	-	-	38	-	175
Seed requirements	46	58	14	13	72	10	213
Post-harvest losses	279	487	31	24	174	28	1 023
Stock build-up	0	0	0	0	0	0	0
Import requirements	535	407	106	0	0	0	1 063

*자료: The Democratic People's Republic of Korea Food Supply and Demand Outlook in 2020/21 (November/October), FAO, 14 June 2021.

따라서 식량문제 해결을 위한 중장기적인 정책과 국가적 역량이 필요해 보인다. 생산의 측면에서는 먼저, 농기계 공급 확대로 수확 후 손실분[42]을 축소하고, 둘째, 화학 및 유기질 비료공급과 우량종자 육종과 영농기술 보급으로 절대적인 생산량을 늘릴 수 있는 지속적인 투자와 생산외 측면에서는 안정적인 해외 식량수급 시스템을 구축할 필요가 있다.

영농기계화는 또한 산업구조 개선에도 효과적인 수단이다. 북한의 농업인구는 경제활동인구의 33.9%로 매우 높다. 농업 노동을 획기적으로 절감할 수 있다면 공업노동자를 확대하고, 경제부문 간 균형을 앞당길 수 있다. 식량증산과 산업구조 개선이라는 두 마리 토끼를 잡을 수 있는 가장 효과적인 정책수단이다.

북한 농업부문 경제활동인구 분포: 2008년 기준

	인구(명)	비중(%)
전체	12,184,720	100.0
농업/축산/수산	4,386,895	36.0
농업/축산	4,130,038	33.9
임산	59,949	0.5
수산	178,979	1.5

※자료: DPR Korea 2008 Population Census National Report-Central Bureau

---

42 수확 후 손실분은 연간 총 생산량에서 1백만 톤을 차지할 정도로 비중이 높다.

of Statistics Pyongyang, DPR Korea 2009
*주: 16세 이상 노동자 직군 *단위: 명/%

4) 김정은 시대 최고 히트작, 살림집 건설[43]

> 당 제8차대회 이후 우리 당이 제일 큰 힘을 넣어온 중대국사인 **인민들의 살림집건설**에서 혁혁한 성과가 이룩된데 대하여 평가되였다. 건설부문에서는 화성구역에 1만 세대의 살림집을 또다시 일떠세워 이제 오는 태양절에 수도시민들을 입사시킬 수 있는 담보를 마련하였으며 청년건설자들은 서포지구의 4,100여 세대 살림집건설을 과감히 내밀어 전위거리라는 새로운 청춘기념비를 떠올리였다. 인민군대는 수도의 살림집건설뿐 아니라 지난 4년동안 검덕지구에 2만여 세대의 살림집들을 일떠세워 새 산악협곡도시의 장관을 이루어냈으며 … **농촌살림집건설계획은 2022년의 두 배 이상인 5만 8,000여 세대**로서 40여 개의 시, 군들에서는 이미 건설을 끝내였으며 다른 시, 군들에서도 새년도 봄철까지 계획된 살림집건설을 전반적으로 완공하게 된다.[44]

북한의 제8차 당대회의 국가경제발전 5개년계획(2021-2025)에 따르

---

43 동국대 북한학연구소, 『북한 임산물 교역 동향 분석 및 남북교류협력 방안』, 국립산림과학원 용역보고서, 2023.9월, pp.105-113. 참조. 살림집의 건설 세대수 추정은 북한 방송 영상자료, 언론보도 등을 활용했다.

44 "조선로동당 중앙위원회 제8기 제9차전원회의 확대회의에 관한 보도,"〈로동신문〉, 2023년 12월 31일.

면 살림집 건설은 인민들에게 보다 문명한 생활조건을 제공해주고 나라의 면모를 일신하는 정책이다. 제8차 당대회 정책 기조에 따라 2022년부터 본격적으로 농촌살림집 건설이 추진되었다.[45]

북한의 주요 언론에 따르면 준공일(새집들이) 기준으로 2019년부터 2023년 상반기까지 총 188건 사업에 총 70,810세대의 살림집이 건설되었다. 주택유형은 매우 다양한데, 단층, 소층, 다층, 다락식, 고층 등이다.

준공 시기별로 살림집 건설 실적을 살펴보면, 2019년에 총 7,310여 세대의 살림집이 준공되었는데, 평양직할시 력포구역, 량강도 삼지연시 등 5개 광역시, 도와 6개 기초 시군에서 12월까지 준공한 결과이다. 2020년 실적은 총 8,670여 세대로, 건설이 진행된 지역은 평양직할시 순안지구, 개성특별시 등 8개 광역시, 도와 28개 기초 시군이다. 2021년은 건설 세대수가 총 3,280세대로 조사 기간 중에서 가장 적은데, 개성특별시, 황해남도 옹진군 등 5개 광역시, 도와 5개 기초 시군에서 살림집이 준공되었다.

2022년은 '새시대 농촌혁명강력'이 본격적으로 추진되면서 농촌살림집 건설이 활발하게 진행되었다. 총 23,080세대가 준공되었으며, 라선특별시 라진구역, 강원도 원산시·고산군, 량강도 백암군 등 11개 광역시, 도에 44개 기초 시군에서 살림집이 건설되었다. 2023년 2분기까지의 준공된 살림집은 28,470세대로 상반기에만 2022년보다 많은 살림집을 준공했다. 자강도 희천시·시중군, 함경북도 김책시·명천군

---

45 김두환, 『최근 북한의 살림집 건설정책』, 창원: 경남대학교, 2023.

등 11개 광역시, 도에 88개 기초 시군에서 살림집이 건설되었다.

준공시기별 살림집 건설 추이: 2019-2023년 상반기

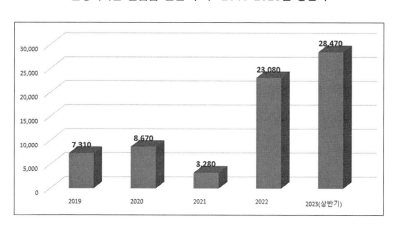

*자료: 북한 방송 및 언론보도 기준 추정치. 단위: 세대

　지역별로 살림집 건설 실적을 종합하면, 총 188건 사업 중에서 도시지역이 54개(28.7%), 농촌지역이 134개(71.3%)이다. 함경북도가 29건(15.4%)으로 사업수가 가장 많았으며, 평안북도 24건(12.8%), 황해남도 23건(12.2%), 황해북도 21건(11.2%) 등 순서로 높은 비중을 나타냈다. 사업수가 가장 적은 지역은 라선특별시로 3건(1.6%)의 사업이 준공되었다. 세대수 기준으로 보면 평양직할시가 24,640세대(35.5%)로 타 지역에 비해 월등히 많았으며, 함경남도 7,130건(10.3%), 량강도 6,800건(9.8%), 황해북도 6,150건(8.9%) 순이다.

　사업당 세대수를 살펴보면, 평양직할시가 1,644세대/사업으로 가장 많았으며, 이는 송화지구, 화성지구 등 1만 세대의 대규모로 건설이

추진되었기 때문이다. 또한 량강도가 사업수는 적지만 사업당 세대수
는 863세대로 두 번째로 많은 것으로 나타났다. 이는 대규모 지역개발
사업인 삼지연시 개발이 포함되었기 때문이다. 평안남도는 사업당
세대수가 337세대로 뒤를 이었다. 나머지 대다수의 특별시·도의 사업
당 세대수는 100~200여 세대 정도였다.

지역별 살림집 준공 동향: 2019-2023년 상반기

구분	사업 수	세대수	사업수당 세대수
평양직할시	15	24,660	1,644
남포특별시	6	1,030	172
라선특별시	3	370	123
개성특별시	4	520	130
강원도	16	4,060	254
량강도	8	6,900	863
자강도	7	1,240	177
평안남도	15	5,050	337
평안북도	24	5,340	223
함경남도	29	7,250	250
함경북도	17	3,450	203
황해남도	23	4,570	199
황해북도	21	6,370	303

*자료: 북한 방송 및 언론보도 기준 추정치. 단위: 세대

결론적으로, 북한의 살림집 건설은 2021년 8차 당대회 이후 인민생
활향상을 목표로 정책이 추진되었으며, 2021년 말 제8기 제4차 전원회

의에서 '새시대 농촌혁명강령'을 채택하면서 농촌살림집 건설이 본격화되었다. 2022년에 준공한 살림집은 2020년 대비 약 3배에 육박하는 건설량을 기록했다. 2023년 상반기까지의 실적은 2022년 준공실적을 초과할 정도로 건설량이 증가했다.

농촌살림집 건설정책은 크게 두 가지 효과를 기대할 수 있다. 먼저, 농촌지역의 인민생활개선에 긍정적인 효과를 기대할 수 있다. 우리국가제일주의의 슬로건이 인민들의 실생활에서 가시적으로 확인되는 사업이기 때문이다. 또한 경제적으로는 건설업이 경제성장, 즉 국내총생산에 미치는 영향이 크다는 점에서 북한 경제 활성화에 일조할 수 있다.

'새시대 농촌혁명강령'은 10개년계획을 목표로 추진되고 있다. 따라서 전국적인 살림집 건설붐이 당분간 지속될 가능성이 높다.

4. 2024년 북한경제 전망

2021년 제8차 당대회 이후 북한경제 운영기조는 '선택과 집중'이다. 대북제재와 코로나가 장기화되면서 필연적인 선택이었을지 모른다. 주요 투자대상으로 산업분야에서 ▲ "자립경제의 쌍기둥" 금속과 화학공업, 인민생활분야에서는 ▲ 농업, ▲ 살림집, ▲ 생필품 생산 및 공급에 집중해왔다.

2023년 12월 당 중앙위 전원회의 보도문에 따르면, 지난 3년 동안 국민총생산액이 140% 증가했고, 금속공업이 높은 성장률을 기록했다. 식량생산과 살림집건설도 계획을 달성했다. 나아가 인민소비품 생산을 위해 지방공업공장을 전국에 건설하는 〈지방발전 20×10 정책〉

추진을 예고했다.

대외무역은 대북제재와 코로나의 먹구름이 여전히 시야를 가로막고 있다. 중국해관통계에 따르면 2023년 대중국 무역총액이 2019년 수준에 근접했지만, 수출은 여전히 회복 가능성을 예측하기 어렵다. 공업 생산성에 영향을 미치는 전략물자 수입 비중은 여전히 낮은 수준이다. 시장물가는 코로나 기간 격렬한 변동성을 시현한 이후 최근 비교적 하향 안정세를 유지하고 있다. 달러와 위안 환율이 코로나 이전으로 회귀했고, 쌀과 옥수수 가격은 하향 안정세를 유지하고 있다. 시장의 특별한 상품인 밀가루는 폭등과 폭락을 거듭하고 있지만 쌀 가격대비 여전히 높은 가격을 유지하고 있다.

2024년 경제계획은 2023년과 특별한 차이가 보이지 않는다. 다만 금속공업의 성과를 바탕으로 기계공업과 지방공업 설비생산에 투자가 집중될 것으로 보인다. 기존의 논의를 바탕으로 예측 가능한 2024년 경제정책 기조와 부문별 전망은 다음과 같다.

전망1. 완만한 재정지출 증가율로 산업생산성 견인

북한경제는 2021년 이래 3년 연속 1%대의 극단적인 긴축재정 운영기조에서 3%대의 확장재정 기조로 전환했다. 재정지출 확대는 기간공업 등 산업부문의 생산성으로 직결될 것으로 추정할 수 있는데, 특히 2024년 기계공업부문 현대화가 주요 정책목표인 만큼 룡성기계련합기업소, 대안중기계련합기업소, 락원기계종합기업소 등 기계공업 발전을 독려할 것으로 보인다. 인민생활 향상을 위한 교육, 보건, 체육, 문학예술 등 사회적 지출 역시 2019년, 2020년 수준으로 회복될 전망이다.

2024년 확장 재정 기조는 2023년 무역규모 확대와도 상관성이 높은데, 2024년 대외무역 규모 역시 전년 대비 증가할 가능성이 높을 것으로 추정된다. 특히 중국, 러시아와의 수교 75주년을 맞아 관광, 무역 등 다방면의 경제협력이 추진될 경우 예외적인 경제성장도 가능할 것으로 추정할 수 있다. 그럼에도 불구하고 산업생산성을 견인할 수 있는 전략물자 수급문제는 해결해야 할 주요 과제이다.

전망2. 기계공업 관련 산업 성장 독려

2023년에 이어 12개 중요고지 정책을 유지하고, 금속, 화학, 전력, 석탄, 기계, 철도운수 등 기간공업부문의 중점과제가 제시되었다. 특히 ▲ 룡성의 현대화의 표준, 본보기로 일신과 5개년 경제발전계획기간(2021~2025) 내 ▲ 대안과 락원 등 중요기계공장 현대화, ▲ 금성뜨락또공장 등의 농기계발전전략과 단계별목표가 진행될 것으로 보인다.

기계공업 강화는 기초소재인 철강 및 비철금속의 원활한 공급이 전제되어야 하며, 8기 9차 전원회의의 최대 실적은 금속공업부문이 보여주고 있는 바, ▲ 2020년 이후 산화철(350%), 선철(270%), 압연강재(190%)의 철강재 증산, ▲ 2023년 압연강재(102%), 비철금속(131%) 생산 실적이 토대가 될 수 있다.

한편, 기계공업부문에서도 실적이 드러나고 있는 바, ▲ 2020년 이후 공작기계 생산이 510% 증가했고, ▲ 2023년 전동기(220%), 변압기(208%), 베아링(121%) 등 전기제품 및 부품 생산이 확대되었고, ▲ 농기계 완제품이 2022년 5,500대, 2023년 약 10,000대 생산 공급되었다.

중장기적으로는 ▲ 김책제철련합기업소, 황해제철련합기업소 등 철강재 생산 → ▲ 룡성, 대안, 락원 등 산업기계 생산 → ▲ 화력, 수력용 터빈, 발전기 생산 → ▲ 금성, 대안 등 농기계 생산, → ▲ 부가가치 확대 → ▲ 재정수입 증가 → ▲ 김철, 황철 등 철강재 생산의 선순환 구조를 안정적으로 구축할 수 있느냐가 관건이다.

전망3. 살림집, 지방공업 등 지역발전 드라이브

2021년 '새시대 농촌혁명강령' 발표이후 ▲ 살림집 건설 중심으로 정책이 추진되었다면, 2024년에는 ▲ ≪지방발전 20×10 정책≫ 지방 공업공장 건설 정책이 추가로 진행될 것으로 보인다.

장기적으로는 '새시대 농촌혁명강령'이 추진하는 기존의 6대 부문의 추진 정책이 단계별로 등장할 것으로 전망되는데, ▲ 식량증산, ▲ 살림집 건설, ▲ 지방공업공장 건설, ▲ 치산치수, ▲ 교육, ▲ 보건 등이다.

전망4. 화학공업 등 기타 산업부문

주요 관전 포인트는 "자립경제의 쌍기둥" 중 한 축인 화학공업으로 ▲ 탄소하나화학공업의 메탄올 생산개시, ▲ 순천린비료공장 생산 정상화 등 실적 가시화 등이다. 흥남비료련합기업소와 순천화학련합 기업소의 액비료 생산 성과가 중평, 련포, 강동 등 대규모 온실농장 생산정상화에 미치는 영향 역시 주요 관찰대상이다.

2024년은 긴축과 팽창의 딜레마가 교차하는 다소 혼란스러운 국가 경제 운영계획을 예고하고 있다. 대북제재가 여전히 맹위를 떨치고 있고, 해마다 되풀이되는 자연재해의 위협으로부터 자유롭지 않다. 2024년 북한경제는 국내외 변수의 통제 능력에 달려 있다. 낮은 수준의 공업생산성을 개선하고, 농업생산성을 안정적으로 관리하며, 중국과 러시아 등 주변국과의 우호적인 관계를 경제적 성과로 연결하는 정치력이 필요하기 때문이다.

"경이적인 승리"와 "심각한 식량난"이라는 롤러코스트를 타고 있는 북한경제에 대한 지속적이고 주의 깊은 연구가 어느 때보다 필요하다. 북한경제는 넓은 의미의 한반도 문제라는 점에서 그렇다.

디지털 플랫폼 감시 인공지능 자본주의의 동학

| 하태규_경제학박사, 사)생명평화민주주의연구소 이사,
tghatgha@naver.com |

1. 들어가면서

최근의 자본주의 변화는 실로 엄청나다. 인지 자본주의, 디지털 자본주의, 플랫폼 자본주의, 감시 자본주의, 인공지능 자본주의 등의 개념들이 이런 변화를 지칭하고 있다. 공장 노동자가 생산하는 물리적 제품에 기반한 자본축적 운동을 상정하는 전통적 자본주의 개념에 비하면 이런 개념들이 내포한 변화는 천지개벽 수준에 가깝다. 그러함에도 이들의 자본주의라는 규정이 여전히 유효한 이유는 자본의 논리가 인간들의 경제적, 사회적, 문화적, 정치적 활동 일반을 지배하고 있기 (혹은 지배할 것으로 판단하기) 때문일 것이다. 그렇지만 이 개념들은 같은 변화에 대해 차이나는 규정을 포함하고 있고, 강조점도 다르다. 이 글은 이런 다양한 개념들이 내포하는 함의들을 비판적으로 검토하여 현재 자본주의 변화에 대한 종합적 규정을 시도하면서 그 동학을 밝히는 것을 목표로 한다.

이 작업을 위해 우선 마르크스의 자본주의 개념으로 돌아가 그의 상품 가치 개념(이하 가치개념) 관련 논쟁을 검토하여 논의의 기반을 마련할 것이다. 그다음으로는 변화하는 현재 자본주의에서 상품 가치 규정 혹은 가치법칙(이하 가치규정 혹은 가치법칙)의 실효성에 대한 논쟁을 검토하여 현재 자본주의 분석의 틀을 정립할 것이다. 다음으로는 실제 변화하는 현재 자본주의의 주요 측면들을 검토하면서 전체상을 파악하고 상기 개념들을 비판적으로 종합할 것이다. 그다음에는 이렇게 규정된 자본주의의 동학을 조망하여 볼 것이다. 마지막으로 이 논의의 함의를 검토할 것이다.

2. 마르크스 가치개념 논쟁

마르크스의 가치개념은 자본주의 분석의 출발점이라고 할 수 있다. 따라서 마르크스주의 자본주의 분석은 이 가치개념을 기초로 삼아 전개된다고 할 수 있다. 그러함에도 이 가치개념에 대한 마르크스주의 내 해석은 통일되어 있기보다 격렬하게 논쟁 되는 사안의 하나였다. 여기서 필자는 이 논쟁을 (능력과 지면의 한계로 인해) 모두 검토하기보다 가장 유력한 해석이라고 간주하는 시점간단일체계해석(TSSI)에다 가치형식론의[1] 합리적 핵심을 보완, 종합하여 이하의 자본주의

---

1 시점간단일체계(TSSI, Temporal singe-system interpretation)은 마르크스 가치론에 대한 하나의 해석으로 카르케디, 클라이만 등이 주도하고 있다. 또 하나의 마르크스 가치론 해석인 가치형식론은 통상 가치형태론으로 번역하는데, 필자는 가치형

분석에서 기초로 삼고자 한다.

시점간단일체계해석은 마르크스의 가치개념이 일관성이 있으며, 모순적이지 않다고 간주한다. 그래서 가치개념, 가치법칙에 근거하여 자본주의 분석을 제시한 『자본론』의 논리도 일관되며 특히 상품 가치의 가격으로의 (그리고 이에 내포된 잉여가치의 이윤으로의) 전형 과정(이하 전형 과정)에 대한 설명도 모순적이지 않다고 본다. 가치개념과 관련하여 가장 논쟁적인 부분은 이른바 '전형문제'(Transformation problems)로서, 자본주의 경제에서 가치총액과 그 전형의 결과인 가격총액, 잉여가치총액과 그 전형의 결과인 이윤총액이라는 두 가지 총액 쌍들이 동시에 같다는 마르크스의 서술(즉 경제 전체의 가치총액=가격총액, 잉여가치총액=이윤총액)이 모순된다는 비판론에 반하여 시점간단일체계해석은 두 가지가 동시에 같고 따라서 마르크스의 전형 과정 서술은 일관된다고 주장한다. 이 주장의 핵심은 구매 시점과 판매 시점에서 같은 상품의 가치(와 따라서 가격)는 차이가 날 수 있다는 점인 데 반해, 비판론은 이를 부정한다. 다시 말해 비판론은 구매 시점과 판매 시점에서 같은 상품은 같은 가치를 지닌다는 전제에서 연립방정식 체계를 통해 자본주의 경제에서 두 가지 총액 쌍들이 동시에 같을 수 없다는 점을 수학적으로 증명하고 따라서 마르크스의 전형 과정 서술이 근본적으로 오류가 있다고 본다.

필자가 지지하는 시점간단일체계해석의 전형 과정 설명은 다음과

식론으로 대체한다. 마르크스의 정치경제학 비판에서 주로 형태라고 번역되는 The form(Die Form)은 형식이라는 번역이 더 적합하다고 보기 때문이다(하태규 2022: 160-162 참조).

같다(Carchedi and de Haan 1996; Kliman 2007; Carchedi 1991; 2011 참조).
자본주의 경제에서 상품은 (최종소비재가 아닌 이상) 생산되어 판매되
면 생명주기가 끝나는 것이 아니라 다른 상품의 생산을 위한 생산수단
으로 연장되게 된다. 이때 한 상품이 판매될 때(즉 다른 상품의 생산수단으
로 구매될 때)의 가치와 그 다른 상품의 생산수단으로 전환되어 최종생산
물의 가치구성요소 일부로서 판매될 때의 가치는 같은 상품임에도
예외적인 경우를 제외하면 같은 크기를 가질 수 없게 된다. 이것은
같은 상품이 (다른 상품의 생산수단으로 들어가기 위한) 구매 시점과
(그것의 가공을 통한 생산 결과의) 판매 시점에서 서로 다른 크기의
가치를 지니기 때문이다. 다시 말해 한 상품의 가치 크기를 규정하는
사회적 필요노동시간이 최초의 판매 시점 혹은 다른 상품을 위한
구매 시점과 다른 상품의 가치구성 요소로서의 판매 시점에서 서로
다른 게 정상인데, 이것은 한 상품의 사회적 필요노동시간은 서로
다른 시점 간에서 발생할 수 있는 사회적 기술 수준의 변동과 수요와
공급 사이의 균형점 변동에 따라 항상 새롭게 규정되기 때문이다.

이 원리를 전형 과정에서 구체화하면 다음과 같다. 판매되는 시점에
서야 (생산과정에서 형성된) 개별적 가치가 사회적(즉 평균적) 가치로
변하는 한 상품은 그 생산에 반영된 개별적 노동시간의 사회적 필요노
동시간(즉 평균 노동시간)으로의 환원 과정에서 평균보다 적거나 많은
만큼의 개별적 가치를 동종 상품들 사이에 재분배하면서(예를 들어
A, B, C 세 개의 상품이 각각 8시간, 10시간, 12시간의 개별적 노동시간을
지닐 때 판매 시점에서 사회적 필요노동시간, 평균 노동시간은 10시간이고
A는 2시간을 분배받고 C는 2시간을 내주어 모두 10시간의 노동 가치를 지니게

되면서) 모든 동종 상품은 같은 사회적(즉 여기서는 우선 시장) 가치를 지니게 된다. 그래서 동종 상품들의 생산에 반영된 개별적 가치들의 합계는 더 늘어나거나 줄어들지 않고 단지 재분배되기에 가치총액은 재분배 전후로 같은 크기에 머물게 된다. 같은 과정이 경제의 모든 상품 사이에서도 발생하게 된다. 이때 각각의 품목별로 상품의 사회적 필요노동시간은 모두 달라도 시장가치 형성과 유사하게 평균화되는 기제가 작동하게 된다. 그 원리란 각 상품의 생산에 사용된 자본의 크기에 비례한 같은 크기의 이윤의, 따라서 평균이윤의 재분배 기제이다. 이때 사용된 (불변과 가변) 자본을 구성하는 각종 생산수단과 노동력의 가치는 그것들이 비용가격으로 반영되는 상품의 판매 시점의 사회적 가치에 따라 각각 재평가되면서 재분배되지만, 각각의 사회적 총액은 평균을 기준으로 증감하는 앞의 원리에 따라 불변이고, 잉여가치가 전형 되는 이윤도 평균 기준 증감 원리에 따라 총액은 불변이게 되며, 이런 전형의 결과로 형성된, 상품의 비용가격과 평균이윤을 합친 가격을 생산가격이라고 한다. 따라서 각 상품의 가치와 (잠재적) 가격은 개별적 수준에서는 서로 다르지만 전 사회적 총액은 같고 각 상품에 반영된 잉여가치와 이윤도 개별적 수준에서는 서로 다르지만 전 사회적 총액은 같다는, 두 가지 총액 쌍들이 동시에 같다는 결과가 전형 과정에서 도출되게 된다.

　물론 여기서 각 상품의 현실적 시장가격과 그 자본의 현실적 이윤율은 예외를 제외하면 앞서 논의한 평균을 벗어나게 된다. 하지만 이런 현실적 가격과 현실적 이윤율은 경향적으로 평균을 지향하게 될 수밖에 없는 것이다. 즉 앞서 설명한 가치의 생산가격으로의 전형과 잉여가치의 평균이윤으로 전형은 경향성의 표현일 뿐이지만, 이것은 경쟁적으로 이윤 극대화를 추구하는 개별 자본들의 이동 운동 결과 필연적으로 관철되는 경향성이다. 이 과정에서 전제했듯이 같은 상품의 사회적 가치와 생산가격은 구매와 판매의 연쇄로 이어지는 각각의 시점 사이에 서로 다른 게 정상이다. 따라서 이들이 구매 시점과 판매 시점에서 같다는 전제를 지닌 연립방정식에 의해서는 두 가지 총액 쌍이 동시에 같다는 전형 과정이 (예외적인 상황을 제외하면) 모순될 수밖에 없게 된다. 반면에 이것이 시점별로 차이 난다는 것을 전제하면 각각의 시점별로 두 가지 총액 쌍이 동시에 같다는 점은 수학적으로도 증명되게 된다.[2]

가치 논쟁에서 또 다른 쟁점은 가치가 생산과정에서 형성되는지 아니면 판매 시점에서 형성되는지에 관한 것이다. 전형 논쟁에 참여한 제반 해석들은 가치가 생산과정에서 형성된다는 전제를 공유하고 있고 그래서 판매 시점에 이르는 전형 과정의 모순 여부를 논쟁하는 반면, 가치형식론은 판매 시점에서 형성된다고 간주하므로 전형 논쟁에도 참여하지 않는다. 다시 말해, 가치형식론에서 가치는 가격과 동시에 형성되므로 전형 과정 자체가 불필요하다. 하지만, 이런 주장은 마르크스가 전형 과정을 공들여 서술했던 것에 견주어 볼 때 마르크스의 논의와 충돌한다. 따라서 마르크스의 논리 내에서는 가치형식론은

---

2 TSSI의 전형 과정에 대한 수학적 증명과 그에 대한 비판과 반비판은 Kliman and McGlone(1988; 1999), Kliman and Freedman(2009a; 2009b; 2009c), Mohun (2004), Veneziani(2004), 김창근(2005), Mohun and Veneziani(2009), Mosley and Rieu(2009), Mosley(2017)를 참조하라.

잘못된 주장일 뿐이다. 그러함에도 가치형식론의 합리적 핵심을 찾을 수 있는데, 그것은 가치는 '형식'을 지닌다는 점에 대한 강조이다.[3] 이것은 모든 사회적 사물은 사회적 형식에 조응하는 사회적 내용을 지니면서 둘 사이 내적 모순의 심화에 따른 변증법적 변화 운동을 한다는 마르크스 방법의 핵심을 반영하는 것이기 때문에 중요하다.[4] 그래서 실제로 판매 시점에서 상품의 가치는 그때의 사회적 관계들의 응축인 사회적 형식에 의해 규정되고 따라서 가치 크기도 개별적 가치에서 사회적 가치에 맞게 변하게 된다. 즉 한 상품의 생산과정에서 형성되는 개별적 가치는 그 작업장의 노동과 자본으로 구성된 관계를 반영한 형식에 의해 규정되므로 개별적 (작업장의) 노동시간의 가치라는 내용을 지니고, 판매 시점에서는 경쟁하는 자본들 사이와 소비자들 사이의 관계들을 반영한 형식에 의해 다시 규정되므로 사회적(평균적) 가치라는 내용을 지니게 된다.

이렇게 볼 때, 가치형식론이 판매 시점에서 비로소 가치가 형성된다고 주장한 것은 개별적 가치가 사회적 가치로 형식 전환되면서 질적, 양적 규정이 바뀐 결과를 새로운 창조로 오해한 결과이지만, 결국 가치 크기는 그 시점의 사회적 관계를 반영한 형식이 규정한다는 요점을, 다른 모든 전형 과정 해석들과 달리, 부각한 공로를 인정할

---

3 가치형식론은 루빈(1989), Reuten(1993), Arthur(2004), Robles-Báez(2004)을, 그 비판은 Likitkijsomboon(1995), Moseley(1997), Kicillof and Starosta(2007), Carchedi(2009), Kliman(2011)을 참조하라.
4 마르크스의 방법을 사물의 내용과 형식의 조응과 그 내적 모순의 지양에 근거한 변증법적 운동으로 보는 해석은 하태규(2019a)를 참조하라.

수는 있다. 시점간단일체계해석도 각각의 시점마다 가치 크기가 변한다고 주장하고 있으므로, 명시하지는 않지만, 사회적 형식이 내용을 규정한다는 가치형식론의 합리적 핵심을 사고 있는 셈이다.[5] 따라서 가치 논쟁의 중요한 두 축인 전형 논쟁과 가치 형성 시점 논쟁은 시점간단일체계해석을 토대로 가치형식론의 (잘못된 결론이 아닌) 합리적 핵심을 보완하여 종합할 수 있다. 그것은 가치는 시점에 따라 변화하는 사회적 관계들의 응축인 형식의 규정을 통해 질적, 양적으로 서로 다른 내용을 지니면서 변화하는 변증법적 지양 운동을 하는데, 이 과정의 논리적 서술의 하나가 가치의 생산가격으로의 전형이고, 잉여가치의 평균이윤으로 전형(형식전환)으로서 두 가지 총액 쌍들이 동시에 같다는 결론은 논리적, 수학적으로 일관된다는 점이다. 따라서 마르크스의 가치개념, 가치법칙에 근거한 『자본론』의 서술도 일관되며 시공간을 초월하여 자본주의 분석에 (추상적 원리로서) 적용할 수 있다는 것이다.

---

5 특히 카르케디와 더 한(Carchedi and de Haan 1996)은 상품의 생산과정에서 형성된 개별적(잠재적) 가치가 판매 시점에서 사회적(실제적) 가치로 변했다가 그 동시적 이면인 다른 상품의 생산수단으로 구매되는 관점에는 다시 개별적 가치로 변하고 그 다른 상품의 생산과정을 거쳐 판매될 때는 다시 사회적 가치로 변하는 순환적 변화과정을 서술하고 있다. 이것은 각 시점 혹은 지점의 사회적 관계를 반영한 형식의 규정 변화에 따라 내용인 가치가 질적, 양적으로 변한다는 점에 대한 다른 방식의 표현이다. 반면, 가치형식론은 상품 교환과정의 사회적 관계를 응축한 형식에 의해 규정된 사회적 가치 즉 교환가치와 그 형식을 배타적으로 강조한 나머지 그 사회적 가치가 이전 생산과정에서 창조되고 그때의 (작업장의) 사회적 형식에 의해 규정된 개별적 가치라는 토대의 변형 산물이라는 점을 부정하는 오류를 범하게 된다.

여기서 강조할 점은 마르크스 가치론이 논리적으로 일관되므로 이에 근거하여 전개된 『자본론』의 자본주의 분석의 주요한 명제들, 상품의 화폐로의 전환, 시초 축적에 의한 자본(관계와 형식)의 형성, 자본의 절대적/상대적 잉여가치 창출, 부정의 부정으로서의 자본축적의 역사적 경향, 상대적 과잉인구의 창출, 자본의 지속적인 순환, 사회적 총자본의 축적, 잉여가치의 이윤으로 전형, 이윤의 평균이윤으로 전형, 가치의 생산가격으로 전형, 금융자본과 토지 소유의 잉여가치 분배 참여, 물신성의 지배, 자본의 유기적 구성의 고도화와 주기적 위기 경향 등의 법칙이 적어도 논리적으로는 일관된다는 점이다(Kliman, 2007 참조). 그리고 이런 제반 법칙은 사회적 내용과 형식 사이 내적 모순의 변증법적 변화과정을 통해 관철되고 있다는 점도 같이 강조할 수 있다(하태규 2019a 참조).

더 풀어서 설명하면, 자본주의 사회에서 작업장의 (잠재적) 가치 생산물은 무조건 상품이 되는 것이 아니라 (소유자인) 판매자가 구매자와 거래 관계를 맺어야만 상품이 된다. 상품은 모두 화폐가 되는 것이 아니라 모든 판매자가 교환의 대가로, 즉 보편적 등가물로 받아들일 때만 화폐가 된다. 보편적 등가물로서 화폐가 모두 자본이 되는 것이 아니라 노동자와 (노동력 재생산비로 임금을 제공하고 임금 이상 노동하게 만드는) 착취 관계를 맺어야만 자본이 된다. 자본은 산업자본으로서의 순환 운동 과정에서 생산수단이나 노동력의 판매자와 거래 관계를 맺거나 생산한 상품의 구매자와 거래 관계를 맺어야만 화폐자본이 될 수 있고, 노동자와 작업장에서 가치 생산물을 생산하는 관계를 맺어야만 생산자본이 될 수 있다. 자본은 산업자본의 순환보다 더 큰 사회적 순환과정에서 산업자본과 이자 거래 관계를 맺어야만 금융자본이 될 수 있고, 토지 소유를 매개로 지대 거래 관계를 맺어야만 토지 자본이 될 수 있다. 이런 모든 과정에 기초적인 공통의 내용은 노동자의 추상 노동이 응축된 가치 생산물이지만 이것의 형식과 그에 규정된 내용은 사회적 관계들에 따라 모두 달라진다. 작업장의 가치 생산물의 개별적 가치형식에서 출발하여 (매매 관계를 맺음에 따라) 사회적 가치로서 상품형식, (모든 구매자가 대가로 요구하는 보편적 등가물 관계를 맺음에 따라) 화폐형식, (착취 관계를 맺음에 따라) 자본형식, 산업자본의 순환과정 내에서 (매매 관계를 맺음에 따라) 화폐자본형식, (노동자를 작업시키는 관계를 맺음에 따라) 생산자본형식, 더 큰 사회적 순환과정 내에서 (대부 관계를 맺음에 따라) 금융자본형식, (임대 관계를 맺음에 따라) 토지 소유(자본)형식을 얻는 변증법적 형식전환(전형)을 하게 된다. 즉 같은 내용인 가치 생산물이 새로운 사회적 관계를 맺음에 따라 새로운 사회적 형식과 그에 따른 양적, 질적 변화를 얻게 된다. 그러므로 새로운 사회적 관계를 맺는다는 사실 자체가 질적인 변화, 혁명적 변화의 전제이다.

여기서 가치 생산물이 상품이 되기 위해 침체기에 구매자를 구한다는 것이 얼마나 어렵고, 모든 상품 중에 하나만이 화폐가 되는 특권을 얻기가 얼마나 어렵고, 화폐가 자본이 되기 위해 수십, 수백 년이 걸리는 시초 축적 시기에서나 3D 업종과 같은 노동자 기피 업종에서 안정적 고용 관계를 맺는다는 것이 얼마나 어렵고, 금융자본이 제로금리가 지배하는 침체기에 적절한 이자를 얻고 대부 관계를 맺는다는 것이 얼마나 어렵고, 토지 자본이 공실이 쌓여가는 침체기에 적절한 임대료를 받는 임대 관계를 맺는다는 것이 얼마나 어려운지를 상기할 수 있다. 자본주의 축적 운동의 출발점인 가치 생산물의 관점에서 이런 새로운 사회적 관계들과 형식들로의 변화들은 그 자신인 내용이 성숙하고 그런 성숙의 전제인 자신의 사회적 관계와 형식과의 모순이 심화한 조건에서 질적 도약을 이룰 때만 가능한 것이다. 이런 미시적 변증법적 내용과 형식 사이의 모순운동은 거시적 사회적 형식과 내용의 변화에도 마찬가지로 적용되게 된다.

자본주의 사회의 내용 발전의 심화는 그 사회적 형식과의 모순을 심화하게 되지만, 그런 심화만으로 질적 변화를 낳지 않는다. 기존 사회적 형식을 파괴하고 새로운 형식을 도입하는 과정, 즉 지양(Die Aufhebung, sublation)을 통해야만 질적 변화, 혁명적 변화가 만들어진다. 자본주의 사회에서 내용 발전 심화의 표현은 자본축적의 심화, 자본의 유기적 구성의 고도화와 그에 따른 주기적 위기의 발생이고, 자본축적의 역사적 경향으로서의 부정의 부정이다. 이때 위기(crisis)는 자본주의 체제, 거시적 사회적 형식, 생산양식 붕괴의 커다란 가능성을 뜻하고, 부정의 부정은 자본주의 이전 사회의 부정(첫 번째 부정)으로서의 자본주의에 대한 부정(두 번째 부정)을 의미하지만, 자본축적 심화에 따른 이런 주기적 위기나 이중의 부정 경향이 자동적인 자본주의 붕괴를 뜻하지는 않는다. 바로 기존 사회적 관계, 사회적 형식의 관성이 자본주의 붕괴를 막기 때문이다. 즉, 자본주의 주기적 위기가 발생하고, 부정의 부정 경향이 심화할지라도 기존 사회적 관계와 형식에 따른 사람들의 행동방식, 사고방식이 유지되는 한, 붕괴는 실현되지 않는다. 이런 기존 행동방식, 사고방식은 위기가 발생하면 사람들이 자본주의 붕괴를 촉진하기 위해 움직이는 것이 아니라 자본주의를 유지하기 위해 움직이는 관행에서 드러난다. 이런 관행은 국가가 (시민들 사이 갈등과 계급투쟁의 반영으로서) 금융정책, 조세정책, 노사관계 정책 등을 통해 위기를 해소하기 위해 개입하고, 노동자와 대중이 (실제로는 역사적으로 일시적인 자본주의이지만 영구적인 체제를 뜻하는) "경제"의 붕괴를 막기 위해 투쟁을 자제하고 사회적 타협을 추구하거나 IMF 위기 때 금모으기 운동을 통해 "경제"를 구제하기 위해 나서는 것 같은 방식으로 나타나고 있다. 이렇게 가치를 기초로 한 자본주의 사회의 내용과 형식 사이의 모순과 변화의 변증법을 이해하는 것은 자본주의 제반 운동 법칙에 대한 이해와 지양의 방법에 대한 통찰을 제공할 뿐만 아니라 뒤이어 살펴볼 자본주의 변화 담론들을 비판적으로 검토하는 기준이 될 수 있다.

3. 변화하는 현재 자본주의에서 가치법칙의 실효성 논쟁

현재 자본주의에서 마르크스 가치법칙의 실효성을 부정하는 대표적 논의는 이탈리아 자율주의 명제들(과 프랑스 이론들)을 바탕으로 발전한 인지 자본주의론이다. 이에 대한 비판은 이미 광범하게 나와 있다.[6] 그러함에도 자본주의에서 점점 디지털 노동 혹은 인지 노동(cognitive

---

6 이에 대한 비판은 정성진(2004), Caffentzis(2005, 2013), 캘리니코스 외(2007), Camfield(2007), Henninger(2007), 박영균(2011), 전희상(2011, 2012), Starosta (2012), 김공회(2012), 박현웅(2012), Smith(2012, 2014), Rigi(2015), 하태규(2015), 김어진(2017), Murray and Peetz(2020)를 참조하라.

labor)이 지배적으로 변화하는 것과 연관하여, "비물질 노동의 지배", "사회적 공장", "가치법칙의 폐지" 등과 같은 자율주의 명제들과 인지 자본주의론을 수용하는 다양한 논의들이 계속 늘어나고 있다.[7] 하지만 인지 노동이 지배적이라는 것과 가치법칙의 폐지를 수용하는 것은 서로 다른 문제다. 그래서 여기서는 가치법칙의 실효성과 연관된 자율주의와 인지 자본주의론의 세 가지 요점을 다시 비판적으로 검토 한다. 첫 번째 요점은 현재 자본주의에서 노동의 성격이 물질적 대상을 낳는 근육노동에서 비물질적인 감정, 정동, 지식, 과학, 예술 등을 낳는 비물질적 인지 노동 즉 두뇌 노동으로 변경되었기에[8] 근육노동에

---

7 이를 수용한 커뮤니케이션 이론은 Terranova(2000; 2004), Fuchs(2010; 2012; 2014), Arvidsson and Colleoni(2012), Wittel(2012), 디지털 노동이론은 Ross et al.(2013), 조직이론은 Beverungen et al.(2015), Shachar and Hustinx(2019), 금융화론은 Teixeira and Rotta(2012), 도서관학은 Popowich(2019), 교육론은 안현효(2019), Peters(2022), 기본소득론은 안현효(2012; 2019), 민주주의론은 조정환(2017; 2022), 자본주의 동학과 대안론은 다이어 위데포드(2003; 2015), Bauwens(2005), 이항우 (2014; 2019), Rigi(2015), 백욱인(2018), Chandler, et al.(2019), Mathers(2020), 김홍중(2022) 등을 참조하라

8 이 글은 노동을 육체노동과 정신노동으로 구분하는 통상적인 방식이 데카르트 이원론을 반영한 잘못이라고 보고 대신 근육노동과 두뇌 노동으로 구분한다. 현대 신경과학과 인지과학에 따르면 정신노동도 인간의 물질적 에너지를 소비하 여 뉴런의 시냅스 연결들을 바꾸는 물질적 과정이고 두뇌라는 육체의 노동이다. 그러므로 인지 노동 자체가 비물질적이라는 자율주의와 인지 자본주의론의 주장 은 잘못이다. 다른 한편, 근육노동과 두뇌 노동의 구분도 모든 노동이 손과 근육, 신경, 두뇌 등을 종합적으로 사용한다는 점에서 정확한 구분은 아니지만, 더 큰 비중을 차지하는 규정적 측면을 드러낸다는 점에서 통용 가능하다고 본다. 그리고 인지 노동의 산물 자체가 비물질적이라는 인지 자본주의론의 주장도

근거해서 성립했던 마르크스의 가치규정 혹은 가치법칙이 더는 작동하지 않는다는 것이다(네그리와 하트 1996: 40-41; 2001: 458-459, 280, 381-387; 2008: 150, 185-190; Vercellone 2005; 2007; Moulier-Boutang 2011: 53; 조정환 2010: 23-28; 2011; 2012). 하지만 마르크스의 가치규정에서 전제한 노동이 반드시 근육노동인 것은 아니다. 비록 당대의 배경 속에 노동과정에 관한 서술이 근육노동을 중심으로 전개되었지만, 마르크스에서 노동의 정의는 근육노동뿐만 아니라 두뇌 노동을 아우르고 있다.[9] 그래서 마르크스의 논리 내에서는 (적어도 암묵적으로는) 두뇌 노동도 가치규정을 받는다는 것이 당연하다.

따라서 문제는 현실에서 실제로 인지 노동의 생산물로서 상품이 가치규정을 받는가에 놓였다. 즉 인지 노동으로 생산된 상품의 가치가 실제로 사회적 필요노동시간에 의해 규정되는지가 문제이다. 인지

모든 노동생산물이 (예를 들어 모든 공식이나 지식은 비물질적인 관념과 그것을 표현하는 물리적 말이나 글로 구성되듯이) 물질적 측면과 비물질적 측면을 공유하지만, 규정적 측면이라는 한정적 의미에서만 통용될 수 있다고 하겠다(Carchedi 2012: 2편 3장; 2014; 데닛 2022 참조). 그리고 이런 비물질적이란 규정도 후술하듯이 디지털과정의 표피적 측면에서만 타당할 뿐, 그 숨겨진 제반 가공과정을 포괄하면(피트롱 2023). 오히려 물질적이란 규정이 타당할 수 있다.

[9] 마르크스는 『자본론』에서 추상 노동을 설명하면서 "봉제든 직조든 질적으로 상이한 생산적 활동임에도 둘 다 인간의 뇌, 근육, 신경, 손 등의 생산적 소비이고, 이런 의미에서 둘 다 인간 노동"이며, "유용한 노동들 혹은 생산적 활동들이 아무리 상이할지라도 그것들이 인간 유기체의 기능들이고, 늘 그 내용과 형식을 갖는 각각의 그 기능은 본질상 인간의 뇌, 신경, 근육, 감각기관 등의 지출"(마르크스 1867: 54-55, 92; *MEGA*Ⅱ.10: 46, 71)이라고 규정하여 인간 노동에서 손과 근육뿐만 아니라 뇌, 신경, 감각기관의 활동이 본질적 구성요소임을 밝히고 있다.

자본주의론의 주장은 인지 노동이 정신적 과정이므로 지속시간을 측정할 수 없고 따라서 사회적 필요노동시간이라는 범주 자체가 형성될 수 없다는 것이다. 하지만 사회적 필요노동시간의 존재는 물리적 측정이 아니라 시장가격이라는 화폐량에 의해 간접적, 논리적으로 증명되는 것이다. 마르크스가 서술한, 사회적 필요노동시간인 상품의 가치가 생산가격(과 그것을 중력의 중심으로 삼아 맴도는 시장가격)으로 전형하는 과정은 (사회적 행위자들 사이에 벌어지는) 시간적 과정이 아니라 (사회적 행위자들의 단일한 활동에 대한 분석에서 파악된) 우선 논리적 과정이다. 실제 자본주의 행위자들이 상품을 거래할 때 참조하는 것은 마르크스 시대나 지금이나 시장가격이다. 그 시장가격 변동의 중심은 생산가격이고, 생산가격으로의 전형의 토대는 사회적(즉 시장) 가치이고, 사회적 가치로의 전형(여기서는 일반적으로 시간적 과정이 포함되는데)의 토대는 개별적 가치이다. 사회적 행위자 각각은 이 논리적(이자 시간적)인 과정의 사회적 토대들을 의식하지 못하고 현상적인 시장가격만 보고 움직이지만, 이런 시장가격을 도출한 것은 토대에 대한 사회적 관계들의 응축인 형식의 규정 변화과정이고 마르크스의 시대나 지금이나 똑같이 그 핵심은 작업장의 노동자와 자본가 사이의 관계에서부터 시장에서 경쟁하는 자본가들 사이와 소비자들 사이의 관계들로의 변화과정이다.

이 과정의 출발점인 개별적 가치는 마르크스의 시대나 지금이나 비용가격(의 일부)으로 현상하는 생산수단 이전(transfer)분의 가치와 임금으로 현상하는 노동력 가치 그리고 이윤으로 현상하는 잉여가치로 구성되어 있고, 이 세 가지 각각의 존재는 생산수단을 더 싸게 매입하려는 자본의 원가절감 논리와 더 길거나 복잡한 노동에 더 많은 임금을 주는 시장 논리 그리고 임금보다 더 많은 노동을 강제하는 자본의 이윤추구 논리에 의해 각각 증명되고 있다. 결론적으로 마르크스의 시대나 지금이나 똑같이 전형 과정은 출발점인 개별적 가치의 현상형식으로서의 생산수단 비용가격, 임금 및 이윤과 종착점인 시장가격을 통해 직접 증명되고 있고, 토대인 개별적 노동시간에 대한 작업장의 노동자와 자본가 사이의 관계를 반영한 형식으로부터 시장에서 경쟁하는 자본가들 사이와 소비자들 사이의 사회적 관계를 반영한 형식으로의 변화과정을 통해 간접 증명되고 있다. 따라서 마르크스 시대에 가치규정이 실존했다는 사실을 (자율주의와 인지 자본주의론에서 전제하듯이) 부정하지 않는다면, 현재에도 실존한다는 사실을 부정할 수 없게 된다.

가치법칙을 부정하는 자율주의와 인지 자본주의론의 두 번째 요점은 작업장의 노동시간만이 아니라 사회의 모든 장소와 시간에서 가치가 생산되므로 노동시간과 자유시간의 구분과 생산적 노동시간과 비생산적 노동시간의 구분에 근거하는 마르크스의 가치규정이 작동하지 않는다는 사회적 공장론이다(네그리 1994: 224; 2012: 118-134; Lazzarato 1996: 135-140; 네그리와 하트 1996: 39; 2001: 280-281; Vercellone 2005: 10; Moulier-Boutang 2011: 55, 92-98; 조정환 2011: 97-98; 2012: 17). 하지만 이 주장은, 한편으로는, 사회적 분업의 발전에 따라 작업장이 전형적인 원료가공과 제품생산의 장을 넘어 확장된 결과를 사회의 모든 장소와 시간으로 변했다고 간주하는 잘못된 주장이다. 노동과정은 원래 구상부터 실행까지를 포함한다. 따라서 사회적 분업이 발전하면 구상부터 실행까지 노동과정이 세분되어 별도 작업장을 형성할 수 있게 된다. 그래서 구상기능 중에 상품의 연구개발과 설계, 작업의 기획 및 조직과 평가, 실행기능 중에 관리와 감독, 유지보수, 수선, 청소, 포장, 보관, 운송 등에서 세분되고 특화된 작업장이 별개로 형성될 수 있다. 또한, 가치를 생산하지 않지만, 자본회전 시간의 단축을 통해 가치의 생산에 간접 관여하는 유통 노동과 금융노동, 그리고 자본주의 생산양식 자체의 유지에 관여하는 사회적 관리 노동도 마찬가지로 사회적 분업의 발전에 따라 세분되어 별도 작업장을 형성할 수 있다. 하지만 이것은 사회적 분업의 발전으로 인해 전형적인 작업장 외의 더 많은 작업장이 형성된 것이지 사회가 모두 작업장으로 변한 것이 아니다.

이 주장은, 다른 한편으로, 노동과 활동의 구분과 생산적 노동과 비생산적 노동의 구분을 부정하는 개념 착오에 근거한다. 자본주의 노동의 한 측면인 사용가치를 생산하는 노동은 설정한 목적에 맞게 사물을 계획적으로 변형하여 유용한 사물을 도출하는 과정이다. 반면 활동은 계획을 포함하지 않을 수 있고, 사물의 변형을 목적으로 하지 않을 수도 있다. 즉 인간 활동은 노동을 하위 범주로 내포하는 더 넓은 범주의 개념이다. 따라서 인간의 모든 활동을 노동으로 간주하는 것은 개념 착오일 뿐이다. 다른 한편, 자본주의 노동의 다른 측면인 가치와 잉여가치를 생산하는 노동은 생산된 사물이 상품형식을 지닌다는 전제를 지닌다. 따라서 자본주의에서 생산적 노동은 유용한 사물을 도출한다는 목표 외에 시장에서 판매하기 위한 사물을 만든다는 목표를 지닌다. 그래서 (상품형식에서는 한 종류의 상품들은 매 순간

단일한 사회적 가치와 가격을 지니고 평균과 차이나는 만큼 개별적 가치의 득실이 발생하므로) 평균보다 더 적은 노동시간을 들이는 것을 목표로 하고 따라서 사회적 필요노동시간이라는 규정을 내면화하면서 그 구성요소가 된다. 그러므로 이런 사회적 필요노동시간 규정을 내면화함과 동시에 그 구성요소가 되지 않는 노동은 생산적인 노동일 수가 없다. 그래서 생산적 노동은 자본주의적으로 조직된 노동을 모두 포괄하지는 않는데, 여기에는 (사회적 필요노동시간 규정을 내면화할지라도) 상품의 가치와 잉여가치를 형성하지 않고(즉 사회적 필요노동시간의 구성요소가 되지 않고) 단지 실현하거나 생산양식 전체를 관리하는 데만 관여하는 노동이 있기 때문이다. 전술했듯이 자본주의에서 사회적 분업의 발전은 노동과정의 분화와 특화를 낳는다. 그래서 생산적 노동과 비생산적 노동도, 모든 노동이 그 자체의 목표 달성을 위한 생산적 행위라는 가상에도 불구하고,[10] 사회적 분업에서 차지하는 범주적 기능에 따라 규정되고 구분된다. 따라서 이를 부정하는 논의는 가치개념 자체를 부정하는 것에 이르게 된다.

자율주의와 인지 자본의론이 가치법칙의 폐지를 주장하는 세 번째 요점은 생산력의 극단적 발전에 따라 가치법칙이 내적으로 소멸한다는 것이다(네그리 1994: 260-276, 300; Virno 1996: 21). 마르크스

---

10 유통 노동도 상품의 구매와 판매를 효과적으로 달성하는 목표를 위해 노동하고, 금융 노동도 이자를 많이 창출하는 목표를 위해 노동하고, 사회적 관리 노동도 자본주의 체제를 잘 유지하는 목표를 위해 노동한다는 의미에서 현상적으로 생산적인 노동으로 보이지만, 사회적 차원에서 가치와 잉여가치 창출에 직접 관여하지 않는다면 생산적 노동이 아니게 된다.

『정치경제학 비판 요강』의 "고정자본과 사회의 생산력 발전"("기계
단상")에 나오는, 생산력의 높은 발전으로 살아 있는 노동이 거의
필요 없는 수준에 도달하면 노동시간이 부의 척도이기를 중지하고
교환가치에 입각한 생산이 붕괴한다는 구절을[11] (자본주의 이후에
대한 예언이 아니라) 자본주의 내 사태의 서술이고 따라서 현재 자본주
의에 적용된다고 간주하는 이 주장은 역사 발전의 내용과 형식 사이의
상호 규정과 변증법적 변화 논리를 부정하는 경제규정론이자 관념론이
다. 설사 생산력이 『정치경제학 비판 요강』이 서술하는 정도에 도달했
다고 하더라도 상품 거래자들 사이의 사회적 관계와 사회적 형식이
유지되는 한, 즉 사람들이 상품형식과 (이를 기초로 발전한) 화폐형식,
자본형식에 맞추어 의식적, 무의식적으로 생각하고 행동하기를 반복
하는 한, 가치규정, 가치법칙은 폐지되지 않는다.[12] 그래서 가치법칙의
폐지에는 자본주의 생산관계와 이를 응축한 자본주의 사회형식을

———————

11 "이러한 전환에서 생산과 부의 커다란 지주로 나타나는 것은 인간 스스로 수행하는
   노동도 아니고, 그가 노동하는 시간도 아니며, … 직접적 형태의 노동이 부의
   위대한 원천이기를 중지하자마자, 노동시간이 부의 척도이고 따라서 교환가치가
   사용가치의 (척도)이기를 중지하고 중지해야 한다. … 이에 따라 교환가치에
   입각한 생산은 붕괴하고…."(마르크스 1858b: 380-381; *MEGA*2II,01,2: 581-582)
12 그래서 마르크스는 위 인용문 바로 다음 문단에서 발전한 생산력을 자본주의
   생산관계와 생산형식이 규정하는 모순적 측면에 대해 "자본은 그 자체로 노동시
   간을 최소한으로 단축하기 위해 노력하는 한편, 다른 한편으로는 노동을 부의
   유일한 척도이자 원천으로 정립함으로써 진행 중인 모순이다. … 다른 측면에서
   보면 자본은 이렇게 창출된 방대한 사회력들을 노동시간으로 측정하고자 하며,
   이미 창출된 가치를 가치로 유지하기 위해 요구되는 한계 안에 이 사회력들을
   묶어두고자 한다"(마르크스 1858b: 381; *MEGA*2II,01,2: 582)고 명시하고 있다.

폐지하는 혁명이 필수적이다. 그리고 이 혁명은 고도로 발전한 생산력, 즉 최소한으로 단축된 사회적 필요노동시간 대비 기존 생산관계, 즉 노동시간을 가치 크기로 규정하는 사회적 관계와 형식 사이 모순의 폭발을 바탕으로 발생할 수 있지만, 그 성공은 오직 기존 사회적 관계와 형식을 해소하고 새로운 사회적 관계와 형식을 형성하는 주체의 행동력에 매여 있지 자동적인 것이 결코 아니다(하태규 2020: 283-306).

자율주의와 인지 자본주의론에서 이상 세 가지 요점과 밀접히 연관된 개념의 하나가 일반지성론(Virno 1996: 21-23; 네그리와 하트 1996: 40; Vercellone 2005; 2007: 26-31; Moulier-Boutang 2011: 34-37, 53, 185)이다. 사회적 분업과 생산력의 발전으로 사회의 모든 구성원이 집단으로 지성을 갖게 되었고, 협동을 통해 모두가 가치를 생산하고 착취당하지만, 그 생산물(과 생산수단)은 사적 소유 대상이 아니라 공유재(commons)이며, 따라서 혁명의 주체로서 준비가 완료되었다는 주장이다. 하지만, 현재 자본주의 생산력 발전이 사회적 분업의 발전과 함께 엄청난 수준에 도달했지만, 각 생산자는 분업의 좁은 한계 속에 매우 단편적인 역할을 하고 그런 능력만을 지니고 있다. 즉 고도의 사회적 분업을 낳는 자본주의 형식의 한계가 사회 전체로서 높은 생산력에도 불구하고 각 개인에게는 무에 가까운 생산력을 부여하고 있다. 더욱이 이런 집단 지성의 각 구성원의 역할은 생산적 노동과 비생산적 노동으로 구분된다. 또한, 협동의 산물이 공유재라는 주장은 자본주의 생산이 원래 (독립적 개인의 사적 노동이 아니라 집단의 작업장 분업과 사회적 분업에 근거한) 협동을 기초로 출발했으므로

새로운 이야기가 아니다. 문제는 그런 공유재적 성격에도 사적 소유형
식을 부과하는 사회적 관계의 존속이다. 그러므로 일반 지성은 자본주
의 형식에서는 잠재된 채 발전할 뿐이고 이를 실현하기 위해서는
역으로 사회혁명이 필수적이다.

　이제 위의 세 가지 요점이 집약된 사례로서 인지 상품 혹은 디지털
상품을 보자. 인지 자본주의론의 설명은 두뇌 노동의 산물로서 디지털
상품은 (시스템 유지보수와 다운로드 등의 미세한 노동 외에는) 노동
의 추가지출이 없이도 무한복제가 가능하므로 재생산 비용이 제로에
가깝고 따라서 가치가 없는 것과 마찬가지라는 것이다(Vercellone 2007:
29, 33; Moulier-Boutang 2011: 103-107). 하지만, 모든 디지털 상품은
상당한 연구개발의 결과 만들어진 것이지 무에서 나오지 않는다.
생산수단 이전(transfer)가치, 노동력 가치, 잉여가치의 합계인 상품의
가치는 노동력 가치와 잉여가치가 설사 제로라도 생산수단의 이전가치
만큼 가치를 지닌다. 생산적 노동의 일부로서 연구개발에 들인 비용은
상품을 생산하는 과정에서 보이지 않는다고 해서 없어진 것이 아니라
설계, 공식, 소프트웨어, 프로그램, 알고리즘 등과 같은 연구개발
산물에 반영된 무형의 고정자본으로서 (물리적 감가가 아니라) 자본의
경쟁이 규정하는 도덕적 감가 기간에 감가되고 각 상품에 분할 이전되
는 비용가격을 구성한다(Starosta 2012: 380-386; 하태규 2015: 22-30).
따라서 디지털 상품의 가치가 제로에 가깝다는 주장은 상품의 가격이
노동력 가치와 잉여가치로만 구성된다는 (그래서 생산수단 이전분인
불변자본 가치는 없다고 생각하는) 애덤 스미스의 독단으로 귀결되는
잘못된 주장이다.

4. 변화하는 자본주의 전체상의 규정 개념

이제 본격적으로 현재 자본주의 변화를 규정하는 논의들을 보자. 먼저 인지 자본주의론을 수용하는 푹스(Fuchs 2010: 186-187, 190-192; 2012: 635-638; 2014)는 프로슈머론과[13] 청중상품론에[14] 근거하여 소셜 미디어 이용자의 모든 디지털 활동이 청중상품으로 구현되는 가치를 생산하면서도 대가를 받지 못해서 잉여가치로 착취당하고 있으므로

---

13 프로슈머(prosumer)란 앨빈 토플러에서 유래한 생산자와 소비자의 합성어로서 소비자가 소비를 통해 제품개발과 유통 등 광의의 생산과정에 동시에 참여하는 상황을 의미한다. 이 개념은 생산이 곧 (노동력과 생산수단의 생산적) 소비요 소비가 곧 (노동력) 생산이라는 『정치경제학 비판 요강』 "서설"(마르크스 1858a: 59-64)의 사물의 상호연관성과 총체성에 관한 논의와도 맥이 통하지만, 그 속에 있는 규정하는 측면과 규정되는 측면의 구분을 망각한다는 점에서 근본적 한계가 있다. 또한, 생산은 사용 목적에 맞게 사물을 계획적으로 변형하는 활동을 통하지만, 소비는 이런 목적과 계획을 지닌 행위가 아니라는 점에서 근본적으로 구분된다는 점도 망각한다.

14 청중상품(audience commodity)이란 Smythe(1977)가 신문, 방송 등 대중매체의 청중이 광고에 주목하는 시간 동안 가치를 생산하면서도 대가를 받지 못해서 전부 잉여가치로 착취당하며 광고 수입을 낳는 청중상품의 생산자란 주장에서 나온 개념이다. 이에 대한 비판은 이미 다양하게 나왔다(Lebowitz 1986; Artz 2008; Reveley 2013 참조). 이 개념도 프로슈머와 마찬가지로 사물의 총체성을 잘못 이해하면서, 그 속의 규정하는 측면과 규정되는 측면의 관계를 전도시키는 근본적 한계를 지닌다. 또한, 광고자본의 수입이 자본의 회전 기간을 단축하는 유통기능으로서의 광고를 위탁하는 산업자본으로부터의 잉여가치 분배에서가 아니라 가치생산과 무관한 청중의 잉여가치에서 나온다고 본다는 점에서 자본주의 가치법칙에 대한 몰이해를 드러내고 있다.

온 지구 행성이 가치와 잉여가치를 생산하는 공장으로 변했다고 주장하고 있다.[15] 그래서 구글, 페이스북, 인스타그램 등으로 대표되는 광고자본의 막대한 수입의 원천이 바로 전 지구적 수십억 명의 청중노동이라는 것이다. 하지만, 소셜 미디어 이용자가 가치를 지닌 청중상품을 생산한다는 주장은 앞 각주에서 보았듯이 사물의 연관성과 총체성을 오해하면서 그 속에서 규정하는 측면과 규정되는 측면의 관계를 전도시키는 개념 혼동에 근거하고 있다. 콘텐츠를 읽고 댓글을 다는 등의 행위는 기본적으로 여가 소비행위로서 사물을 목적에 따라 계획적으로 변형하는 노동이 아니다. 더구나 자본주의 상품형식에서 가치 규정을 내면화하면서 사회적 필요노동시간을 구성하는 생산적 노동은 더욱 아니다. 예를 들어 유튜브에서 나타나는 계획적인 콘텐츠 생산과 업로드조차도 수익을 목적으로 한 직업적 유튜버의 행위가[16] 아닌 한, 여가 소비(이자 부차적인 사용가치 생산적 노동)일 뿐 가치 생산적 노동은 아니다.

다른 한편, 소셜 미디어 이용자의 모든 활동 데이터와 콘텐츠는 그 자체로 자본의 생산물 가공을 위한 무료의 원재료로 사용되고 있다. 마르크스가 서술했듯이 자본은 자연의 혜택뿐만 아니라 협동(에 기초한 분업)과 과학기술의 발전에 따른 생산성 이득과 더불어 가치 자체를 보존하는 노동의 능력을 항상 "공짜 선물"로 획득해왔고[17] 이제

---

15 유사한 주장이 Andrejevic(2009), Kostakis(2009), Rey(2012), Fisher(2012) 등에서 보듯이 유행하고 있다. 이에 대한 비판은 Reveley(2013)를 참조하라.

16 직업적 유튜버들은 대자본에 종속된 자본주의적 소생산자라고 할 수 있다.

17 "농업에서 화학적 등의 작용을 하는 땅 자체가 이미 기계, 즉 직접적 노동을

인간의 활동 기록과 산물도 그렇게 공짜 선물로 획득하고 있다(Smith 2014: 9-11). 그리고 공짜 선물은 그 자체로는 가치가 제로이다. 그리고 이를 가공하여 가치 생산물로 만드는 과정은 자본의 프로그램 및 알고리즘과 이를 적용하는 살아 있는 노동을 통해야만 하고 그 과정에서 소요되는 직간접 노동시간만큼 가치가 발생한다. 더구나 소셜 미디어 자본은 이용자 데이터 가공 산물을 상품으로 판매하는 것이 아니라 광고(즉 유통촉진) 효율화의 매개로 사용한다. 따라서 소셜 미디어 자본의 가치 생산물은 사회적 공비(空費, faux frais)로서 사회적 총자본의 회전 기간을 단축하여 잉여가치 생산에 간접 공헌할 뿐 잉여가치를 직접 증대하지도 않는다.

"사회적 공장론"에 기대어 청중상품론과 유사하면서도 더 광범한 대상, 온라인 디지털 활동 모두가 대가를 받지 못하여 착취당한다고 주장하는 테라노바의 "무료노동"(free labor)(Terranova 2000: 46-53: 2004) 개념이 있다. 이 개념에도 청중상품론과 같은 비판이 적용될 수 있다. 이런 주장은 디지털 소비를 디지털 생산으로 착각하는 개념

더욱 생산적으로 만들고 그래서 더 많은 잉여를 낳는 기계인데…." "원래 자연의 자발적 혜택은 풍부했고, 혹은 적어도 전유만 하면 되었다." "노동자가 (협동하는 −인용자) 사회적 노동자로서 발전시킨 생산력은 자본의 생산력이다. …노동의 사회적 생산력은 자본에게는 아무런 비용도 들지 않는 것이기 때문에…." "가치를 추가하면서 가치를 보존한다는 것은 … 살아 있는 노동의 자연적 선물이다. 이 자연적 선물은 … 현존 자본 가치의 보존이라는 큰 이익을 가져다준다. 경기가 활황인 한 … 이 공짜 선물을 알아보지 못하지만, … 위기는 자본가들이 이것을 절실히 느끼도록 만든다."(마르크스 1858: 237, 267; 1867: 453, 275-276; *MEGA*2II.01.2: 479, 496; *MEGA*2II.10: 300, 187).

혼동과 더불어 소비의 부차적 측면으로서의 사용가치 생산적 노동은
상품형식에 의해 규정되는, 가치와 잉여가치를 낳는 (자본주의) 생산
적 노동일 수 없다는 점에 대한 몰이해가 더 확대되어 표현되고 있다.
반복하지만, 마르크스의 풍자대로 소비가 생산이라면 범죄도 생산이
어야 한다.[18]

　푹스와 테라노바를 비판하는 리지(Rigi 2014)와 테익세이라와 로타
(Teixeira and Rotta 2012: 463-465)는 청중상품을 포함한 모든 디지털
상품은 가치가 제로에 근접하므로 광고자본의 막대한 수익은 이를
착취한 것이 아니라, 정보 지대를 통해 세계노동자계급이 생산한
잉여가치를 전유하는 것이라고 설명한다. 이런 설명에는 가치를 낳는

---

18 "철학자는 관념, 시인은 시, 목사는 설교, 교수는 개론서 등등을 생산한다. 범죄자
　는 범죄를 생산한다. 우리가 후자의 생산 분야와 사회 전체의 연관을 면밀하게
　고찰하면, 우리의 많은 편견을 깨버릴 수 있을 것이다. 범죄자는 범죄뿐만 아니라
　형법도 생산하고 또한, 형법을 강의하는 교수도 생산하며 이와 더불어 일반
　시장에서 유통되는 '상품'인 개론서도 생산한다. 이것은 그와 함께 국부를 증대하
　며…. 범죄자는 게다가 경찰과 사법제도, 경찰관, 판사, 교수형 집행인, 배심원
　등등의 전체를 생산한다. 그리고 이런 다양한 업무들은 다양한 인간 정신을
　발전시키고 새로운 욕구와 그것을 만족시키는 새로운 방법을 창조한다. 고문
　(torture) 하나만으로도 가장 독창적인 기계를 발명하고…. 범죄자는 대개 그렇듯
　이 한편으로 도덕적이고 다른 한편으로 비극적인 인상을 낳고, 이렇게 하여
　공중의 도덕적이고 심미적인 감정을 불러일으키는 '서비스'를 제공한다. 범죄자
　는 형법과 법전, 관련 입법자만 아니라 미술, 순수문학, 소설, 비극도… 생산한다.
　범죄자는 부르주아 삶의 단조로움과 일상의 안전을 깨뜨린다. … 이리하여 생산력
　에 자극을 준다. … 위조범이 없었다면, 은행권의 제작이 지금의 완벽함에 도달했
　겠는가? … 민족적 범죄가 없이도 세계시장이 존재할 수 있었을까? 민족들
　자체가 형성될 수 있었을까?"(MECW 30: 306-309; MEGA2II.03.1: 280-283).

생산적 디지털 노동과 낳지 못하는 디지털 소비의 구분도 혼동되어 있지만(즉 소트프웨어, 알고리즘, 플랫폼, 지식, 정보 등과 같은 디지털 생산물도 사회적 필요노동시간 규정을 받는 생산적 노동을 통해 형성되고 거래 관계를 맺으면 가치와 잉여가치를 지닌 상품이 된다는 점을 파악하지 못하지만), 마르크스 지대 개념에 관한 오해도 겹쳐 있다. 마르크스 지대는 재생산 불가능한 자연의 독점에 근거하는 것이지, 인간이 재생산할 수 있는 정보의 독점에 근거할 수 없다. 왜냐하면, 더 높은 생산성에 근거한 초과이윤은 그 원천이 재생산 불가능한 자연이 아니라 재생산 가능한 노동의 산물인 한 항상 자본 사이의 경쟁으로 인해 결국, 일시적일 수밖에 없기 때문이다. 따라서 이른바 정보 지대의 원천은 기술혁신에 따른 일시적인 생산성 우위일 뿐이고, 이를 독점화하려는 지적 재산권(Zeller 2008)도 그런 우위의 지속을 좀 더 확보하려는 자본 경쟁 논리의 산물일 뿐 지대를 낳지 못한다. 즉 지적 재산권에는 만기가 있을 뿐만 아니라 경쟁하는 자본은 이를 우회하여 같거나 더 높은 생산성의 대체기술을 언제나 도입할 수 있다(하태규 2015: 20-21).[19]

푹스를 비판하는 아비드손과 콜레오니(Arvidsson and Colleoni 2012:

---

19 Caraway(2011: 697, 701)는 리지, 테익세이라와 로타와 비슷한 맥락에서는 청중상품이 가치가 없지만, 광고자본이 매체 독점권을 이용하여 광고료를 지대로 징수한다고 주장한다. 이런 주장은 현재 자본주의에서 소셜 미디어의 이른바 독점성의 원천인 콘텐츠가 재생산 가능하다는 점을 이해하지 못하는 잘못된 주장이지만, 무선전파나 유선전파를 사용하는 방송 매체나 이동통신 매체에서는 자연 자원인 주파수대역의 독점사용과 전선이 통과하는 토지와 해저의 독점사용이 광고료의 한 부분으로서 지대의 (학술적으로 공론화되지 못한) 원천이라는 점에 대한 (의도하지 않은) 진실을 표현하고 있다.

141-146)는 네그리(Negri 1999)의 정동 가치론에 기대어 노동시간이나 주목 시간은 가치의 생산과 관련이 없고, 가치는 소셜 미디어가 집약하는 다중의 정동(affect, 情動)이 전환된 (자본의) 브랜드의 가치를 매개로 금융시장에서 실현되는 것이라고 주장한다. 이 주장에서 소셜 미디어를 매개로 한 정동의 집중으로 형성된 브랜드의 가치가 (상품 가치를 창조하는 것이 아니라) 유통에서 상품 가치의 실현을 촉진한다는 점은 마르크스적 관점에서 쉽게 동의할 수 있지만, (노동시간에서 나오지 않는다는) 실현될 가치가 어디서 나오는지를 설명하지 못하는 한계를 지닌다. 이런 한계를 넘어 정동이 가치의 실체라고 주장하는 정동 자본주의론(이항우 2014: 149-156; 2019: 262-267)은 이 정동이 창조한 가치가 사회에서 유통(되고 분배)되는 방식에 대한 설명이 없다. 상품으로 유통되지 않는 방식이 있다면 명시적 설명이 필요하고, 그때 상품유통을 통해 작동하는 자본주의가 아닌 다른 "자본주의"가 어떻게 가능한지를 증명해야 할 것이다. 그렇지 않고 정동 가치가 상품으로 유통된다면 이미 보았듯이 정동도[20] 두뇌의 물질적 노동의 산물로서 그 노동시간을 사회적 필요노동시간으로 환원하는 사회적 형식의 규정성을 피할 수 없게 된다. 그렇다면, 같은 자율주의 토대에서 인지 자본주의론을 넘어서겠다는 정동 자본주의론 역시 가치법칙의 폐지를 증명하지 못하는 인지 자본주의론의 한계를 공유하는 것이다.

---

20 이항우(2014: 152)에 의하면 정동이란 "소비자의 욕망, 감정, 선호에 영향을 미칠 수 있도록 생산적으로 조정되고 조종될 수 있는 일상적 감정"(Andrejevic 2011: 615)이다. 이런 감정이 뉴런들의 시냅스 연결들을 바꾸는 생화학적 작용으로서의 두뇌 작동의 산물이라는 점을 부정할 수 없을 것이다.

다음으로 플랫폼 자본주의론(서르닉 2020; 김상민 2017; 최철웅 2017; 장진호 2020; 김홍중 2022)을 보자.[21] 디지털 기술의 발전은 이제 자본이 회전 기간의 단축을 위해 생산과정과 유통과정을 고도로 조직할 수 있는 수준에 도달했다. 디지털 플랫폼이 그 핵심 매개인데, 이것은 양면 시장 혹은 양면 네트워크 이론에[22] 근거하여 공급자와 수요자를, 한쪽에는 일방적 혜택을 제공하고 반대쪽에는 그 비용을 전가하여 보상받는 방식으로, 각각 온라인상에서 조직하고 연계하여 상품의 생산과 유통을 촉진하는 방식이다. 이때 일방적 혜택에 의해 한쪽 참여자의 풀이 확대될수록, 그것을 활용하는 다른 쪽 참여자도 그에

---

21 일부 논의는 플랫폼 자본주의 대신 (플랫폼의, 플랫폼을 통한 생산수단의) 공유경제란 표현을 사용하기도 한다. 하지만 이 용어는 실제 공동소유가 아닌 상태를 (자본주의를 넘어서는 듯한 뉘앙스로) 호도하는 이데올로기적 표현에 불과하다. 잘해야 플랫폼과 생산수단에 대한 공동점유와 공동이용일 수 있지만, 이것은 사적 이윤추구를 위한 공동점유와 공동이용이란 측면에서 제한적 타당성만 지닌다. 플랫폼 자본주의는 생산수단의 사적 소유에 근거한 공동점유와 공동이용을 통해 자본을 축적하는 체제로서 자본주의 대안이라는 의미의 공유경제가 결코 아니다(김상민 2017 참조).

22 양면 시장 혹은 양면 네트워크란 아이젠맨 등(Eisenmann et al. 2006)과 로쳇과 티롤(Rochet and Tirole 2004)이 정리했듯이, 쇼핑몰에 킬러 상품매장이 입점하면 더 많은 고객이 몰리고 더 많은 고객이 몰려야 킬러 상품매장이 입점하게 되듯이, 그리고 재미있는 게임이 있어야 게이머들이 많이 참여하고 반대의 경우도 마찬가지이듯이, 모든 비즈니스에서 한쪽 수요자 풀과 다른 쪽 공급자 풀은 서로 양(positive)의 시너지를 낸다. 이런 양쪽의 시장들 혹은 네트워크들을 조직하는 플랫폼 모델에서 전략적으로 무료 혜택 혹은 가치보다 낮은 값을 받는 혜택을 주며 한쪽 이용자 풀을 늘려서 그 흡인력으로 다른 쪽 풀도 늘리는 것이 사업 성공의 핵심이라는 것이 양면 시장/네트워크 이론이다.

따라 확대될 유인이 커지면서 상호 시너지를 내게 된다. 예를 들어 구글이나 유튜브가 막대한 광고 수익을 획득하는 방식은 플랫폼 이용자들에게 무료 콘텐츠 혜택을 제공하여 이용자 풀을 최대로 늘리는 대신 광고주들에게는 그에 따른 규모의 경제를 제공하며 비용을 전가하여 수익을 창출하는 방식이다. 2010년 전후 웹2.0 단계에서 본격적으로 발전한 디지털 플랫폼 사업모델은 이제 자본주의 작동방식 자체를 바꾸는 수준에 도달했다고 볼 수 있다. 수십억 명의 이용자를 조직한 플랫폼이 있다면 어떤 광고주라도 광고 공급자로 조직되지 않을 수 없다. 마찬가지 방식이 광고 플랫폼뿐만 아니라 택시, 숙박업소, 배달음식, 청소, 육아 등등을 매개하는 우버, 에어비앤비, 배달의 민족 같은 (해당 사업 자산 일체를 보유하지 않고 노동력만 통제하는) 린 플랫폼, 기존 산업의 생산과정에서 사물인터넷을 통해 데이터를 축적, 분석하여 더 효율적인 생산을 추구하는 GE, 지멘스 같은 (독일의 인더스트리 4.0으로 대표되는) 산업 플랫폼, 소비자 일반의 낮아진 구매력을 돌파하기 위해 주택, 자동차, 칫솔, 면도기, 개인용 비행기 같은 제품을 (판매가 아니라) 임대 서비스하는 구독자모델의 제품 플랫폼 등 다섯 가지 종류에 적용된다(서르닉 2020).

이렇게 볼 때 자본주의는 이제 플랫폼 자본주의로 변했다고 해도 과언이 아니다. 모든 자본이 디지털 플랫폼의 주체가 되던, 수요자나 공급자의 한쪽으로 참여하던, 어쨌든 플랫폼을 벗어날 수 없을 것이기 때문이다(Kenney etal. 2012 참조). 이상의 플랫폼 자본주의론이 밝히듯이 회전시간을 최소한으로 단축하려는 자본의 숙원이 이루어지는 듯한 현실이 놀랍지만(이것의 모순은 뒤에서 보기로 하고), 그 이면에는 모든 이용자의 모든 디지털 활동 기록, 데이터를 무한정 축적하고 활용하는, 더 충격적인 기제가 숨어 있다. 이를 포착하는 개념이 감시 자본주의론(Zuboff 2015; Cinnamon 2017; Lehtiniemi 2017; Vianna & Meneghett 2020; 주보프 2021; 페이라노 2021: 3장; Wight & Cooper 2022; 석주려 2023)이다. 자본은 모든 이용자의 디지털 데이터를 겉으로 표방한 사업목적에 합당한 데이터뿐 아니라 다른 모든 데이터도 24시간, 365일 항상 가상창고, 클라우드에 축적하고 있다. 어떤 플랫폼이든 이용자는 그것에 가입하는 순간 깨알 같은 글씨로 써진 방대한 '서비스 이용약관'을 읽어보지도 않고 (동의하지 않으면 서비스 이용이 제한되므로) "동의합니다"를 누르지 않을 수 없기 때문이다. 이것이 사생활 보호의 침해라는 주장은 전혀 먹히지 않는다. 왜냐하면, 우리가 명시적으로 동의를 했을 뿐만 아니라 가끔 드러나는 자본의 이런 침해에 관한 증거에 기초한 소비자들의 법적 분쟁도 지금까지 경험이 증명하듯이 자본의 무시와 시간 끌기, 초점 회피 등을 통해 사실상 침해를 승인하는 결과로 이어지기 때문이다. 그래서 우리가 공기와 물처럼 24시간 365일 의식적, 무의식적으로 이용하며 남기는 검색, 이메일, 글, 사진, 메시지, 동영상, 위치 정보, 소통패턴, 태도, 선호도, 관심, 얼굴, 감정, 건강 상태, 소셜 네트워크, 구매 이력, 금융거래 등등의 데이터는 감시 자본의 가상창고로 거리낌 없이 저장되고, 각 개인의 데이터로 포획된다. 물론 이런 데이터의 무한정 축적의 목적은 자본이 모든 인간의 미래 행동을 자기 목적에 맞게 조작하여 자본의 회전시간을 단축하려는 것이다. 즉 무한정 축적한 데이터를 가공해 발견한 각 개인과 집단의 행동 패턴을 통해 미래 행동을 예측하고 그에 맞추어

자본의 솔루션을 제시하여 인간의 행동을 조작하려는 것이다(주보프 2021).[23]

이렇게 인류는 플랫폼 자본주의의 발전된 네트워크를 이용하여 더욱 편리한 삶을 누린다는 외관 속에 자신이 자본의 상품 생산과 소비를 위한, "정신이 소실된"(김홍중 2022: 20-24) 로봇이 되는 것이다. (뒤에서 논할 모순과 별개로) 자본의 타고난 경향인 인간 소외 조장은 이제 극에 달하고 인간은 감시 자본의 생지옥에서 살게 된다.

이런 플랫폼 자본주의 겸 감시 자본주의 경향 중에 대중의 눈에 가장 잘 띄고 학술 연구도 집중되는 대상이 린(lean) 플랫폼 혹은 노동 플랫폼 자본주의 경향이다. 양면 시장 관점에서 일방적 혜택을

---

23 이에 관한 증거들은 차고 넘치는데 몇 가지만 열거하면 다음과 같다. 감시 자본의 대표주자 구글은 안드로이드에서 다운로드할 수 있는 수십만 개 앱이 각 개인의 행동 자료를 축적할 수 있는 프로그램을 내장할 수 있도록 휴대기기 제조사들에게 안드로이드 사용권을 무료로 배포한다. 삼성 디지털TV는 거실의 모든 대화를 녹음하는 시도를 했다. 모바일 헬스-케어는 이용자의 장기, 혈액, 눈, 뇌파, 얼굴, 걸음걸이, 자세 등등에 관한 자료 취득의 창구가 된다. 내비게이션 을 사용하는 운전자의 행동 자료를 원재료로 하여 만든 표적 광고제품을 통해 견인, 수리, 세차, 음식점, 소매점 등의 다른 서비스들과 공동마케팅이 전개된다. 더 나아가 차량 할부금을 내지 않은 운전자의 자동차는 차량모니터링 시스템을 통해 시동이 걸리지 않게 하거나 위치를 확인한 회수직원에게 바로 환수될 수 있다. 포켓몬고는 자본의 인간 행동 조작 실험의 이정표인데, 증강현실을 기반으로 현실 공간에서 가상 보물찾기로서 151마리의 포켓몬을 잡고 최고 레벨로 올라가기 게임인 포켓몬고에 참여한 전 세계의 수천만 게이머들은 열광했 고, 이 게임을 출시한 게임사는 제휴 마케팅인 일본 맥도날드 3만 개 매장과 미국 스타벅스 1만 2천 개 매장 등등으로 게이머들을 유인하여 제휴 매출을 급등시켰다(주보프 2021).

주면서 상품의 수요자를 조직한 플랫폼 자본은 공급자인 노동에 그 비용을 전가하여 수익을 확보하면서도 회전시간의 단축을 추구하고 있다. 여기서 공급자로 조직된 노동은 온라인 기반에서 집단화하기 힘든 개별적 공급자로서 힘의 열위로 인해 평균보다 싼 값으로 구매되어 초과 착취당하고 있다(존스 2022: 163-166). 이런 플랫폼 노동은 "긱 노동", "크라우드 노동", "온디맨드 노동" 등으로도 불리고 있다.[24] 그런데 이런 플랫폼 노동은 새로운 자본주의의 새로운 노동조직 방식이라기보다 신자유주의의 특징인 노동의 외주화, 불안정화 경향의 지속과 강화의 산물이라고 할 수 있다. 정규직을 계약직, 기간제, 임시직, 시간제 등으로 대체하던 방식이 이제 플랫폼을 통해 고용의

---

[24] 미국에서 재즈 음악가를 단시간 임시채용한 데서 연유한 말인 긱(gig) 노동이란 노동자들이 온라인상에서 특정 업무에 대한 수행계약을 맺고 단기간 노동하는 방식을 말하여, 플랫폼 노동의 특징을 잘 표현하고 있는데, 이런 노동자를 디지털 특수고용노동자(디지털 특고)라고 칭할 수 있다. 플랫폼 노동을 두 가지로 나눌 때, 크라우드 노동(crowd work)은 디지털 플랫폼을 통해 불특정 다수(crowd)에게 특정 업무를 위탁하는 방식이고, 온디맨드 노동(on-demand work)은 특정 고객의 수요에 맞추어 노동을 제공하는 방식이다. 전자의 대표적인 플랫폼은 Amazon Mechanical Turk, Crowdflower 등으로 한국에서는 아직 활성화되지 않았고, 후자의 플랫폼은 우버, 에어비앤비, 카카오택시, 배달의 민족, 카카오대리 등이다. 플랫폼 노동은 또한 실행기준으로는 온라인 기반과 오프라인 기반으로 구분되고, 이들은 각각 마이크로 태스크, 매조 태스크(daily jobs), 매크로 태스크(projects)로 구분될 수 있다. 이런 디지털 노동자들은 대개 임시직으로 관리되며, 노동자로서 법적 지위의 보장도, 사회보장법의 보호도 받지 못하면서 초과 착취되고 있다(조성혜 2017; 하대청 2018: 289-293; 이병훈 2018: 434-436; 장지연 2022: 45-50; 존스 2022: 98-123).

외관도 벗어버리면서 자영업으로 대체하는 방식으로 나가지만, 그
생산자들이 자본에 실질적으로 고용되고 착취당한다는 본질은 사라지
지 않는다(이문호 2020: 62-63). 마르크스가 서술했듯이 자본은 원래부
터 상황에 따라 착취에 유리한 방향으로 임금제도를 시간급과 성과급
사이에서 변경하여왔고, 특히 성과급은 자본주의에 잘 어울리는 임금
형식이라고 할 수 있다(마르크스 1867: 21장, 756, 존스 2022: 98). 이제는
그 성과급을 피용자를 넘어 자영업자들에게도 적용하는 수준으로
나갔지만, 그들이 모두 디지털 작업장의 노동과 자본의 관계를 반영한
형식에 규정되어 상품(의 일부)을 생산하는 노동을 한다는 것은 변함이
없다(Altenried 2020: 150-154). 더욱이 플랫폼 자본주의가 지배할수록,
이런 플랫폼 노동이 만연하게 될 것은 분명하다(Altenried 2020: 154-156
참조). 따라서 디지털 자영업자의 노동자성을 보장하고 노동권과 사회
(보장)권을 보호하기 위해 법적, 제도적 개선을 추구하는 것은 중요한
과제이기는 하지만,[25] 그것만으로는 한계가 분명하다. 이것은 노동자
성의 보장과 보호가 자본주의 내 개혁에 머문다는 점에서도 그렇지만,
노동이 사라질지도 모를 정도로 기술혁신이 심화하고 있다는 점에서도

---

25 현행 노동법과 사회보장법 체계에서 기존 특고(특수고용자)와 마찬가지로 디지털
　특고에게 노동권과 사회(보장)권을 보장, 보호하는 진보적 판결이나 정책은 미국
　이든 유럽이든 일본이든 한국이든 예외를 제외하고는 없다. 그래서 기존 노동법
　을 개선하여 디지털 특고를 노동자로 포함하는 방안, 기존 노동자와 디지털
　특고를 포괄하는 새로운 노동법 제정과 사회계약을 만드는 방안, 제삼자의 지위를
　인정하는 방안 등의 논의가 활발하다(Sprague 2015; 박진호 2017; 이인재 2017;
　조성혜 2017: 137-155; Collier etal. 2017; 송강직 2018; 이형준 2019: 106-126; 장상준
　2019; 장진호 2020: 185-190; 장지연 2022: 52).

그렇다.

이와 관련하여 자본주의 변화에 대한 개념 규정의 마지막으로 인공지능 자본주의론(심광현 외 2020: 1장; 김상민 외 2021)을 보자. 그런데 다른 개념들과 달리 이 개념을 체계적으로 전개한 논의는 아직 없다고 할 수 있다. 이것은 인공지능이 아직 자본주의를 지배하는 수준에 도달하지 않았기에 당연할 것이다. 하지만, 현재의 변화 경향을 주목하면 이 개념의 중요성을 간과할 수가 없다.

인공지능 자본주의론의 핵심 쟁점은 노동이 인공지능(과 로봇)에 의해 대부분 소멸할지 여부다. 다양한 논자들이 제기하는 찬성론(Gorz 1985: 12-14장; 리프킨 2005: 69-71; 2014: 209-217; 서스킨드와 서스킨드 2016: 7장; 하라리 2018: 2장; 이동화 2019: 121-125; 데닛 2022: 15장)은 대체로 현실 규정을 사상한 추상적, 직관적 논의라고 할 수 있다. 반대론은 다음 다섯 가지로 요약할 수 있다. 첫 번째는 역사적으로 자본주의의 기술혁신이 다양한 우려에도 불구하고 (중간 수준 기술 직업은 줄이지만 높거나 낮은 수준의 기술 직업은 늘리는 양극화를 의미하는) "폴라니의 역설"을 낳으며 일자리 총량은 줄이지 않았듯이, 앞으로도 마찬가지일 것이라는 논리이다(Autor 2014: 6-16; 2015: 9-14, 24-26). 산업혁명 이후 계속된 기술혁신의 파도에도 자본주의는 (주기적 위기들을 넘으면서) 양극화를 동반한 성장을 유지해왔으니 이런 주장의 근거가 없지 않아 보인다. 하지만, 지금까지의 기술혁신은 노동을 절약하는 이상으로 더 많은 자본축적을 통해 (주로 낮은 수준 기술의) 기존 분야와 (주로 높은 수준 기술의) 신규 분야 노동을 늘려왔지만, 앞으로도 그렇다는 보장은 없다. 왜냐하면, 인공지능 기술은 노동 절약적인, 단지 더 생산적인 기술이 아니라 노동을 대체하는 기술이기 때문이다. 챗GPT로 대표되는 현재의 생성형 인공지능 기술의 발전은 특정 분야를 넘어 일반적인 분야에서 인간 지능을 능가하는 수준에 도달하고 있다는 것을 알려주고 있다. 그래서 이런 인공지능(과 로봇)을 통한 노동 대체는 이제 시간의 문제라고 할 수 있다.

둘째는 인공지능이 대체하는 것은 일자리 전체가 아니라 특정 과업이므로 여러 가지 과업들로 구성되는 일자리 자체는 사라지지 않고 (특정 과업에 인공지능을 적용하며) 진화할 것이라는 논리이다(Arntz et al. 2016: 23; 이문호 2020: 59-61). 물론 인공지능의 노동 대체는 과업별 대체 방식일 것이지만, 이 과정의 계속 진전은 결국 몇 가지 과업들로 구성된 일자리 자체를 없애는 수준에 도달할 것이다. 즉 일자리가 내포한 과업들의 성격에 따라 특정 일자리는 빨리 사라지고 일부는 천천히 사라질지라도 결국 모든 과업을 대체하며 일자리 자체를 사라지게 할 것이다.

셋째는 노동을 반복적-변동적 작업 축과 근육-두뇌 사용 축을 교차하여 네 가지 범주(반복적 작업 & 근육 사용, 반복적 작업 & 두뇌 사용, 변동적 작업 & 근육 사용, 변동적 작업 & 두뇌 사용)로 나눌 때, 다른 범주는 몰라도 변동적인 작업 & 두뇌 사용 범주는 적어도 예측할 수 있는 장래에서는 대체 불가능할 것이라는 논리이다(Autor 2015: 24-26; Frey and Osborne 2017: 266). 여기에 해당하는 노동은 창작자, 예술가, 과학자, 경영자, 돌봄이나 응대 노동자 등의 창조적인 노동이나 감각적이고 감성적인 노동이다. 하지만, 인공지능의 기계학습 원리는 기존 데이터에서 발견한 패턴을 토대로 변동적인 작업의 창조적인 과제도 해결하는 것이다. 따라서 현실은 이미 기자의 기사, 예술가나 작가의 작품, 연구자의 논문, 의사의 진단, 변호사의 변론 등등에서 기존 데이터만 풍부하면 전문가적 수준의 결과물을 만들어낼 수 있다는 것을 보여주고 있다. 따라서 이 분야에서도 인간을 능가하는 창조물을 만들어내는 것도 시간문제일 수 있다. 또한, 인공지능은 이성적인 과제뿐만 아니라 감각적이고 감성적인 과제에도 마찬가지로 적용될 수 있다. 이성이 없이도 과거 데이터의 집적을 통해 패턴을 발견하고 새로운 사례에 창조적으로 적용하는 인공지능의 기계학습 원리는 감각과 감성 분야에서도 마찬가지로 적용될 것이기 때문이다(하라리 2018: 53-58).[26] 다만, 근육 사용에서 좁은 공간에서 손가락 동작 수준의

---

26 한때 컴퓨터가 이성적인 과제에서는 성인 수준을 넘어서고 있지만, 지각이나 이동 능력에서는 한 살짜리 아기 수준을 갖추기도 힘들거나 불가능하다는 "모라벡의 역설"이 있었지만, 이것은 이미 과거지사가 되고 있고, 최근의 로봇 공학은 인간형 로봇, 자율주행차 등에서 보듯이 변곡점을 넘고 있다고 할 수 있다. 이것은 현재의 (아이디어들을 조합하고 재조합해서 근본적으로 새로운 방법을 낳는) 재조합혁신을 통해 기하급수적 성장을 지속할 수 있는 (본질상 연속적이고 반복 불가능한 자연계의 고유한 양을 재생할 수 있고 기억할 수 있는 확정되고 구획된 양으로 환원하는 도식에 기초하여 기계적으로 모든 계산을 가능하게 하는 기술인) 디지털 기술 기반 혁신의 성격에서 확인된다(브린욜프슨과 맥아피 2014: 3-4장; 데닛 2022: 308, 347, 110-116). 이것의 한 사례로서, 최근 인간과 감정을 교류할 수 있는 인공지능 상품, 유명 인플루언서 카린 마조리를 모방한 '인공지능 여자친구' 카린 AI는 미국에서 출시된 첫 주에 (1분당 1달러 대화요금을 받으며) 10만 달러의 수익을 냈고, 이 인공 여자친구를 사귀길 기다리는 수천 명의 대기자를 고려하면 매달 500만 달러의 수익이 예상된다고 한다("'1분 1달러'

미세한 과업을 로봇으로 대체하는 문제는 아직 가시적인 범위에 들어
와 있지 않지만(Frey and Osborne 2017: 266), 이 문제도 인공지능의
인지능력과 로봇의 미세 동작 공학의 발달에 따라 결국 해소될 날이
올 것이다.

　넷째는 인공지능으로 인해 설사 나머지 노동이 다 사라져도 인공지
능이 학습할 수 있도록 원료 데이터를 디지털로 "레이블링"(labelling)하
고, 인공지능을 "훈련"하고, 각종 콘텐츠 중 부적합 것을 배제하는
"콘텐츠 조정"(contents moderation) 등과 관련된 플랫폼 미세 노동은
인공지능에 필수적인 것으로서 인공지능과 함께 영원할 것이라는
논리이다(하대청 2018; 2019; Altenried 2020: 148-149; 존스 2022: 76-80).[27]
하지만, 이런 플랫폼 미세 노동이 현재 수준의 인공지능에는 필수적이
지만, 계속 발전하는 인공지능이 이런 노동도 대체하지 말라는 법은

AI가 외로움을 달랠까 … 미국서 선정성·윤리성 논란", 한겨레신문 2023-05-17).
27 인공지능이 기계학습을 하기 위해서는 모든 데이터가 디지털 형식으로 준비되어
　야 하는데, 예를 들어 특정 음성 녹음에는 어떤 단어가 있는지, 특정 사진에는
　어떤 사물이 있는지, 특정 동영상에는 어떤 동작이 있는지, 특정 필기체가 어떤
　알파벳인지는 일일이 꼬리표(tag)가 달려야 하고, 이런 작업을 레이블링이라고
　한다. 또한, 인공지능이 학습하고 개선되기 위해서는 이전에 수행한 작업결과를
　검토하여 피드백해야 하는데, 이런 학습훈련은 인간이 개입해야 한다. 또한,
　소셜 미디어의 콘텐츠에는 각종 혐오, 차별, 폭력, 가짜 뉴스 등이 포함되는데,
　이를 알고리즘으로 차단한다고 하더라도 미묘한 사안에 관한 판단 같은 콘텐츠
　조정 작업은 인간이 수행해야 한다. 이런 식으로 인간이 해야 하는 데이터
　튜닝 작업과 훈련으로 인해 인공지능의 "자율성"은 진정한 자율성이 아니라
　인간과 서로 매개하고 의존하는 자율성이라고 주장되고 있다(하대청 2018:
　284-288; 2019: 182-185 참조).

없을 것이다. 딥러닝이란 개념이 바로 이런 수준을 의미하고 있다.[28]
결국, 이런 플랫폼 미세 노동의 대체도 시간의 문제일 것이다.

마지막은 자본의 논리, 자본축적의 동학이 인공지능 기술의 무한
적용을 막을 것이므로 모든 노동을 대체할 수는 없다는 논리이다
(Srnicek and Williams 2016: 109-114; 이문호 2020: 71-73 참조). 이것이야
말로 자본주의에서 인공지능이 모든 노동을 대체할 수 없는 진정한
이유라고 할 수 있다. 자본은 시간 속뿐 아니라 공간 속에서도 축적
동학을 만들어간다. 따라서 기술혁신은 한 나라뿐만 아니라 세계적
수준에서 보편적으로 적용될 때까지 특정 개별 자본의 특별잉여가치
(실제로는 사회적 가치, 생산가격 형성 원리에 따라 기존 기술의 자본으로부터
의 가치의 이전)를 만들어내게 된다. 그래서 자본이 추구하는 기술혁신
은 세계적 수준에서 노동 생산성이 평준화될 때까지(인공지능 기술하에
서는 결국, 모든 노동을 대체할 때까지) 지속할 것이다. 하지만 이 과정은
그 속에 발생하는 자본의 생산성 발전과 기존 생산관계와 생산형식
사이 모순의 심화와 이에 따른 주기적 위기 폭발 속에서 결코 완성될
수 없을 것이다. 다시 말해 기술혁신에 의한 생산성 증대와 궁극적인
노동 대체는 무조건이 아니라 사회적 관계와 형식의 산물이므로 주기

---

28 딥러닝(deep learning)은 기계학습(machine learning)과 혼동되기도 하는데, 기계학
   습보다 진보한 상태로서 컴퓨터가 스스로 외부자료를 조합, 분석하여 학습하는
   기술을 뜻한다. 어떤 예측에 의하면 인공지능이 인간의 도움 없이 스스로 데이터
   를 처리해가며 학습하여 완벽해질 수 있을 정도의 데이터인 175 제타바이트(1
   제타바이트=1조 기가바이트)를 인류가 생산해낼 때인 2025년경 딥러닝이 출현할
   것이라고 한다(피트롱 2023: 234, 311)

적인 위기들과 이에 따른 고용된 노동의 주기적 파괴가 이를 막는 (값싼 산업예비군의 노동이 다시 풍부해지는) 사회적 관계와 형식을 계속 형성하게 할 것이다.[29] 예를 들어 50%의 노동이 실업 상태이고 그에 따라 노동력 가치가 대폭 하락한다면 자본은 노동을 대체하는 기술혁신을 도입하지 않고 기존 기술에서 값싼 노동을 계속 사용할 것이다. 이것이 『요강』에서 마르크스가 "다른 측면에서 보면 자본은 이렇게 창출된 방대한 사회력들을 노동시간으로 측정하고자 하며, 이미 창출된 가치를 가치로 유지하기 위해 요구되는 한계 안에 이 사회력들을 묶어두고자 한다"(마르크스 1858b: 381; MEGA2II.01.2: 582) 라고 서술한 이유다. 결과적으로 자본주의에서는, 자본주의가 존속하는 한, 인공지능이 모든 노동을 대체할 수는 없게 된다.

이상에서 검토했듯이 변화하는 현재 자본주의는 디지털이라는 범용

---

29 이런 사실을 『자본론』에서 다음과 같이 표현하고 있다. "분명한 사실은 기계의 생산에 드는 노동과 그 기계의 사용으로 절약되는 노동이 같다면 노동의 대체가 발생하더라도 … 노동생산력은 증대하지 않는다는 점이다." "따라서 자본에 대해서는 노동생산력 증대의 법칙이 무조건 타당한 것이 아니다. 자본에 대해서는 노동생산력이 증대하는 것은 … 살아 있는 노동을 위한 지불 부분의 절약이 과거 노동(인용자—기계에 들어가는 노동)에의 추가보다 더 클 때뿐"이다. "근대산업의 특징적인 진행 과정, 중위의 활력, 고강도 생산, 위기, 침체로 이루어지는 … 순환은 산업예비군 또는 과잉인구의 끊임없는 형성, 다소 흡수와 재형성에 의존하고 있다." "이 모든 것이 폭력적이고 첨예한 위기 … 재생산의 실제 정체와 붕괴, 그래서 실제적인 축소를 낳는다. … 생산의 정체는 노동자계급 일부를 해고하며 … 임금의 하락, 심지어 평균 이하로의 하락…을 감수해야 하는 처지에 놓이게 한다."(마르크스 1867: 528; 1894: 328; 1867: 862; 1894: 318; *MEGA2II.10*: 351; *MEGA2II.15*: 258; *MEGA2II.10*: 568; *MEGA2II.15*: 251).

기술을[30] 바탕으로 자본의 생산과 유통을 포괄하는 회전시간을 최소한
으로 단축하기 위해 온라인 기반에서 수요자와 공급자를 양쪽으로
조직하고 연계하는 플랫폼 자본주의. 이 과정에서 축적한 모든 인간
활동 데이터를 활용하여 인간 행동을 자본의 목적에 맞게 조작하려는
감시 자본주의. 디지털 기반 기술혁신이 모든 노동을 대체하려 하지만,
생산양식 자체의 모순으로 인해 그럴 수는 없는 인공지능 자본주의라
는 수식어를 종합한, 디지털 플랫폼 감시 인공지능 자본주의라고
규정할 수 있다.

5. 새롭게 규정된 자본주의의 동학 조망

이제 이 새롭게 규정된 자본주의의 (자본축적 운동을 바탕으로 전개되
는) 총체적 동학을 조망하여 보자. 지금까지 보았듯이 현상적으로
천지개벽 수준으로 변화하고 있지만, 본질상 이전과 같은 가치규정에

---

30 범용기술은 어디에나 있고, 시간이 흐르면서 개선되며, 새로운 혁신을 계속
낳을 수 있는 기술을 말한다. 디지털 기술은 그래서 증기 기술이나 전기 기술과
마찬가지로 산업혁명의 시대를 구획하는 기술로서 1950년대 이후 새로운 산업혁
명을 낳으며(따라서 현재의 산업혁명은 4차라기보다 3차라고 할 수 있는데), 컴퓨터,
인터넷, 스마트폰, 인공지능뿐만 아니라 유전자공학, 나노기술, 로봇기술, 우주항
공기술, 환경기술 등 거의 모든 현행 기술혁신에서 기반을 이룬다(커즈와일
2007: 279-410; 브린욜프슨과 맥아피 2014: 100; 나중규와 김종달 2017; 송성수 2017;
윤기영 2018: 166-171; 데닛 2022: 347-349). 그래서 현재 자본주의 변화를 디지털
자본주의로 규정하는 논의도 있지만(브린욜프슨과 맥아피 2014; Betancourt 2015;
Chandler et al. 2019; Fuchs 2021), 증기 자본주의, 전기 자본주의라는 규정이
그렇듯이 단지 범용기술만의 자본주의 규정은 부족하다고 할 수 있다.

기초하여 자본축적 운동을 전개하는 이 자본주의에는 기존 동학의 연속과 심화가 두드러질 것이다.

우선 노동 착취의 강화와 이에 따른 불평등과 양극화의 심화다. 전술했듯이 플랫폼 노동을 통해 초과착취를 추구하는 경향은 플랫폼 자본주의와 인공지능(과 로봇)을 통한 노동 축소와 산업예비군의 확대 경향을 배경으로 더욱 심화할 것이다. 이것은 20세기 전반기의 세계대전과 혁명, 대위기 속에 발생한 자본의 대규모 파괴와 부자들의 망명 같은 상쇄요인이 발생하지 않는 한 자본주의 역사에서 관철된 철의 법칙(피케티 2014) 같은 것이다. 또한, 이런 불평등과 양극화의 심화는 여성(강이수 2018; Altenried 2020: 153-154), 장애인, 소수자, 이주민, 소수민족 등 각 취약 계급에[31] 더 큰 악영향을 미칠 것이다. 왜냐하면, 기존 불평등과 양극화 경향은 초과착취를 추구하는 자본의 경쟁 논리에 따라 각 취약 계급에 더 큰 악영향을 미치도록 전개되어왔고(박재용 2022 참조), 이런 흐름을 상쇄하는 힘이 앞으로도 특별히 발전한다는 보장이 없기 때문이다.

두 번째는 자본의 유기적 구성의 고도화와 (이에 따른 이윤율의 경향적 하락과 이를 근본 원인으로 하는) 주기적 위기 폭발 경향의 심화다. 혹자는 두뇌 노동과 디지털 상품이 대세라서, 물리적 분야의 자본 투자가 감소할 것이므로 자본의 유기적 구성의 고도화가 둔화할

---

31 현실 자본주의에서 계급 분할은 노동과 자본이라는 대자적 계급 분할에만 머무는 것이 아니라 직업, 고용, 성별, 지역, 나이, 민족, 인종, 종교, 소수자성 등의 서로 다른 소득원천과 소비문화의 차이를 매개로 세분된 즉자적 계급들로 분할되어 있다(하태규 2019b).

수 있다는 예측을 할 수 있다. 하지만 전술했듯이 디지털 생산물을 상품화하기 위해서는 막대한 연구개발비가 소요된다. 이 연구개발비는 연구개발에 성공하는 한 고정자본이 되고 자본의 유기적 구성을 높인다. 그리고 이 연구개발 생산물은 한 번 성공으로 끝이 아니라 계속 업그레이드되기 위해 추가 자본을 요구하며 고정자본을 계속 늘린다. 반면 연구개발에 실패한 자본은 성공한 자본과 같은 시장에서 경쟁하기 위해서는 (이윤율로 경쟁할 수 없기에) 기존 자본의 양을 늘려서 이윤량을 늘리는 전략을 추구해야 한다. 따라서 경쟁하는 모든 자본은 (연구개발에 성공한 자본은 노동을 대체하며 축소하고, 기존 자본은 규모의 경제를 통해 노동을 축소하여) 유기적 구성을 고도화하게 된다. 물론 이렇게 이윤량으로도 경쟁할 수 없는 자본은 파산하거나 다른 분야로 옮겨가야 한다(그리고 다시 그곳에서 경쟁해야 한다). 여기서 파산한 자본은 완전 무가 되는 것이 아니라 감가된 가치로 다른 자본에 인수되면서 (일시적으로 총자본의 유기적 구성을 낮추지만) 다시 축적과정을 통해 자본의 유기적 구성을 높이게 된다. 이 모든 것은 순조로운 과정이 아니라 (자본회전 속도 경쟁이 심화하는 플랫폼 자본주의에서는 중장기적이고 불확실한 연구개발의 성과가 성공을 좌우하므로) 소용돌이치는 경쟁 과정의 결과로 성취된다. 여기에다 후술하듯이 디지털과정은 연구개발비 투자뿐만 아니라 정보통신 단말기, 데이터센터, 해저케이블이라는 세 가지 축에서 해당 산업과 전후방산업, (자원과 에너지라는) 연관 산업의 막대한 물질적 투자를 통해 자본의 유기적 구성의 고도화를 촉진할 것이다. 그래서 더욱 고도화하는 자본의 유기적 구성은 이를 낳는 소용돌이치는 경쟁과 더불어 디지털 기반에서 (속도 경쟁을 통해) 더욱 발전할 금융자본과 토지 자본의 축적과정 매개를 통해 더욱 잦고 심화하는 위기를 낳게 될 것이다. 그리고 이 빈발하고 심화하는 위기는 노동의 파괴에 따른 산업예비군의 방대한 확대와 자본의 집중에 따른 부의 편중을 통해 빈부격차와 양극화의 심화를 촉진할 것이다.

세 번째는 자본주의의 인간 소외 경향의 심화다. 전술했듯이 감시 자본주의는 자본의 회전 기간의 단축을 위해 인간의 모든 행동을 조작하면서 감시 지옥을 만들 것이고 이에 따라 인간은 "정신이 소실된" 로봇이 될 것이다. 이것은 자본의 의도만이 아니라 현재도 가장 친숙한 사람이나 자신의 전화번호조차도 종종 기억할 수 없고, 다니던 자동차 길도 기억할 수 없을 정도로 스마트폰에 의존하는 우리 모습에서도 쉽게 예상할 수 있다. 인공지능을 통해 거의 모든 창조적 과제도 수천, 수만 배 빨리 처리할 수 있고 감정적 소통도 쉽게 추구할 수 있다면, 누구도 인공지능에 의존하지 않을 수 없을 것이다. 이것은 자본주의 인간 소외, 인간성 상실의 극단이다. 그리고 이런 인간 소외와 인간성 상실은 심화하는 불평등과 양극화, 빈발하는 위기에 맞물려 유례없는 차별, 혐오, 억압, 폭력이 난무하는 생지옥을 낳을지도 모를 것이다.

네 번째는 자본의 자연생태계 파괴 경향의 심화다. 혹자는 경제의 디지털화, 이른바 비물질화에 따라 자연생태계 파괴가 억제되거나 축소될 것으로 생각할 수 있다. 하지만, 이것은 순전한 착각이다. 이것은 디지털과정의 세 가지 주요 축에서 확인할 수 있다. 첫 번째 축은 각종 정보통신 단말기다. 스마트폰은 각종 광물자원 54가지를 포함하고 있고, 이 자원들을 생산하는 지구상의 수십 개 나라의 지표를 끊임없이 파헤치도록 추동하고 있다(피트롱 2023: 60-62, 307). 이런 스마트폰을 포함한 태블릿피시, 피시 등의 디지털 단말기가 2021년 현재 지구상에는 340억 개가 있고, 5G와 사물인터넷의 발전에 따라 수천억 개로 늘어나는 것은 시간문제다(피트롱 2023: 59, 196). 그리고 이 기하급수적으로 늘어나는 디지털 단말기들은 자연 자원 남용으로뿐만 아니라 에너지 과소비를 통해 자연생태계 악화의 첨병이 되고 있다. 디지털 산업은 매년 5~7%씩 전력 소비량을 증대시키며 2025년에 세계 전력 소비의 20%를 차지할 것인데, 그만큼 (전기 생산에서 여전히 절반을 차지하는 화석연료로 인한) 탄소배출을 추동하고 있다. 이런 전기소비에서 단말기 자체가 엄청난 비중을 차지하는데, 스마트폰은 앞서 언급한 자원들을 작은 단말기에 욱여넣기 위해 복잡한 공정을 거치며 생애주기의 80% 전력을 소비하고 있다. 그리고 지금같이 계속해서 정보통신 단말기가 더 정교해지고 자동화될수록 더 많은 작업명령이 들어가고 그만큼 작동과정에서 더 많은 전기를 소비하게 될 것인데, 예를 들어 우주왕복선이 40만, 군사 드론이 350만 명령행이 든다면 완전 자율주행차는 3억 개가 들 것이다(피트롱 2023: 45, 61, 206-207, 313).

두 번째 축은 데이터센터들이다. 전술했듯이 플랫폼 자본주의, 감시 자본주의의 핵심적 토대는 무한한 데이터다. 이것은 지금까지 클라우드라는 "가상"창고에 축적된다고 서술되었으나, 사실은 (현실 창고를 드러내지 않으려는 감시 자본의 의도가 반영되었을 수도 있는) 올바르지 않은 표현이다. 모든 축적되는 데이터는 물리적으로 저장되어야 하고 이 역할을 특화된 자본의 현실 데이터센터가 하고 있다. 그렇다면 감시 자본주의에서 매 순간 기하급수적으로 늘어나는 데이터를 축적하기 위해 얼마나 많은 데이터센터가 필요할 것인가. 오늘날 세계의 데이터센터는 500제곱미터 면적 이하가 3백만 개, 그보다 큰 중간규모가 8.5만 개, 대형이 수만 개, 이들의 연결망 중심부에 축구장 크기의 초대형이 5백 개 정도 있다고 추정된다(피트롱 2023: 112, 309). 문제는 조만간 수천만 개로 (2천만 개라면 지구상 200개 나라 당 평균 10만 개로, 2억 개라면 100만 개로) 늘어날 데이터센터들이 집약적 에너지 사용과 그에 따른 발생 열을 식힐 물의 집중 사용으로 인해 "물과 에너지 먹는 하마"로서 환경파괴의 선두주자라는 사실이다. 최근 카카오 데이터센터 화재로 인한 통신 먹통 경험에서 알 수 있듯이, 현재 디지털 경제에서 한순간이라도 디지털 흐름이 중단되면 사업과 일상생활에 큰 타격을 준다. 따라서 데이터센터 자본은 전기 주입구, 발전기, 관련 제반 기기 등의 에너지 분배망을 한 건물 내에서 중복하여 구성하고 냉방에 필요한 엄청난 물을 비축하는 등 단위면적당 가장 비용이 많이 든 건물을 형성하고 있고, 이런 데이터센터를 또한 지역적으로 중복 배치하고 있으며, 이마저도 사용량 정점에 대비해 60% 가동률을 최대치로 상정하여 과잉구축하고 있다. 그 결과 클라우드는 2030년까지 세계 전기소비량의 8~10%를 차지하면서 기후변화의 첨병이 될 것이다(피트롱 2023: 143-145).

마지막 축은 해저케이블이다. 오늘날 데이터통신에서 공중이 아닌 지하와 해저를 통한 통신이 약 99%에 달한다. 이것은 해저 광섬유케이블의 설치비용이 땅속 설치비용보다 10배 적고, 해저케이블의 통신역량이 공중의 무선 통신역량보다 훨씬 크고 효율적이기 때문이다. 이 광섬유케이블은 조만간 450개 120만km, 지구 30바퀴 도는 거리에 도달할 것이다(피트롱 2023: 246, 248). 이렇기에 우리가 옆 사람의 게시물에 대해 누른 '좋아요'조차도 해저 층을 포함 7단계, 수천 킬로미터 지구여행을 통해서 막대한 생태 발자국을 남기며 전달되게 된다(피트롱 2023: 47, 306). 여기에다 전술했듯이 한시도 단절되지 않는 데이터 통신으로 경쟁하는 자본은 GAFAM같이[32] 직접 해저케이블을 소유하거나, 천 분의 1초를 다투는 자동화 금융거래를 서비스하기 위해 더 직선적인 경로로 케이블을 설치하거나, 지정학적 경쟁을 위해 북극해를 통과하거나 별도의 자국 통신망을 설치하게 될 것이다. 따라서 환경보전 해역을 직선으로 가로지를 뿐만 아니라 평균수명이 25년인 케이블을 주기적으로 대체하며 폐기물을 양산할 것이다(피트롱 2023: 9, 10장).

이상 디지털과정의 세 가지 축들은 자본축적 동학에 따라 기술발전에 의한 자원과 에너지 절약을 능가하는 더 큰 사용 효과, '반동 효과'를[33] 낳을 것이다. 이것은 '서비스단위당 투입된 물질'(MIPS)을[34] 비교해보

---

[32] Google, Apple, Facebook, Amazon, Microsoft의 약어인 GAFAM은 대서양 축에서 해저 통신망 소유 점유율이 현재 50%, 3년 안에 90%로 예측된다(피트롱 2023: 253).

[33] 제번스가 증명했듯이 기술발전은 그로 인한 에너지 절감효과보다 기계사용 확대로 인한 에너지 사용 효과가 더 커서 결국 석탄 연료 소비가 증가하는 역설을 발생시켰고 이것을 반동(rebound) 효과라고 한다(피트롱 2023: 201-202).

[34] MIPS(Material Input Per Service)는 하나의 제품 혹은 서비스를 만드는데 필요한 자원의 총량을 말한다. 신문 제작에는 자원 10킬로그램, 오렌지주스 1리터에는

면 자명해진다. 우리를 둘러싼 물건들의 평균 MIPS가 30인데 비해, TV는 200에서 1,000, 스마트폰은 1,200, 반도체 칩은 16,000에 달한다. 이를 증명하듯 반도체 칩 생산에는 모두 99.9999% 순도로 정제되는 60여 개의 자원이 필요하고, 집적회로 제작에는 500가지 가공단계와 세계 각지의 최대 16,000개 하청기업이 개입된다. 결과적으로 기술혁신이 진전되면 될수록, 서비스단위당 투입된 물질(MIPS) 지수가 높아지면서 숨겨진 물질적 가공의 정도와 그에 따른 자원과 에너지의 소비가 더 확대된다(피트롱 2023: 89, 94). 결론적으로 현재 자본주의 디지털 혁명은 자본의 자연생태계 파괴 경향을 중단시키거나 늦추는 것이 아니라 촉진하게 될 것이다. 그리고 이 디지털과정은 가시적인 표면을 넘어 숨겨진 중간과정까지 포괄하면 (관념의 비중이 너무나 작아서) 규정적으로 물질적 과정이기에 그렇다는 점을 알 수 있다. 더불어 이런 자연생태계 파괴의 심화는 앞서 열거한 세 가지 자본주의 경향들을 촉진하고 또한 그것들에 의해 더욱 촉진될 것이다.

마지막으로 국가의 억압능력 강화와 지정학적 경쟁의 격화를 예상할 수 있다. 국가가 시민과 노동의 통제를 위해 자본이 축적한 데이터를 활용할 수 있다는 점은 누구나 쉽게 예상할 수 있다. 중국에서는 이미 국가가 축적된 데이터를 통해 시민과 노동을 감시하고 통제하는 "사회신용시스템"을[35] 작동하고 있고 그 시스템을 아프리카 등으로

100킬로그램, 티셔츠에는 226킬로그램, 금반지 하나에는 1톤이 들었고, 우리 주변 물건들은 MIPS가 평균 30배다(피트롱 2023: 85, 87).

[35] 사회신용시스템에서 모든 시민이 같은 점수로 시작하지만, 중국 내 모든 장치의 카메라, 마이크, 센서, 휴대전화 등에 의해 확인되는 행동방식에 따라 점수를

수출하고 있다(페이라노 2021: 178-181; 피트롱 2023: 281). 사실 GAFAM 등의 감시 자본은 처음부터 국가 정보기관의 협력과 지원 속에 태어나고 성장해왔고 그것과의 공생관계에 놓여 있다. 따라서 국가는 자본이 축적한 모든 시민의 일거수일투족에 관한 데이터를 필요할 때 활용해왔고 앞으로 활용할 수 있다(페이라노 2021: 127-178; 뷰캐넌 2023: 26, 35-39). 국가는 또한 국내뿐만 아니라 바깥으로도 권력을 행사하려 한다. 그리고 자본주의 세계시장은 하나의 국가가 아니라 다수 국가의 상호작용체계로 운영되고 있고, 이것은 역사적으로 자본주의 발생 과정의 산물일 뿐만 아니라 자본 경쟁 논리에 의해 유지, 강화되고 있다(Anievas etal. 2010; Teschke and Lacher 2007; Wood 2006). 그 결과 국가들 사이의 지정학적 제국주의 경쟁은 자본주의 국제관계의 상수라고 할 수 있다. 앞선 논의에서 유추할 수 있듯이 새로운 검은 황금(석유)인 데이터를 안전하게 확보하는 것은 현재 자본주의 지정학적 경쟁의 주요 목표로 전환되고 있다. 그래서 중국이 자국의 새로운 해저 케이블망의 구축에 나서고 있고, 캐나다, 북유럽, 러시아가 북극해를 경유하는 해저 케이블망을 건설하려고 하는 등의 흐름이 가시화되고 있다(피트롱 2023: 6, 10장). 이에 더해 이제 지정학적 경쟁은 군사력과 경제력에

더 따거나 잃게 된다. 점수를 잃는 행동은 도둑질, 지하철에서 타인 시비 걸기, 노상 방뇨, 사적 모임에서 정부 비방, 정치시위 참석, 모스크 방문, (다른 나라에서도) 부적절한 책 읽기, (가족인 경우에도) 신용점수 낮은 사람과 교류하기 등이다. 신용점수가 낮은 시민은 사회적 서비스, 직업, 주택, 승진, 저당권, 기차승차, 콘서트 참가 등에서 불이익을 받는다. 반면에 좋은 행동으로 높은 점수를 쌓으면 혜택을 얻는다. 모든 사람이 다른 사람의 신용점수를 알 수 있고, 누구와 관계를 맺어야 하는지도 알 수 있다(페이라노 2021: 178-181).

토대를 둔 전통적인 전술 외에 사이버 해킹으로 경쟁하는 단계로 나아가고 있다(뷰캐넌 2023). 각 국가의 사이버 해킹작전은 중요 정보 누설과 조작을 통한 상대방 정부 신뢰도 타격, 여론 조작을 통한 선거 개입, 군사·공공·산업시설과 데이터센터의 마비를 통한 사회적 혼란 야기 등과 같이 첩보, 교란, 공격 분야에서 수행된다. 이런 사이버 해킹은 디지털 기술의 세계화로 인해 강대국뿐만 아니라 북한, 이란, UAE, 카타르 등이 증명하듯 소국들도 참여할 수 있고 정보통신망의 촘촘한 글로벌 연결 속에서 해당 지역에 대한 직접 공격만이 아니라 다른 모든 곳을 통한 우회 공격도 가능한 상태에 도달했다. 따라서 현재의 자본주의는 국가들의 억압능력 강화와 지정학적 경쟁의 격화를 낳고 있다고 할 수 있다. 더불어 이런 국가들의 억압능력 강화와 지정학적 경쟁의 격화도 앞서 열거한 자본주의 네 가지 경향을 촉진하고 그것들에 의해 촉진될 것이다.

이상의 동학 조망을 통해 디지털 플랫폼 감시 인공지능 자본주의는 고도로 발전하는 생산력을 기반으로 기존 자본주의 모순들인 노동 착취와 불평등과 양극화, 자본의 유기적 구성의 고도화와 주기적 위기 폭발, 인간 소외와 인간성 상실, 자연생태계 파괴, 국가의 억압능력과 제국주의 지정학적 경쟁을 각각 심화하면서도 양으로 상호작용하는 디스토피아를 초래할 것이라는 점을 예상할 수 있다.

6. 나가며

이 글은 변화하는 현재 자본주의를 디지털 플랫폼 감시 인공지능 자본주의라고 규정했다. 이것은 (본질상 연속적이고 반복 불가능한 자연계의 고유한 양을 재생할 수 있고 기억할 수 있는 확정되고 구획된 양으로 환원하는 도식에 기초하여 기계적으로 모든 계산을 가능하게 하는) 디지털이라는 범용기술을 기반으로 생산력을 고도로 발전시키는 디지털 자본주의, 이를 기반으로 자본의 회전 기간을 단축하기 위해 수요와 공급을 각각 조직하고 연계하는 플랫폼 자본주의, 이 과정에서 축적한 모든 데이터를 기반으로 인간의 미래 행동을 조작하려는 감시 자본주의, 그리고 이런 생산력 발전과정의 극단인 노동 소멸을 추구하는 인공지능 자본주의라는 네 가지 규정들을 종합한 것이다. 이 새롭게 규정된 자본주의의 자본축적 운동의 총체적 동학은 노동 착취와 이에 따른 불평등과 양극화의 심화, 자본의 유기적 구성의 고도화와 주기적 위기 폭발, 인간 소외의 심화와 인간성 상실, 자연생태계 파괴의 심화, 국가들의 억압능력 강화와 지정학적 제국주의 경쟁의 격화라는 체제 모순들의 심화와 이들의 양의 상호작용을 통한 디스토피아, 생지옥을 낳을 것이 예상된다.

그렇다면 이 다가오는 생지옥을 살만한 세상으로 바꾸기 위해 무엇을 해야 할 것인가. 이에 대한 답은 별도 작업이 필요하므로, 여기서 세 가지 원칙을 제시하는 것으로 갈음하겠다. 첫째, 이 생지옥의 살만한 세상으로의 전환은 자본주의 체제, 생산관계와 생산형식을 지양하고 자유로운 인간들의 새로운 사회적 관계를 생성해야만 성공할 수 있으므로 혁명의 성공이 필수적이다. 둘째, 혁명은 최대 다수가 주체로 참여하는 다수자 혁명이라야 성공할 수 있다. 왜냐하면, 혁명에 참여하는 사람만이 자신의 변화와 환경의 변화를 일치시키는 혁명적 실천을 할 수 있고, 이런 혁명적 실천에 최대 다수가 참가해야 사회혁명이 성공할 수 있기 때문이다. 셋째, 최대 다수의 사회혁명은 반드시 (소수의 지배와 다수의 수동화를 낳는) 대의제 민주주의가 아니라 진정한 민주주의 실천을 통해 성취해야 한다. 왜냐하면, 상설총회와 전업 추첨평의회의 진정한 민주주의 실천이 곧 최대 다수의 혁명적 실천이기 때문이다(하태규 2020; 2021 참조).

문제는 이런 원칙에 반대하지 않더라도 현실의 조건에 따라 가능한 것부터 성취하자는 운동의 관성이다. 혁명 대신에 가능한 개혁, 다수자 혁명 대신에 가능한 계급이나 집단의 혁명, 진정한 민주주의 대신에 가능한 소수 엘리트의 대의제…. 이런 관행은 모든 사회 운동을 지배해 왔다. 하지만, 다가오는 생지옥 앞에 개혁 운동이 무슨 의미가 있을까 싶다. 우리에겐 그야말로 혁명이냐 공멸이냐의 선택만이 남아 있다.

참고문헌

강이수, 2018, 「4차산업혁명과 디지털 성별 격차－여성노동의 쟁점과 현실」, ≪페미니즘연구≫ 18-1.

김공회, 2012, 「인지자본주의론의 가치론 이해비판」, ≪마르크스주의 연구≫ 9-1.

김상민, 2017, 「플랫폼 위에 놓인 자본주의 이후의 삶」, ≪문화과학≫ 92.

김상민 외, 2021, 「'인공지능 자본주의'라는 새로운 국면」, ≪문화과학≫ 105.

김어진, 2017, 「4차 산업혁명: 구글과 인지자본주의론 그리고 노동가치론」, ≪마르크스21≫ 22.

김창근, 2005, 「시점간 단일체계 접근과 새로운 가치 논쟁에 대한 평가」, ≪마르크스주의 연구≫ 2-1.

김홍중, 2022, 「플랫폼의 사회이론: 플랫폼 자본주의와 알고리즘 통치성을 중심으로」, ≪사회와 이론≫ 41.

나중규와 김종달, 2017, 「4차 산업혁명 논의의 비판적 고찰- 루이스 멈포드의 제도론의 관점에서」, ≪사회과학연구≫ 56-2.

네그리, 안토니오, 1994, 『맑스를 넘어선 맑스』, 윤수종 옮김, 새길.

네그리, 안토니오, 2012, 『전복의 정치학』, 최창석, 김낙근 옮김, 인간사랑.

네그리, 안토니오와 마이클 하트, 1996, 『디오니소스의 노동 1－국가형태 비판－』, 이원영 옮김, 갈무리.

네그리, 안토니오와 마이클 하트, 2001, 『제국』, 윤수종 옮김, 이학사.

네그리, 안토니오와 마이클 하트, 2008, 『다중』, 조정환, 정남영, 서창현 옮김, 세종서적.

다이어-위데포드, 닉, 2003, 『사이버-맑스: 첨단기술 자본주의에서 투쟁주기와 투쟁순환』, 신승철, 이현 옮김, 이후.

데닛, 데니얼 C., 2022, 『박테리아에서 바흐까지, 그리고 다시 박테리아로』, 신광복 옮김, 바다출판사.

루빈, 아이작 일리치, 1989, 『마르크스의 가치론』, 함상호 옮김, 이론과 실천.

리프킨, 제레미, 2005,『노동의 종말』, 이영호 옮김, 민음사.

리프킨, 제레미, 2014,『한계비용 제로 사회』, 안진환 옮김, 민음사.

마르크스, 카를, 1858(2000)a,『정치경제학비판 요강』I, 김호균 옮김, 백의.

마르크스, 카를, 1858(2000)b,『정치경제학비판 요강』II, 김호균 옮김, 백의.

마르크스, 카를, 1867(2015),『자본론』I, 김수행 옮김, 비봉.

박영균, 2011, 「무엇이 우리로 하여금 인지자본주의를 사유하도록 하는가」, ≪진보
평론≫ 49.

박재용, 2022,『불평등한 선진국』, 북루덴스.

박진호, 2017, 「인공지능 시대 도래에 따른 문제점 및 노동법적 쟁점 연구」, ≪법
조≫ 66-3.

박현웅, 2012, 「인지자본주의에서의 '가치론'의 문제」, ≪마르크스주의 연구≫
9-1.

백욱인, 2018, 「인공지능과 인지 자본주의 비판」, ≪동향과 전망≫ 103.

뷰캐넌, 벤, 2023,『해커와 국가』, 강기석 옮김, 두번째테제.

브린욜프슨, 에릭과 앤드루 맥아피, 2014,『제2의 기계 시대』, 이한음 옮김, 청림
출판.

서르닉, 닉, 2020,『플랫폼 자본주의』, 심성보 옮김, 킹콩북.

서스킨드, 리처드와 대니얼 서스킨드, 2016,『4차 산업혁명의 시대, 전문직의
미래』, 위대선 옮김. 와이즈베리.

석주려, 2023, 「중국 영상 콘텐츠 플랫폼의 기계 지능 적용에 따른 도구주의
권력 리스크 연구」, 중앙대 박사학위논문.

송강직, 2018, 「제4차 산업혁명이 노동법제에 미치는 영향, 일본에서의 논의를
중심으로」, ≪중앙법학≫ 20-2.

송성수, 2017, 「산업혁명의 역사적 전개와 4차 산업혁명론의 위상」, ≪과학기술연
구≫ 17-2.

심광현 외 2020,『인간혁명에서 사회혁명까지』, 희망읽기.

안현효, 2012, 「인지자본주의와 기본소득」, ≪마르크스주의 연구≫ 9-1.

안현효, 2019, 「기본소득을 통한 4차 산업혁명기 교육혁신의 실천」, ≪마르크스주
의 연구≫ 16-1.

윤기영, 2018, 「디지털 범용기술의 출현과 디지털 트랜스포메이션의 전개」, ≪미래연구≫ 3-2.

이동화, 2019, 「제4차 산업혁명과 노동-가톨릭 사회교리의 관점에서」, ≪인격주의 생명윤리≫ 9-2.

이문호, 2020, 「4차 산업혁명을 둘러싼 쟁점들-'노동사회학적 관점'에서-」, ≪노동연구≫ 40.

이병훈, 2018, 「4차 산업혁명과 노사관계, 노사갈등 이슈와 서구 노조들의 대응전략을 중심으로」, ≪한국사회정책≫ 25-2.

이인재, 2017, 「제4차 산업혁명과 노동정책 패러다임」, ≪선진화 정책시리즈≫.

이항우, 2014, 「정동 경제의 가치 논리와 빅데이터 폴리네이션」, ≪경제와 사회≫ 104.

이항우, 2019, 「정동과 자본: 담론, 일반 지성 그리고 정동 자본주의」, ≪경제와 사회≫ 122.

이형준, 2019, 「디지털 전환시대 일자리 변화와 노동법의 과제」, ≪사회법연구≫ 37.

장상준, 2019, 「플랫폼노동종사자의 근로자성에 관한 소고」, ≪사회법연구≫ 37.

장지연, 2022, 「플랫폼 자본주의 시대의 노동」, ≪산업관계연구≫ 32-4.

장진호, 2020, 「플랫폼 자본주의의 부상과 문제들」, ≪인문과학연구≫ 42.

전희상, 2011, 「인지자본주의의 노동가치론 해석 비판」, ≪마르크스주의 연구≫ 8-4.

전희상, 2012, 「인지자본주의의 노동가치론 해석에 대한 비판을 재확인한다」, ≪마르크스주의 연구≫ 9-1.

정성진, 2004, 「『제국』: 마르크스주의적 비판」, ≪마르크스주의 연구≫ 1-1

조성혜, 2017, 「디지털플랫폼 노동 종사자의 근로자성 여부」, ≪노동법학≫ 64.

조정환, 2010, 「인지자본주의에서 가치화와 착취의 문제」, ≪문화과학≫ 64.

조정환, 2011, 『인지자본주의』, 갈무리.

조정환, 2012, 「인지자본주의에서 가치법칙의 위기와 변형은 가치론의 탈경제학적·정치적 해석을 요구한다」, ≪마르크스주의 연구≫ 9-1.

조정환, 2017, 『절대민주주의: 신자유주의 이후의 생명과 정치』, 갈무리.

조정환, 2022, 「대안 패러다임의 전망, 인지자본주의적 포획에 맞서는 공통장 운동과 다중의 절대민주주의적 섭정」, ≪공동체문화와 민속연구≫ 4.

존스, 필, 2022, 『노동자 없는 노동: 플랫폼 자본주의의 민낯과 미세노동의 탄생』, 김고은 옮김, 롤로코스트.

주보프, 쇼샤나, 2021, 『감시 자본주의 시대』, 김보영 옮김, 문학사상.

최철웅, 2017, 「플랫폼 자본주의의 정치경제학, 사회적 삶의 상품화와 노동의 미래」, ≪문화과학≫ 92.

캘리니코스, 알렉스 외, 2007, 『제국이라는 유령』, 김정한과 안중철 옮김, 이매진.

커즈와일, 레이, 2007, 『특이점이 온다』, 김명남, 장시형 옮김, 김영사.

페이라노, 마르타, 2021, 『우리의 적들은 시스템을 알고 있다』, 최사라 옮김, 시대의 창.

피케티, 토마, 2014, 『21세기 자본』, 장경덕 외 옮김, 글항아리.

피트롱, 기욤, 2023, 『'좋아요'는 어떻게 지구를 파괴하는가』, 양영란 옮김, 갈라파고스.

하대청, 2018, 「루프 속의 프레카리아트, 인공지능 속 인간 노동과 기술정치」, ≪경제와 사회≫ 118.

하대청, 2019, 「휠체어 탄 인공지능: 자율적 기술에서 상호의존과 돌봄의 기술로」, ≪과학기술학연구≫ 19-2.

하라리, 유발, 2018, 『21세기를 위한 21가지 제언』, 전병권 옮김, 김영사.

하태규, 2015, 「인지 자본주의와 정보재 가치」, ≪사회경제평론≫ 47.

하태규, 2019a, 「마르크스의 방법, 관계와 형식으로서의 사회 분석」, ≪사회경제평론≫ 59.

하태규, 2019b, 「마르크스의 계급개념 다시 생각하기」, ≪진보평론≫ 82.

하태규, 2020, 『아테네 마르크스 민주주의』, 두번째테제.

하태규, 2021, 「21세기 사회주의를 위한 정당 모델」, ≪마르크스주의 연구≫ 18-2.

하태규, 2022, 「『마르크스의 부활』을 읽고서」, ≪마르크스주의 연구≫ 19-4.

Altenried, Moritz, 2020, "The platform as factory: Crowdwork and the hidden labour behind artificial intelligence", *Capital & Class*, 44-2.

Andrejevic, Mark, 2009, "Exploiting YouTube: Contradictions of User-Generated

Labor" in Pelle Snickars and Patrick Vonderau, eds., *The YouTube Reader*, Mediehistoriskt Arkiv 12.

Andrejevic, Mark, 2011, "The Work That Affective Economics Does", *Cultural Studies*, 25-4/5.

Anievas, A. etal., 2010, *Marxism and World Politics*, Routledge.

Arntz, Melanie etal., 2016, "The Risk of Automation for Jobs in OECD Countries: A Comparative Analysis", *OECD Social, Employment and Migration Working Papers* 189.

Arthur, C.J., 2004, *The New Dialectic and Marx's Capital*, Brill.

Artz, Lee, 2008, "Media Relations and Media Product: Audience Commodity", *Democratic Communiqué* 22-1.

Arvidsson, A., and Elanor Colleoni, 2012, "Value in informational capitalism and on the Internet", *The Information Society* 28-3.

Autor, David, 2014, "Polanyi's Paradox and the Shape of Employment Growth", *NBER* working paper 20485.

Autor, David, 2015, "Why Are There Still So Many Jobs? The History and Future of Workplace Automation", *Journal of Economic Perspectives* 29-3.

Betancourt, Michael, 2015, *The Critique of Digital Capitalism: An Analysis of the Political Economy of Digital Culture and Technology*, punctum books.

Beverungen, Armin et al., 2015, "Free Labour, Social Media, Management: Challenging Marxist Organization Studies", *Organization Studies* 36-4.

Bauwens, Michel, 2005, "P2P and Human Evolution: Peer to peer as the premise of a new mode of civilization", Foundation for P2P Alternatives, London.

Caffentzis, George, 2005, "Immeasurable Value?: An Essay on Marx's Legacy", *The Commoner* 10.

Caffentzis, George, 2013, *In Letters of Blood and Fire: Work, Machines, and the Crisis of Capitalism*, PM press.

Camfield, David, 2007, "The Multitude and the Kangaroo: A Critique of Hardt and Negri's Theory of Immaterial Labour", *Historical Materialism* 15-2.

Caraway, B., 2011, "Audience labour in the new media environment: A Marxist revisiting of the audience commodity", *Media, Culture & Society* 33.

Carchedi, Guglielmo and Werner de Haan, 1996, "The transformation procedure: a non-equilibrium approach", in *Marx and Non-equilibrium Economics*, ed. by Alan Freeman and Guglielmo Carchedi, Monograph book.

Carchedi, Guglielmo, 1991, *Frontiers of Political Economy*, Verso.

Carchedi, Guglielmo, 2009, "The Fallacies of 'New Dialectics' and Value-Form Theory", *Historical Materialism* 17.

Carchedi, Guglielmo, 2011, *Behind the Crisis*, Brill.

Carchedi, Guglielmo, 2014, "Old wine, new bottles and the Internet", *Work Organisation, Labour & Globalisation* 8-1.

Chandler, Dave, et al. 2019, *Digital Objects, Digital Subjects: Interdisciplinary Perspectives on Capitalism, Labour and Politics in the Age of Big Data*, ed. by Chandler, Dave and Christian Fuchs, University of Westminster Press.

Cinnamon, J. 2017. "Social injustice in surveillance capitalism", *Surveillance & Society* 15-5.

Collier, Ruth Berins etal., 2017, "Labor Platforms and Gig Work: The Failure to Regulate", *IRLE* working paper 106-17.

Dyer-Witheford, Nick, 2015, *Cyber-Proletariat: Global Labour in the Digital Vortex*, Pluto Press.

Eisenmann, Thomas etal., 2006, "Strategies for Two-Sided Mark", *Harvard business review* October.

Fisher, Eran, 2012, "How Less Alienation Creates More Exploitation? Audience Labour on Social Network Sites", *tripleC* 10-2.

Frey, C.B. and M.A. Osborne, 2017, "The future of employment: How susceptible are jobs to computerization?", *Technological Forecasting & Social Change* 114.

Fuchs, Christian, 2010, "Labor in informational capitalism and on the Internet", *The Information Society* 26-3.

Fuchs, Christian, 2012, "With or without Marx? With or without capitalism? A rejoinder to Adam Arvidsson and Eleanor Colleoni", *tripleC* 10-2.

Fuchs, Christian, 2014, *Digital Labour and Karl Marx*, Routledge.

Fuchs, Christian, 2021, *Digital Capitalism: Media, Communication and Society Volume Three*, Routledge.

Gorz, André, 1985, *Paths to Paradise: On the Liberation from Work*, South End Press.

Henninger, Max, 2007, "Doing the Math: Reflections on the Alleged Obscolescence of the Law of Value under Post-Fordism", *Ephemera* 7-1.

Kenney, Martin etal., 2021, "The platform economy matures: measuring pervasiveness and exploring power", *Socio-Economic Review* 19-4.

Kicillof, Axel and Guido Starosta, 2007, "On Materiality and Social Form: A Political Critique of Rubin's Value-Form Theory", *Historical Materialism* 15.

Kliman, Andrew and A. Freedman, 2009a, "The Truthiness of Veneziani's Critique of Marx and TSSI", ≪마르크스주의 연구≫ 6-2.

Kliman, Andrew and A. Freedman, 2009b, "Moseley and Rieu's Useless and Erroneous Activity", ≪마르크스주의 연구≫ 6-3.

Kliman, Andrew and A. Freedman, 2009c, "No Longer a Question of Truth?", ≪마르크스주의 연구≫ 6-3.

Kliman, Andrew and T. McGlone, 1988, "The transformation non-problem and the non-transformation problem", *Capital & Class* 12-2.

Kliman, Andrew and T. McGlone, 1999, "A Temporal Single-System Interpretation of Marx's Value Theory", *Review of Political Economy* 11-1.

Kliman, Andrew, 2007, *Reclaiming Marx's "Capial"*, Lexington books.

Kliman, Andrew, 2011, "On Capitalism's Historical Specificity and Price Determination", *Critique of Political Economy* 1.

Kostakis, Vasilis, 2009, "The Amateur Class, or, The Reserve Army of the Web", *Rethinking Marxism* 21-3.

Lazzarato, Maurizio, 1996, "Immaterail Labor", in *Radical Thought in Italy: A*

Potential Politics, ed. by Paolo Virno and Michael Hardt, University of Minnesota Press.

Lebowitz, Michael A., 1986, "Too Many Blindspots on the Media", *A Socialist Review* 26.

Lehtiniemi, T. 2017, "Personal data spaces: An intervention in surveillance capitalism?", *Surveillance & Society* 15-5.

Likitkijsomboon, Pichit, 1995, "Marxian Theories of Value-Form", *Review of Radical Political Economics* 27-2.

Marx & Engels Collected Works, 1861-1863(1988), *MECW* 30, Progress Publishers.

Marx/Engels Gesamtausgabe, 1857/58(1981), *MEGA2II*.01.2, Dietz Verlag.

Marx/Engels Gesamtausgabe, 1861/63(1976), *MEGA2II*.03.1, Dietz Verlag.

Marx/Engels Gesamtausgabe, 1890(1991), *MEGA2II*.10, Dietz Verlag.

Marx/Engels Gesamtausgabe, 1894(2004), *MEGA2II*.15, Dietz Verlag.

Mathers, Alex, 2020, "Universal basic income and cognitive capitalism: A post-work dystopia in the making?", *Capital & Class* 44-3.

Mohun, Simon, 2004, "The labour theory of value as foundation for empirical investigations", *Metroeconomica* 55-1.

Mohun, Simon and R. Veneziani, 2009, "The Temporal Single-System Interpretation: Underdetermination and Inconsistency", ≪마르크스주의 연구≫ 6-3.

Mosley, F. and Dong-Min Rieu, 2009, "A critic of Kliman and Mcglone's Two-commodity reputation of the Okishio Theorem", ≪마르크스주의 연구≫ 6-3.

Mosley, F., 1997, "Abstract labor: substance or form? A critique of the value-form interpretation of Marx's theory", ⟨electronic version⟩.

Mosley, F., 2017, "Money and Totality: A Macro-Monetary Interpretation of Marx's Logic in *Capital* and the End of the 'Transformation Problem'", *International Journal of Political Economy* 46-1.

Moulier-Boutang, Yann, 2011, *Cognitive Capitalism*, Polity.

Murray, Georgina and David Peetz, 2020, "Has Exploitation Transformed? A

Critical Analysis of the Theory of Cognitive Capitalism", *Perspectives on Global Development and Technology* 19.

Negri, A., 1999, "Value and affect", *Boundary 2* 26-2.

Peters, Michael A., 2022, "Capitalism, and Knowledge Socialism", *Analysis & Metaphysics* 21.

Popowich, Sam, 2019, "'The Power of Knowledge, Objectified': Immaterial Labor, Cognitive Capitalism, and Academic Librarianship", *Library Trends* 68.

Reuten, Geert, 1993, "The difficult labor of a theory of social value: metaphors and systematic dialectics at the beginning of Marx's *Capital*", in *Marx's method in 'Capital'; a reexamination,* ed. by F. Moseley, Humanities Press.

Reveley, James, 2013, "The Exploitative Web: Misuses of Marx in Critical Social Media Studies", *Science & Society* 77-4.

Rey, Paul J., 2012, "Alienation, Exploitation, and Social Media", *American Behavioral Scientist* 56-4.

Rigi, Jakob, 2014, "Foundations of a Marxist Theory of the Political Economy of Information: Trade Secrets and Intellectual Property, and the Production of Relative Surplus Value and the Extraction of Rent-Tribute", *tripleC* 12-2.

Rigi, Jakob, 2015, "The Demise of the Marxian Law of Value? A Critique of Michael Hardt and Antonio Negri", in *Reconsidering Value and Labour in the Digital Age,* ed. by Eran Fisher and Christian Fuchs, palgrave macmillan.

Robles-Báez, ML., 2004, "On the abstraction of labour as a social determination", in *The new value controversy and the foundations of economics,* ed. by A. Freeman, A. Kliman and J. Wells, Edward Elgar.

Rochet, Jean-Charles and Jean Tirole, 2004, "Two-Sided Markets: An Overview", *Institut d'Economie Industrielle* working paper.

Ross, Andrew et al., 2013, *Digital Labor: The Internet as Playground and Factory,* ed. by Trebor Scholz, Routledge.

Shachar, Itamar Y. and Lesley Hustinx, 2019, "Settling the Neoliberal Contradiction through Corporate Volunteering: Governing Employees in the Era of

Cognitive Capitalism", *Journal of Contemporary Ethnography* 48-6.

Smith, Tony, 2012, "Is Socialism Relevant in the 'Networked Information Age'?", in the *Taking Socialism Seriously*, ed. by Anatole Anton and Richard Schmitt, Lexington books.

Smith, Tony, 2014, "The 'General Intellect' in the Grundrisse and Beyond", *Historical Materialism*, 21-4.

Smythe, D., 1977, "Communications: The Blindspot of Western Marxism", *Canadian Journal of Political and Social Theory* 1-3.

Sprague, Robert, 2015, "Worker (Mis)Classification in the Sharing Economy: Trying to Fit Square Pegs into Round Holes", *ABA Journal of Labor & Employment Law* 31-1.

Srnicek, Nick and Alex Williams, 2016, *Inventing the Future: Postcapitalism and a World Without Work*, Verso.

Starosta, Guido, 2012, "Cognitive Commodities and the Value-Form", *Science & Society* 76-3.

Teixeira, Rodrigo Alves and Tomas Nielsen Rotta, 2012, "Valueless Knowledge Commodities and Financialization: Productive and Financial Dimensions of Capital Autonomization", *Review of Radical Political Economics* 44-4.

Terranova, Tiziana, 2000, "Free Labor: Producing Culture for the Digital Economy", *Social Text* 18-2.

Terranova, Tiziana, 2004, *Network Culture: Politics for the Information Age*, Pluto Press.

Teschke B. and H. Lacher, 2007, "The changing 'logics' of capitalist competition", *Cambridge Review of Int.Affairs*, 20-4.

Vercellone, Carlo, 2005, "The Hypothesis of Cognitive Capitalism", Paper presented to *Historical Materialism* Conference, Birkbeck College and SOAS, London (November 4-5).

Vercellone, Carlo, 2007, "From Formal Subsumption to General Intellect: Elements for a Marxist Reading of the Thesis of Cognitive Capitalism", *Historical*

Materialism 15-1.

Veneziani, R., 2004, "The Temporal Single-System Interpretation of Marx's Economics", *Metroeconomica* 55-1.

Vianna, F. R. P. M., & Meneghetti, F. K., 2020, "Is it crowdsourcing or crowdsensing? An analysis of human participation in digital platforms in the age of surveillance capitalism", *REAd. Revista Eletrônica de Administração* (Porto Alegre) 26.

Virno, Paolo. 1996, "The ambivalence of Disenchantment", in *Radical Thought in Italy: A Potential Politics*, ed. by Paolo Virno and Michael Hardt, University of Minnesota Press.

Wight, L., & Cooper, S, 2022, "Binge-watching: Cultural Studies and developing critical literacy in the age of surveillance capitalism". *Continuum* 36.

Wittel, Andreas, 2012, "Digital Marx: Toward a Political Economy of Distributed Media", *tripleC* 10-2.

Wood, F. M., 2006, "Logics of Power: A Conversation with D. Havey", *Historical Materialism,* 14-4.

Zeller, Christian, 2008, "From the gene to the globe: Extracting rents based on intellectual property monopolies", *Review of International Political Economy* 15-1.

Zuboff, Shoshana, 2015, "Big other: surveillance capitalism and the prospects of an information civilization", *Journal of information technology* 30.

2부

. . .

현장

*2부에 실린 글들은 「사단법인 생명평화민주주의연구소」가 매월 발간하는 생명·평화·민주주의 전문 웹진 『正道精進』에 2023년 1월부터 12월까지 실린 현장 운동가들의 목소리다. 이 중 일부는 사회적경제 미디어 '이로운넷'에 공동 게재되었다.

한국 노동운동의 현실과 전망

| 이영주_노동해방을 위한 좌파활동가 전국결집 공동대표,
sislyj@hanmail.net |

1. '민주노총은 어떻게 사회적 투쟁을 하게 되었습니까?'

2016년, 미국 노총의 한 간부가 민주노총을 방문했다. 그는 제일 먼저 커다란 여행 배낭에서 지구 반 바퀴를 돌아 온 선물이라며 위스키 한 병을 꺼냈다. 본인은 민주노총에 대해 궁금한 것이 아주 많다고, 미리 질문할 것들을 수첩에 정리해 왔다고, 예정된 1시간보다 간담회가 조금 더 길어져도 될지를 물었다. 그의 눈은 호기심으로 빛났다. 그리고 첫 질문을 시작했다. '민주노총은 어떻게 이런 사회적 투쟁을 하게 되었습니까?'

그냥 답을 하기에는 질문이 너무 광범위해서, 궁금한 내용을 구체적으로 설명해 달라고 했다.

"노동조합은 사업장에서의 노동자 근무여건 개선이나 임금인상을 위해 투쟁하는 조직입니다. 그런데, 민주노총은 박근혜 정권에 맞선 총파업, 민중총궐기 등, 어떻게 사회 변혁을 위해 투쟁하게 되었습니까?"

민주노총 조합원들이 너무나 당연하게 생각하는, 하지만 종종 현실에서 잊고 사는 것. 그의 질문은 바로 한국 노동운동에서의 화두, 민주노조의 정체성이다.

나는 간략하게 한국 노동조합 운동의 역사와 함께 한국에서는 노동자 투쟁이 곧 한국사회 민주주의를 발전시켜왔음을 설명하였다. 그렇게 만들어진 87년 이후의 민주노조 역사를 이야기하고, 민주노총 강령을 보여주었다.

그리고 미국의 노동운동에 대해 고민이 많아 보이는 그에게, 위로와 용기의 말을 건넸다.

"한국노동운동이 언제나 그러했던 것은 아닙니다. 단지 최근 박근혜라는 조직부장을 만나, 다시 민주노조의 역할에 대한 초심을 되찾고 있습니다. 미국에도 지금 트럼프가 있으니, 미국의 동지들께서도 희망을 갖고 도전해 보십시오."

간담회를 마치고 우리는 지구 반 바퀴를 돌며 세계 노동자들을 만나고 왔다는 위스키로 함께 건배를 했다. '세계 노동자는 하나다!'

2. 자본주의 사회에서 노동조합운동이 당면하는 한계

민주노총 사무총장 임기를 마치고 수감되어 있던 2018년, 미국 노총의 그 동지가 서울구치소로 면회를 왔다. 한국에서 받은 영감으로, 지난 2년간 전국을 다니며 미국 노동조합 간부들에게 사회변혁을 위한 노동운동을 하자고 설득하였다고 한다. 함께 면회를 온 동지는 자신의

팔뚝에 새긴 "투쟁"이라는 한글 타투를 보여주었다. 정당에 대한 지지와 로비로 획득하는 실리적 조합주의. 정당의 노동조합 길들이기가 한계에 도달하면서, 미국에서도 이에 대한 반작용이 일어나기 시작하나보다.

2017년 여름에도, 여러 나라에서 민주노총으로 온/오프 인터뷰 요청이 왔다. 세계 많은 노동자들은 한국의 민중총궐기와 촛불투쟁은 노동자들이 주도하여 만든 투쟁이고, 그 중심에 민주노총이 있음을 인지하고 있다. 세계 노동자들이 바라보는 한국의 노동운동은 이러하다.

사실 한국의 노동운동은 지난 100여 년을 그렇게 달려왔다. 자신의 자리에서 끊임없이 투쟁하며 근무여건을 개선하고, 임금인상을 요구하고, 한국사회의 변화에 앞장서며 노동자가 인간답게 사는 세상을 만들어왔다.

그렇게 노동기본권을 쟁취하기 위해 각자의 자리에서 쉬지 않고 투쟁해왔는데, 그러나 오늘 돌아보니, 제자리걸음이다. 물질적으로 풍요로와진 건 맞는데, 먹고살만해졌다고들 하는데, 어느 날인가부터 정규직/비정규직, 원청/하청, 특수고용/간접고용/개인사업자, 플랫폼노동 등 노동자계급은 조각나고, 노동조합은 단결이 불가능한 조직이 되었다.

권리가 눈앞에 놓여 있어도 노동자들이 내 것인지도 모를 때는 자본도 신경 쓰지 않았지만, 노동자들이 알아보기 시작하자, 자본은 노동자들의 권리를 하나씩 거둬가고 있다. 애초 내 건 줄 모르고 살았던 긴 세월 끝이라, 이제 와서 빼앗겨도 빼앗겼다는 분노도 없이,

그렇게 우리는 지금 합법적으로 노동자의 단결도, 계급마저도 빼앗기고 있다. 도대체, 어디에서부터 문제였던 걸까!

미국의 실리적 조합주의 운동에 대해 노동자들이 한계를 느끼기 시작했다면, 한국의 노동조합운동도 한계를 겪고 있다. 단결해도 승리하지 못하고, 투쟁해도 전진하지 못하고 있다는 현실에 대한 회의감과 자괴감. 이는 계급적 단결을 깨고, 현실에서의 타협을 만들어낸다. 크고 작은 권력에 의지하고 투항하게 만든다.

계급적 단결투쟁이 불가능해진 공간을 인권적 연대가 채우고 있다. 조직적 파업이 불가능해진 틈새를 개인의 도덕적 헌신이 메꾸고 있다. 자본과 정권의 폭력성은 점점 더 정교하고 악랄해지지만, 노동자의 저항은 물리적 투쟁 대신 안정적 집회와 문화제, 피켓팅 등으로 교양 있게 정착되고 있다. 연대는 투쟁하는 노동자들에게 힘을 줄 수 있으나, 자본에게 타격을 주지 못한다. 세상을 바꾸기에는 역부족이다. 그래서 당사자들은 더욱 처절한 방식을 선택한다. 고공농성으로, 단식으로, 오체투지로, 자신의 몸을 혹사한다. 도대체 무엇이 문제였던 걸까!

우리가 잊고 있었던 것이 있다. 노동조합이 가지는 태생적 한계이다. 산업혁명 이후, 노동조합은 자본주의의 지속가능성을 위해 자본이 물러난 공간에서 탄생하였다. 자본주의 사회에서 자본은 물러나는 것이 유리하다고 판단할 때에만 양보하고 물러난다. 이것이 노동조합의 역사가 노동운동에 전해주는 교훈이다. 노동운동의 전망은 이 교훈으로부터 찾아야한다.

3. 오늘 미조직노동자들은, 왜 노동운동을 지지하지 않는가!

1970년 전태일 열사의 투쟁은 한국사회를 흔들었다. 87년 7, 8, 9노동
자대투쟁에 나서며 노동자들은 폭발적으로 조직되기 시작하였다.
96, 97총파업은 전국적인 지지를 받으며, 국회에서 날치기 통과된
법안을 다시 끌어내 폐기시켰다.

그때는 그랬다. 투쟁하는 노동자와 나는 하나였다. 노동자의 권리를
이야기하는 사람은 나를 대신하여 싸우는 사람이다. 용기가 없어서,
두려움으로 나서지 못하는 나를 대신하여, 희생을 각오한 사람이었다.
모두를 위해 힘들지만 옳은 일을 하는 사람, 그래서 그들과 함께
하지 못하더라도 마음속에는 미안함과 고마움이 있었다.

그런데, 어느 순간 노동운동은 국민은 물론 노동자들의 지지도
받지 못하고 있다. 노동운동이 아니라, '노동조합' 운동이 되었다.
노동조합으로 조직된 당사자들의 권리를 위한 운동이다. 물론 이는
정권과 자본이 장악한 언론의 영향도 크지만, 그렇게만 치부할 일은
결코 아니다.

2015년 박근혜 정권에서 추진한 노동개악에 대해 민주노총이 '쉬운
해고반대'라고 외쳤을 때, 언론에서는 정부정책에 대해 가장 쉽고
핵심적이며 대중적으로 만든 '카피'라고 평가했다. 또한 바로 박근혜
정권에서, '노동혁신은 절대 쉬운 해고를 만드는 정책이 아니다'라고
빠르게 반박 입장을 낸 것을 보면, 그만큼 언론전은 성공적이었고
프레임도 효과적이었다.

그러나 비정규직 노동자들의 반응은 싸늘했다. '너희는 이제 해고당

하냐? 우리는 이미 늘 해고당하고 있었다.' 정말 마음 아프지만, '쉬운해
고반대'는 정규직노동자들의 구호였다. 지금, 운동적으로 또는 논리적
으로 옳고 그름을 논쟁하자는 것은 아니다. 단지 한국의 노동자들이
놓여 있는 현실을 이야기하는 것이다.

정당한 노동자의 권리를 주장하고 있는 민주노총의 투쟁에 미조직
노동자들이 지지를 보내지 않는 현실은, 어찌 보면 조직노동자들이
자초한 결과이다.

예전에는 대공장 정규직의 임금협상이 부품사의 임금인상에 차례
대로 영향을 주었다. 한 사업장의 노동조건 개선은 다른 사업장에
영향을 주었다. 그래서 투쟁은 도미노처럼 번지고, 권리도 도미노처럼
쟁취되었다. 세상의 수많은 길처럼, 노동자들은 서로서로에게 연결되
어 있었다.

그러나 자본은 끊임없이 노동시간과 고용형태, 임금을 다양화/유연
화 하였고, 조직된 노동자들은 내 권리가 침해되지 않는다면, 내 노동조
건이 악화되지 않는다면 내 주변의 노동조건 변화에 신경 쓰지 않았다.
그러는 사이에 노동자들은 조각조각 분절되고 위계가 생기고 개별화되
었다.

현재의 노동조건에서는 더 이상 조직노동자들의 투쟁은 미조직노동
자들의 삶에 바로 영향을 주지 않는다. 원청의 임금인상은 하청의
임금인상과 무관하다. 이는 원청 노동자들의 임금이 상대적으로 고임
금이라는 의미일 뿐 아니라, 조직노동자들의 투쟁은 미조직노동자들
과 연결되지 못하고 섬처럼 고립되었다는 의미이기도 하다.

정당한 노동자의 권리를 주장하는 민주노총의 투쟁에 미조직 노동자

들이 지지를 보내지 않는 현실은, 우리의 삶이 서로 연결되어 있지 않기 때문이다. 노동개악의 위험성보다, 현재 본인들의 근로조건이 더 열악하기 때문이다.

4. 노동개악을 저지한 민주노총의 두 번의 경험

그러나 한국의 노동운동은 96, 97년 이후 노동개악에 속수무책으로 당해왔다. 자본이 스스로 물러나는 게 유리하다고 느낄 때까지, 조직노동자들은 끝까지 투쟁하지 않았다.

안타깝게도 그렇게 진행된 노동개악은 노동자 개인의 삶을 파괴하는 것뿐 아니라, 노동운동을 무력화시켰다. 노동개악은 노동운동을 노동자들과 분리하여 '노동조합'운동으로 고립시키는 데 성공하였다. 그리고 노동개악의 성사는 대체로 노동자들이 방심한 민주당 정권 때였다.

YS-DJ 정권	▷1998년 정리해고제, 변형근로시간제, 파견근로제 도입
노무현 정권	▷2006년 비정규악법(기간제법 등) 제정
이명박 정권	▷복수노조-타임오프제 시행
문재인 정권	▷탄력/선택근로제 개악, 휴일근무중복할증폐지, 특별연장근로 전면 허용, 최저임금 산입범위 개악, 직무성과급제 확대 추진

그래서 민주노총이 성공한 두 번의 노동개악 저지의 경험은 매우 소중하다. 그 투쟁을 교훈으로 이후의 노동운동의 전망을 만들기 위한 전략투쟁을 준비해야 한다. 자본과 정권이 물러설 때까지 투쟁을 멈추지 말아야 한다.

그러기 위해서는 총자본에 맞선 총노동 전선을 준비해야 한다. 현 사회의 의회중심 대리정치도 중요하나, 노동자가 직접 정치의 주체가 되어야 한다. 노동자와 노동조합이 정치투쟁의 주체로 정치세력화해야 한다.

● 1996/97 노개투 총파업의 국회 날치기 통과 법안 폐기

87년 노동자대투쟁 이후 민주노조운동은 폭발적인 성장을 했다. 전국투본, 전노협, 전노대를 거쳐 민주노총이 건설되었다. 96년 12월 26일, 노동관계법 및 안기부법에 대한 신한국당 단독의 국회 날치기 통과로부터 시작되어 두 달 동안 이어진 정치파업과 가두집회는, 마침내 국회에서 이미 통과된 법을 다시 폐기시켰다. 정리해고제 도입 등 노동법 개악저지를 위한 96/97 노개투 총파업으로 노동자가 세상을 멈출 수 있음을 확인하게 되었다.

그러나 1998년 민주노총 집행부가 1기 노사정위원회에서 정리해고제를 합의하면서, 1998년 정리해고제, 변형근로시간제, 파견근로제가 도입되었고, 노무현 정권에서 비정규악법(기간제법 등)이 제정되었다. 이명박 정권에서 복수노조-타임오프제가 시행되었다.

● 2015~2017년 박근혜 정권의 노동개악 저지

2013년 들어선 박근혜 정권은 끊임없이 노동자를 협박하며 노동개악을 시도하였으나, 2015년 민주노총은 구속/벌금/기소 등 모든 총파업 피해자를 지원하기 위한 투쟁기금 60억을 결의하고, 지속적으로 총파업과 민중총궐기로 맞서며 투쟁하였다. 끊임없는 민주노총의 투쟁이 마중물이 되어 촛불투쟁이 만들어지고, 그리고 마침내 박근혜탄핵으로 이어졌다. 집권 초기부터 적극적으로 추진하던 박근혜 정권의 노동개악 시도는 결과적으로 저지되었다.

촛불투쟁 이후 들어선 문재인정부는 박근혜 정권에서 노동자들이 저지한 노동개악을 바로 다시 추진하였다. 탄력/선택근로제 개악, 휴일근무 중복할증폐지, 특별연장근로 전면 허용, 최저임금 산입범위가 개악되었고, 직무성과급제 확대 시도 등이 추진되었다.

● **노동개악을 저지한 두 투쟁에서 중요한 것은 주체정세 정치정세에 주요 영향을 미치는 것 역시 주체정세다. 주체적 정세는 전제조건이 아니라, 노동조합이 진단하고 만들 과제이다.**

96, 97 노개투총파업으로 노동개악을 폐기한 것도 민주노총이며, 다시 합의한 것도 민주노총임을 기억해야 한다. 박근혜 정권 내내 투쟁으로 노동개악을 저지한 것도 민주노총 조합원이며, 문재인 정권에서 바로 노동개악을 용인한 것도 민주노총 조합원임을, 무겁게 직시하고 아프게 성찰해야 한다.

또 하나 주의 깊게 살펴야 하는 것은 노동자민중의 지지이다. 96, 97 노개투총파업에는 1996년 12월 26일~1997년 1월 18일 약 24일간 528개 노조 40만 3,179명이 한 번 이상 파업에 참가했다. 이는 당시 민주노총 소속 조합원(49만 6,908명)의 81.1%에 이르는 숫자다. 그리고 총파업 진행과정에서 지속적으로 사회적 지지를 받았다.

87년 6월항쟁은 종교계/시민 등 중간계급의 민주화투쟁으로 시작되어 노동자 투쟁으로 이어졌다. 그러나 96/97총파업과 2015총파업/총궐기-2016/2017촛불투쟁은 노동자들의 확고한 투쟁을 통해서 민중의 투쟁과 일반 국민의 지지를 이끌어냈다. 그리고 2017년 촛불투쟁이후 노동조합에 대한 국민 인식은 1987년 6월 항쟁과 노동자대투쟁의 여운이 남아 있던 89년 수준으로 높아졌다는 조사 결과가 있다. 민주노총의 투쟁이 노동조합에 대한 국민인식을 긍정적으로 변화시켰음을 확인할 수 있다.

5. 노노갈등의 근원, 「자본을 위한 근로기준법」+「노조를 통제하는 노동조합법」

노동개악의 과정을 보면 조직노동자와 미조직노동자의 갈등은 예정된 일이다. 그 근본원인 중 하나는 「자본을 위한 **근로기준법**」과 「노조를 관리/탄압하기 위한 **노동조합법**」이다. 물론 주범은 노동관련법을 이렇게 지속적으로 개악한 한국의 자본과 정권이지만, 그 적대감은 바로 옆에 있는 조직노동자에게 향할 수밖에 없다. 그리고 이는 이러한 자본의 만행을 저지하지 못한 조직노동자가 감당해야 할 몫이기도 하다.

◦ 노조를 통제하는 「노동조합법」

아래의 통계자료를 보면 한국에는 300명 이상 사업장에 주로 노동조합이 있음을 알 수 있다. '100인 이하 사업장' 노동자는 거의 1,600만 명이나 되지만, 노동조합은 거의 없다. 이들은 당연히 조직노동자들의 권리와 투쟁에 대해 상대적 박탈감을 가지게 된다.

조직노동자들은 「노조법」의 법적 한계에서 최선을 다해 노동조합을 만들었고, 노동조합의 이름으로 최선을 다해 투쟁하며 권리를 쟁취하였다. 그러나 투쟁의 승리는 미조직노동자와의 분리도 만들어냈다. 이러한 차별과 고립을 만든 건 바로 「자본을 위한 노동법」이다.

자본은 조직노동자들을 귀족노조라는 말로 비난하곤 한다. 조직노동자가 귀족노조라는 비난을 받는 이유는 한국 노동조합 조직률이 14.2%뿐이기 때문이다. 귀족노조를 없애는 가장 좋은 방법은 노조 가입률을 높이는 것이다. 그러나 현재의 노조법으로는 불가능한 일이다.

2021년 사업체 규모별 노동조합 조직현황/ 2022. 12. 25. 고용노동부

- 2021년 노동조합 조직률 14.2% 조합원 수는 2,933천 명 -

※ 조합원 수 등은 단위노조에서 신고한 내용을 기초로 하여, 실제와 차이가 있을 수 있음

사업체 규모별 조직현황

구분	30명 미만	30~99명	100~299명	300명 이상
임금근로자수(명)	11,978,000	3,968,000	2,046,000	2,879,000
조합원수(명) (조직률)	25,170 (0.2%)	63,207 (1.6%)	212,586 (10.4%)	1,333,530 (46.3)

현재의 노동조합법 2조는 근로자의 자격을 정하고 있어서, 일정 자격이 되지 않으면 노동조합을 만들 수 없다. 즉, 간접고용노동자, 특수고용노동자의 노동자성 인정을 위한 투쟁이 계속 이어지고 있다. 이에 비하면 ILO는 어떤 예외조항도 없이, '고용관계 존재 여부에 기초하지 않는다.'는 원칙을 밝히고 있다. 즉, '일하는 사람은 모두 노동자'라는 선언이다.

노동조합법 3조는 손해배상의 청구를 명시하고 있다. 이 법의 기준을 벗어나는 교섭이나 쟁의를 하면 손해배상을 청구한다는 협박이다. 이는 한국에서 왜 노동자들의 총파업이 불가능한지, 왜 노동자들이 공동파업을 하지 않고, 단결투쟁을 하지 않고, 연대방문만 하는지를 한마디로 설명해준다. 한국에서 왜 이리 순조롭게 노동개악이 가능한 지, 한국이 왜 세계적으로 기업하기 좋은 나라가 되었는지를 설명해준다. 악마는 디테일에 있다.

'노동조합법'은 누구를 위한 것?
- 노조에 대한 통제, 파업에 대한 통제가 가능! -

노조법 2조(정의)

1. "근로자"라 함은 직업의 종류를 불문하고 임금·급료 기타 이에 준하는 수입에 의하여 생활하는 자를 말한다.

5. "노동쟁의"라 함은 노동조합과 사용자 또는 사용자단체(이하 "노동관계 당사자"라 한다)간에 임금·근로시간·복지·해고 기타 대우등 근로조건의 결정에 관한 주장의 불일치로 인하여 발생한 분쟁상태를 말한다. 이 경우 주장의 불일치라 함은 당사자간에 합의를 위한 노력을 계속하여도 더이상 자주적 교섭에 의한 합의의 여지가 없는 경우를 말한다.

6. "쟁의행위"라 함은 파업·태업·직장폐쇄 기타 노동관계 당사자가 그 주장을 관철할 목적으로 행하는 행위와 이에 대항하는 행위로서 업무의 정상적인 운영을 저해하는 행위를 말한다.

3조(손해배상 청구의 제한) 사용자는 이 법에 의한 단체교섭 또는 쟁의행위로 인하여 손해를 입은 경우에 노동조합 또는 근로자에 대하여 그 배상을 청구할 수 없다.

• 자본을 위한 「근로기준법」

〔전국결집〕에서 '근로기준법 토론회'를 한 후, 프랑스에서 오랜 기간 유학을 하고 돌아온 동지가 근로기준법은 이해하기가 어렵다는 이야기를 했다. 그 동지가 궁금해 하는 것을 설명하다가, 문득 깨달았다. 유레카! "프랑스에는 근로기준법이 없지요?" "예!"

그 동지는 '근로기준법'이라는 말부터 이해하기가 어려웠다고 한다. 갑자기 한국의 근로기준법의 정체성이 선명하게 드러났다. 독일의 경우도 노동법전으로 원칙과 기준을 정하고, 이외의 사항은 모두 단협으로 결정한다. 예를 들어 휴일근무는 원칙적으로 불법이며, 단체협약의 경우에 예외를 인정한다.

한국자본이 노동자를 착취할 수 있는 법적 근거가 되는 「자본의 근로기준법」의 개정은 자본과 노동의 계급전쟁이다. 그리고 그 계급전쟁은 오늘도 현재진행형이다.

1970년 전태일 열사는 '근로기준법을 준수하라!'고 외치며 산화하셨

지만, 현재의 근로기준법은 96, 97총파업 이후에 탄생한 「자본의
근로기준법」이다. 그나마 이 근기법의 보호를 받으려면, 「2조」의
'근로자 정의'에 적합해야 하고, 「11조」의 '5인 이상 사업장'이어야
한다. 즉, 특수고용노동자, 플랫폼노동자, 프리랜서, 자영업자, 문화
예술산업 종사자 등은 근로기준법의 보호를 받지 못하고 있다. 또한
2021년 기준 약 774만 명의 5인 미만 사업장 노동자 역시 합법적으로
근로기준법에서 제외된다.

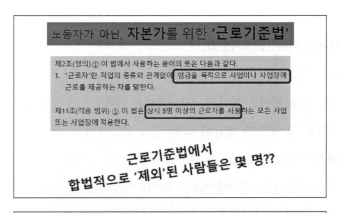

한국의 자본은 적극적으로 근기법에서 제외될 방법을 계속 찾아내고 있고, 근기법적용 제외를 위한 법률상담도 등장하고 있다. 그 결과 근로기준법의 보호를 받지 못하는 노동자는 앞으로도 점점 늘어날 것으로 예상된다.

가장 흔한 방법으로는 5인 이상 사업장에서, 사업장 '쪼개기'나 노동자를 '미등록'하여 '가짜5인 미만 사업장'으로 위장하거나, 고용된 노동자를 사측에서 '개인사업자'로 등록하여 '가짜3.3노동자'를 만들어내는 경우도 근로기준법의 보호에서 제외된다.

아래의 자료를 보면, '5인 미만 사업장'으로 신고되었으나, 해당 사업장에서 신고된 '사업소득자'를 합치면 '5인 이상 사업장'이 2021년에 10만 곳 이상이다. 심지어 300명 이상인데도 5인 미만으로 신고했다면, 이 사업장은 최소 295명의 노동자를 '개인사업자'로 등록한 것이다. 10만 사업장에서 최소 50명을 사업소득자로 신고했다고 가정하면 그 숫자만 해도 500만 명이다. 물론, 이 숫자는 가정치이고 또한 중복이 있을 수 있을 것이다. 위아래의 자료들로 추측해 보면 합법적으로 근기법에서 제외되거나, 근기법의 보호를 받지 못하는 노동자는 2021년 현재 약 1,500만 명 이상이 될 것으로 예상된다.

더 중요한 문제는 5인 미만 사업장에 적용 제외되는 근로기준법의 조항이다. 부당해고 및 부당해고 구제신청, 근로시간, 주12시간 연장 한도, 연장/휴일/야간 가산수당 적용, 연차휴가 등이 제외된다.

근로기준법은 노동조건의 최저기준이다. 그런데 5인 미만 사업장 노동자에게는 그 최저 기준의 보호마저도 제외되고 있다.

결국, 5인 미만 사업장에서 근무하는 노동자는 노조를 만들 의미도

의욕도 없어지게 된다.

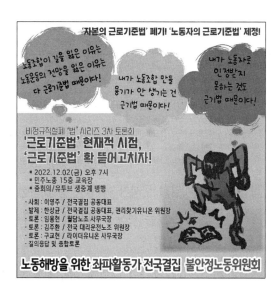

• 「근로기준법」과 「노동조합법」의 피해자

자본은 합법을 무기로 노동자를 길들이고, 노동조합의 운명은 사법부에서 결정하게 된 오늘. 노동조합은 단결보다 연대에 집중하게 된 세상. 가장 큰 피해자는 민주노조다. 아니, 가장 큰 피해자는 계급마저 빼앗긴 한국의 모든 노동자다.

6. 한국 노동운동의 현실

현재 한국노동운동은 노동조합에 갇혀서 길을 잃었다. 사업장에 갇히고, 산별에 갇히고, 지침에 갇혀버렸다. 조직노동자의 권리를 중심으로 하는 노동조합 투쟁은 결과적으로 조직노동자를 고립시켰다. 노동조합을 하며 탄압받는 것도 억울하고 힘들지만, 노동조합 조끼를 보면 기득권으로 느껴진다는 미조직 불안정노동자들의 깊은 분노가 무엇인지를 인정해야 한다. 그리고 그 분노를 노동자계급 전체의 분노로 하나로 묶어내야 한다.

사업장을 중심으로 이어진 노동조합의 투쟁들은 사업장 문제해결을 목표로 진행되었다. 투쟁사업장의 투쟁이 종료될 때마다 투쟁에 대한 날선 평가가 이루어지곤 한다. 그러나 그것은 투쟁한 노동자의 문제가 아니다. 투쟁한 당사자가 책임질 문제가 아니다. 전체 전선을 기획하는 중앙 전략의 부재다. 방어만으로는 세상을 바꾸지 못한다. 방어만으로는 운동의 전진을 만들지 못한다.

자본의 노동시간/고용형태/임금의 다양화/유연화로 인해, 노동자계급은 조각나고 단결이 불가능해졌다. 우리는 어떻게 다시 노동자계급을 하나로 연결하고 생명을 불어넣어 단결시킬 것인가! 어떻게 노동자의 힘으로 세상을 멈출 것인가! 어떻게 자본과 정권이, 물러나는 것이 유리하다고 판단하게 할 것인가! 어떻게 자본의 착취를 멈출 것인가!

7. 한국 노동운동의 전망

한국노동운동은 노동조합을 넘어서야 한다. 조직노동자들이 승리하기 위해서라도, 노동자 전체의 계급적 단결을 만들어내야 한다. 그것이 민주노조운동을 살려내는 길이며, 노동운동의 전망이다.

최선의 방어는 공격이다. 총자본에 맞선 총노동의 전선, 전략투쟁을 기획하고 실행하자!

노동자가 직접정치의 주체가 되자! 노동자와 노동조합이 정치투쟁의 주체로 정치세력화하자!

미조직노동자와 조직노동자가 함께 할 수 있는 투쟁을 만들자!

2023년, 모두를 위한 임금인상, 최저임금 2만원은 어떠한가!

더 이상 희망버스가 필요 없는 세상, 지역파업이 가능한 세상을 꿈꾸자!

길이 보이지 않는다고, 노동운동의 전망을 찾아야 한다고들 하지만 애초에 우리 앞에는 길도 전망도 존재하지 않는 것일지 모른다.

우리는 역사적으로 아무도 가보지 않은 자본주의의 막바지를 오르고 있다.

아무도 가보지 않은 곳에 길이 있을 리 없다. 우리가 전망을 만들어야 할 시간이다.

우리는 세상을 만드는 노동자이며, 새로운 역사를 창조하는 노동자이다.

노동자는 하나다! 노동조합을 넘어 노동운동으로 나아가자!

에필로그

"현실주의자가 되라. 그러나 마음속엔 불가능한 꿈을 가져라."(체게바라)

어릴 때, 어른들은 모이기만 하면 6.25이야기를 했다. 참외를 먹으면서도, 눈이 올 때도, 생일에도 얽힌 상처와 기억을 꺼냈다. 어린 나는, '또 반복하시네.' 생각하며 듣곤 했다.

그런데 언젠가 한 고등학생이 물었다. "선생님은 80년 광주항쟁 때 살아 있었어요?" "그럼, 그 때 선생님은 고등학생이었어." "정~말요??!!" 나에게 광주는 아직도, '얼마 전'에 일어난 것 같은 '아픈 역사'인데, 요즘 청년들에게 광주는 임진왜란만큼이나 오래된 이야기라고 한다.

요즘 신입조합원들은 이런 말을 한다. '나는 87년은 물론, 96, 97때는 태어나지도 않았어요.'

부모들이 6.25를 이야기할 때, 자녀들은 4.19혁명을 겪었고, 87항쟁을 만들었다. 선배들이 87항쟁을 말할 때, 후배들은 96, 97총파업을 만들었다. 그 후배가 선배가 되어 96, 97을 이야기할 때, 새로운 세대는 민중총궐기를, 2017년 촛불투쟁을 만들었다. 과거만 역사인 것이 아니라, 오늘도 역사다. 역사의 교훈도 소중하지만, 오늘의 역사를 만들기 위한, 오늘과 미래를 이야기할 시간과 공간도 소중하다. 청년은 물리적 나이만을 뜻하지 않는다. 오늘과 미래를 이야기하는 사람이 청년이다. 노동운동의 전망은 꿈꾸는 청년만이 만들 수 있다.

그래서, 오늘 나는 무엇을 해야 하냐고?

산의 정상에 오르는 가장 빠른 방법은, 지금 자리에서 일어나 첫발을 내딛는 것이다.

마음속엔 불가능한 꿈을 가져라. 그러나 몸은 현실주의자가 되라.

위기의 봄을 평화의 봄으로!

| 신은섭_자주민주평화통일민족위원회 운영위원장, rdqe7@naver.com |

1. 위기의 봄

2023년 봄을 코앞에 둔 지금 한반도에서는 전쟁 위기가 급격히 고조되고 있다. 한미는 연초 국방장관 회담에서 한미연합훈련 강화, 확장억제 강화를 합의하고 이를 실행에 옮기고 있다. 미국의 전략자산들이 수시로 들어와 한미연합훈련을 벌이고 있으며, 한국군 단독의 자극적인 훈련도 빠지지 않았다. 최근에는 한·미·일이 함께 전쟁 연습 판을 벌여놓는 일도 있었는데, 이날은 바로 일본이 '다케시마의 날'로 제정한 2월 22일이어서 충격을 던져주고 있다. 또 주일미군이 한국 땅에 들어와 휴전선 인근에서 '무사도 스트라이크 2023'이라는 해괴망측한 이름의 전쟁 연습 판을 벌이는 일도 있었다.

이북도 이에 애초부터 '초강력 대응'을 경고하였으며 대륙간탄도미사일, 초대형 방사포, 전략순항미사일을 발사하는 등 강하게 반발하고 있다. 지난 24일에는 외무성 미국 담당 국장이 담화에서 "적대적이며

도발적인 관행을 계속 이어가다가는 우리 국가에 대한 선전포고로
간주될 수 있다"라고도 하였다. 이 직후, 마치 이에 대한 답이라도
되는 듯 한미가 니미츠 항공모함의 부산 작전기지 입항을 논의 중이라
는 보도가 흘러나왔다. 미 핵잠수함이 부산 작전기지에 들어왔다는
소식도 연이어서 들려왔다. 핵잠수함의 위치 공개는 일반적이지 않은
일이다. '적대적 관행'을 이어가겠다는 의미이다. 전쟁 위기가 그야말
로 전례 없이 고조될 수밖에 없는 상황이다. 아니 사실상 이미 전쟁은
벌어지고 있다.

2. 위기의 원인

위기의 원인을 잘 따져보자. 지금의 전쟁 위기는 미국의 약속 파기,
대북 압박에서 기인한다. 2018년 미국은 싱가포르 북미 정상회담에서
한미연합훈련 중단과 종전선언을 약속하였다. 하지만 미국은 2019년
하노이 회담을 의도적으로 결렬시키고 싱가포르의 약속은 헌신짝처럼
내던져버렸으며 대북 압박을 강화하였다.

2021년 여름 기사회생의 기미가 엿보이던 남북관계는 미국이 한미
연합훈련을 강행하면서 완전히 파탄 났다. 당시 대화가 되살아났으면
위기가 고조되지 않고 남북은 평화와 통일로 나아갔을 것이다. 이후에
도 미국은 한미연합훈련을 지속적으로 강화했고 위기감은 계속 고조되
었다.

이런 흐름은 윤석열 정권이 들어서고 더욱 본격화되었다. 한미는
작년 5월 정상회담 이후 한미연합훈련을 확대하고, 미국의 전략자산

전개 빈도를 높였고, 그 결과 정세 긴장도가 부쩍 높아졌다. 그러면서 지난해 가을 한국 전쟁 이후 역대급의 전쟁 위기를 겪게 되는데, 잘 들여다보면 당시에도 미국이 먼저 대북 적대시 군사 행동을 벌이고 이북이 이에 대응했다는 것을 알 수 있다.

한미와 이북 양측의 9월 말~10월 초 군사 행동 경과를 살펴보면 다음과 같다.

9월 23일	미 핵항공모함 로널드 레이건호 부산에 입항
9월 25일	北 전술핵 운용부대 군사훈련 시작
9월 26일~29일	한미연합해상훈련 진행
9월 28일~29일	北 탄도미사일 각각 2발씩 발사
9월 30일	동해에서 한·미·일 대잠수함훈련 진행
10월 1일	北 탄도미사일 2발 발사

한미의 군사 행보에 이북이 대응한 것을 알 수 있다.

11월 한미가 대규모 연합공중훈련 '비질런트 스톰'을 진행하면서 급격히 위기가 고조되었을 당시도 살펴보자.

10월 31일	'비질런트 스톰' 시작(이 훈련은 전투기 240여 대가 참여해 700여 개의 핵심 표적을 정밀 타격하는 훈련.)
10월 31일	北 외무성 대변인 규탄 담화 발표
11월 1일	박정천 노동당 중앙위원회 비서 경고 담화 발표
11월 2일	北, 탄도미사일과 지대공 미사일 발사, 100여 발 포사격 등으로 대응

11월 3일	北, 동해상으로 탄도미사일 3발 발사
11월 3일	한미, '비질런트 스톰' 연장 결정
11월 3일	北, 탄도미사일 3발 발사, 포사격 80여 발

역시 마찬가지로 한미의 군사 행보에 이북이 대응했다. 내동 이런 식이었다.

2월 위기도 살펴보면 한미가 먼저 대북 적대시 군사 행동을 벌이면서 높아진 것이다. 한국군은 새해 벽두부터 '참수 작전' 부대로 알려진 육군 특전사 흑표부대의 동계 특수작전 훈련을 공개하였다. 주한 미 육군 제2보병사단·한미연합사단은 1월 26일 페이스북에 대량살상 무기(WMD) 제거훈련 장면을 공개하였다. 반면 북측은 1월 내내 잠잠 하였다.

그리고 한미는 다시 2월 1일 미 전략폭격기 B-1B를 동원한 한미 연합공중훈련을 벌였다. 2월 3일에도 한미는 한국 공군 F-35A, 미 공군 5세대 스텔스 전투기 F-22, F-35B와 미국의 F-16CM 등 다수 항공 전력이 참가한 가운데 서해 상공에서 연합공중훈련을 벌였다. 여기에 북측이 대응한 것이다.

입장 바꿔 생각해보자. 북측이 중국, 러시아랑 서해나 동해에서 항공모함, 핵잠수함 등 전략자산을 동원해 대규모 연합훈련을 벌이면 어떻겠나? 게다가 이름도 무시무시한 '참수 작전' 같은 걸 훈련 내용에 포함시켜서 말이다.

3. 미국의 핑계

미국이 한미연합훈련을 비롯한 대북 압박 공세를 지속하며 내드는 핑계는 '이북 비핵화'이다. 그런데 이건 말이 안 된다. 이북이 핵을 가지지 않았던 시절에도 미국은 어떻게든 이북을 압살하려고 했다. 그냥 이북이 미운 것이지 핵 때문에 적대시하는 게 아니다. 오히려 미국이 이북을 적대시했기 때문에 이북이 핵을 가지게 되었다는 것이 중론이다. 1991년 소련 해체 이후 미국의 공세가 이북에 집중되면서 자위권 차원에서 핵개발을 하게 되었다는 분석이 힘을 얻는다.

제임스 레이니 전 주한 미 대사와 제이슨 샤플렌 한반도에너지개발 기구(KEDO) 전 정책고문도 2003년 '포린어페어즈' 3, 4월호에 기고한 글에서 이북 핵개발의 가장 핵심적인 원인으로 미 부시 행정부의 '적대적 대북관'을 꼽은 바 있다. 미국이 핵 때문에 이북을 적대시한 게 아니라 미국이 적대시해서 이북이 핵을 만들었다는 것은 숨길 수 없는 사실이 되어버렸다. 이렇듯 이북의 핵은 미국이 이북을 적대시하기 위한 핑계에 불과하다.

4. 미국은 왜?

그렇다면 미국은 무엇 때문에 이북을 적대시하고 압박하는가. 바로 패권 때문이다. 미국은 자기 말을 안 듣는 나라를 찍어누르고, 자기 이익을 위해 남을 못살게 굴며 전쟁을 비롯해 무슨 일이든 벌여온 나라이다. 2003년의 이라크 전쟁도 미국이 석유와 패권을 위해 일으켰다는 것은 널리 알려진 사실이다. 우크라이나 전쟁의 경우도 러시아를 약화시키기 위해 미국이 유도한 대리전쟁임이 드러나고 있다. 최근에는 미국의 저명한 탐사보도 전문기자 세이무어 허쉬의 보도를 통해 미국이 러시아와 유럽을 잇는 노르트스트림 가스관을 폭파한 진범임이 알려져 충격을 던져주고 있다. 이 보도에 따르면 미국은 전쟁 발발 전부터 가스관 폭파를 기획하고 있었다.

지금 미국은 아프간에서도 쫓겨나고 우크라이나에서도 고전을 면치 못하는 등 힘이 약해지는 현상이 여기저기에서 나타나고 있다. 동북아에서 이북과 중국이 부상하면서 미국의 패권적 지위를 급격히 무너뜨리고 있다. 여기에서 물러서면 끝이다. 그래서 어떻게든 버티며 패권을 유지하려는 것이다.

이런 맥락에서 착실히 전쟁 준비도 하고 있다. 지난 1월 초 제임스 비어맨 미 제3해병기동군 사령관의 파이낸셜 타임스 인터뷰에서도 이 사실이 드러난다. 제임스 비어맨 사령관은 "2014년 러시아의 크림 공화국 합병 당시, 서방 국가가 지원해 우크라이나인 훈련과 물자 사전 배치 등 분쟁 대비를 진지하게 했었다"라면서 이와 같은 이치로 "이를 '극장(theatre) 세팅'이라 부르는데 우리는 일본·필리핀 등에 '극장'을 설치하고 있다"라고 했다.

5. 마음이 급한 미국

힘이 약해진 미국은 동북아에서 패권을 지키기 위한 대북 적대시 행보에 전범국 일본까지 끌어들이고 있다. 미국은 작년 12월 16일

일본이 '반격 능력 보유'를 선언하고 방위비 증강 방침을 밝히자 즉시 환영해 나섰다. 이례적으로 미 백악관과 국무부가 이른 새벽 동시에 환영 입장을 밝혔다. 지난 1월 13일 정상회담에서는 일본의 이런 변모를 두고 '미일 동맹이 현대화하고 있다'라고 했다. 미국이 전범국 일본에 씌워진 '전수방위'의 굴레를 완전히 벗겨 재침의 길을 활짝 열어준 것이다.

사실 한·미·일 삼각동맹을 완성하고 한국과 일본을 동북아 패권 전략 실현의 돌격대로 내세우는 것은 미국의 숙원이다. 하지만 일본이 전범국이다 보니 한계가 있었다. 과거 일본의 식민 지배가 한일 관계의 걸림돌로 나서는 것도 미국 입장에는 어려움으로 작용했다. 하지만 최근에 와서는 가면을 다 벗어던지고 적극적으로 한·미·일 삼각동맹을 전쟁 동맹으로 완성하기 위해 박차를 가하는 것이다.

6. 나토까지 끌어들이는 미국

나토는 지난해 6월 정상회의에서 12년 만에 새 전략개념을 채택하면서 사상 처음으로 중국을 언급했다. "중국의 명시적인 야망과 강압적인 정책이 우리의 이익, 안보, 가치에 도전하고 있다.", "중국과 러시아의 전략적 동반자 관계가 깊어지고 있다.", "국제질서를 약화하려는 양측(중·러)의 시도는 우리의 가치와 이익에 반한다." 등과 같이 중국을 적대시하는 내용이 그것이다. 이북에 관해서도 비교적 짧지만 언급이 있었다.

이때 한국과 일본의 정상도 회의에 참가했고, 지난해 하반기에는 나토 한국대표부가 설치돼 활동에 들어갔다. 지난 2월 중순에는 한·나 토 '군사참모대화'도 있었다. 이번 대화에서는 상호 전략 개념을 소개하 고 그동안의 협력 성과를 평가한 뒤 앞으로 협력 추진 방향에 관해 논의하였다.

일본 기시다 총리는 지난 1월 미국을 방문하여 '동맹의 현대화'를 선언하기 전 나토 소속 국가들인 프랑스, 이탈리아, 영국, 캐나다를 순방하면서 안보 협력을 강화해 나가기로 합의하였다. 특히 영국과는 '상호접근협정'을 체결해 사실상의 군사동맹이 되었다. (상호접근협 정은 군인의 입국 심사 면제, 탄약을 비롯한 무기 반입 절차를 간소화하 여 연합훈련, 상대국 함정의 기항을 쉽게 하는 등의 내용을 골자로 한다.)

이것은 한국이나 일본이 대러시아 문제에 개입할 가능성을 열어두게 됐다는 의미도 있지만 역으로 나토가 동북아나 한반도 문제에 개입하 게 될 가능성 또한 열어두게 됐다는 이야기이기도 하다. 결과적으로 나토와 한·일이 얽히고설켜 세계적 범위에서 미국의 패권 전략 실현을 위해 복속하게 된 것이며, 이는 우크라이나 전쟁에 이어 동북아에서의 전쟁 위기를 고조시키는 요소로 작용하게 될 것이다.

7. 이북의 대응

이북은 지난해 9월 '핵무력 정책법'을 채택한 이후 한미의 적대시 군사적 행보에 대응하는 속도가 빨라졌다. 이전 시기에는 한미연합훈 련이 벌어질 때는 대응하지 않았지만, 앞서도 언급한 것처럼 한미가 군사적 행동을 하면 즉각 거기에 따른 대응 행동을 벌이고 있다.

행동 수위도 무척 높다. 윤석열 대통령이 지난해 10월 1일 국군의날 기념식 기념사에서 '압도적 대응'을 이야기했는데, 마치 그 '압도적 대응'이 그 누구의 것이 아니라 자기의 것임을 알리려는 듯싶기까지 하다.

지난 2월 8일 이북은 인민군 창건 75주년 기념 열병식에서 '화성포 -17'형을 대거 선보였다. 10대에서 12대로 추정된다. '화성포-17'형 종대 뒤로는 고체 엔진 대륙간탄도미사일로 보이는 새로운 무기가 등장했다. 이를 두고 미국의 요격 능력을 벗어나는 미 본토 타격 능력을 과시한 것이라는 분석이 나오고 있다. 이어 18일에는 '화성포 -15'형 발사 훈련을 진행하였다. 이번 발사를 '훈련'이라고 한 것은 이전까지 '시험발사'였던 데 비추어 볼 때, 이제는 실전배치·운용 단계에 들어간 것을 의미하는 것으로 보인다.

이북의 이런 움직임은 미국의 대북 적대시 군사적 강경 행보를 자기의 '핵무력'으로 압도해 굴복시키겠다는 의도인 듯하다. 이북은 2021년 1월 열린 제8차 당대회에서 미국에 대한 '제압', '굴복'을 이야기 한 바 있다. 그리고 지난해 9월 채택한 '핵무력 정책법'에서 '핵무력의 사명'을 "적대 세력으로 하여금 조선민주주의인민공화국과의 군사적 대결이 파멸을 초래한다는 것을 명백히 인식하고 침략과 공격 기도를 포기하게 함으로써 전쟁을 억제하는 것을 기본사명으로 한다"라고 밝히기도 하였다.

이대로 가면 김여정 부부장이 "해보면 될 일이고 보면 알게 될 일이다"라고 했던 것처럼 대륙간탄도미사일의 실각발사를 보는 날이

머지않아 올지 모른다. 태평양 내지 대서양의 미국 앞바다에 이북이 쏜 대륙간탄도미사일이 떨어지면 어떤 상황이 펼쳐지게 될지 자못 궁금하다.

8. 윤석열 퇴진으로 평화의 봄을

이런 상황에서 우리는 윤석열 정권의 행보에 대단히 주목하게 된다. 윤석열 정권이 전쟁 위기를 고조시키는 중요한 고리로 작용하고 있기 때문이다. 등장부터 지금까지 무조건 대미 추종과 친일 굴욕 행보로 전쟁 위기를 급격히 높였다.

앞서 언급한 것처럼 윤석열 정권은 한미연합훈련을 강화하고 미 전략자산 전개 빈도를 부단히 높이는 데 앞장서 왔다. 그리고 윤석열 정권은 이전 어느 시기와도 비할 바 없이 일본에 굴욕적인 자세를 취하면서 일본과의 군사협력에 속도를 내고 있다. 윤석열 정권의 이런 친일 행보는 일본의 군사 대국화, 대동아공영을 실현하고자 하는 야망에 날개를 달아주고 있다. 이렇듯 윤석열 정권의 존재는 전쟁 위기를 고조시키고 평화를 심각하게 위협한다. 윤석열 정권 아래에서 국민의 생명과 안전이 위협받고 있다.

미국이 패권 유지를 위해 이북과 중국을 적대시하고 일본이 재침 야욕을 키우고 있는 것은 주변의 객관적인 환경이다. 이런 외부 환경이야 어쨌건 안에서 이를 반대·배격하고 평화를 지키기 위해 우리의 노력을 다하는 것이 중요한데 윤석열 정권은 오히려 이런 외세의 움직임에 적극적으로 결탁해 나서고 있으니 큰일이 아닐 수 없다.

한반도 평화를 지키기 위해서는 윤석열 정권의 난동을 멈춰 세워야 한다. 윤석열 퇴진이 평화다. 지금 광장에서는 윤석열 퇴진 촛불이 타오르고 있다. 촛불의 힘으로 윤석열을 끌어내려 평화의 한반도를 일구자.

*편집자 주: 저자와의 상의 하에 '북한'이라는 표현을 '이북, 北' 등으로 수정하였습니다.

성평등을 향해 전진하라

- 후퇴하는 한국의 여성·성평등 정책 현황 -

| 양이현경_한국여성단체연합 공동대표, hope@women21.or.kr |

3월 8일은 '세계여성의 날'이다. 세계여성의 날 역사는 여성 참정권과 노동권 등 여성의 권리 신장을 위해 다양한 활동이 활발하게 전개되던 20세기 초반에 시작되었다. 1908년 미국 뉴욕에서는 노동시간 단축, 임금인상, 여성의 투표권 쟁취 등을 요구하면서 15,000여 명의 여성들이 거리를 행진하였다. 당시 서구사회에서는 노동자들의 생존권 투쟁이 활발했지만 '여성 노동자'의 존재는 지워졌다. 여성 노동자들은 잠시 쉴 곳도 없는 열악한 노동환경에서 장시간 일하면서 남성 임금의 절반 밖에 받지 못했고, 시민으로서 기본권인 투표권조차 없었다. 이후 1975년 유엔에서 3월 8일을 공식적으로 여성의 날로 지정했다. 한국은 1920년대부터 3.8 세계여성의 날을 기념해왔다. 일제의 탄압으로 이어지지 못하다가 해방 후 부활했으나, 1948년 이후 사회적 격변과정에서 다시 열리지 못하고, 1985년 3월 8일 '세계여성의 날 기념 한국여성대회'로 매년 개최되고 있다. 한국여성단체연합(이하 '여성연합')은 발족한 1987년부터 현재까지 30여 년 동안 한국의 3.8 세계여성

의 날 기념행사를 주최·주관해 왔다. '3.8 세계여성의 날 기념 한국여성대회'는 매년 중요한 여성·성평등 의제를 제시하면서 한국사회 여성의 현실을 알리고, 문제의식을 공유하며, 여성과 소수자의 연대와 행동을 통한 대안과 비전 마련을 위해 힘써왔다.[1]

퇴행의 시대-여성가족부 폐지와 성평등 정책의 후퇴

2023년 올해 세계여성의 날 기념 한국여성대회의 슬로건은 '성평등을 향해 전진하라. 퇴행의 시대를 넘는 거센 연대의 파도'였다. 많은 여성·시민들이 오랜 시간 동안 전진시켜 온 한국사회의 성평등이 윤석열 정부에서 퇴행하고 있기 때문이다. 윤석열 대통령과 국민의 힘은 지난 대선 기간에 어떠한 근거나 방향도 없이 단 7글자로 '여성가족부 폐지'를 공약했다. 또한 윤석열 대통령은 "더 이상 구조적인 성차별은 없다"고 발언하여 모든 인류의 과제인 성차별·성폭력 해소를 통한 성평등 실현 자체를 부정하게 된다. 성평등 실현은 모든 국가의 책무이자 인류가 실현해야 할 보편적 가치이다. 1975년 유엔 세계여성회의는 각국 정부에 성평등 책무를 맡을 정부기구를 설립할 것을 권고했고, 1995년 베이징에서 열린 유엔(UN) 제4차 세계여성회의에서 결의된 '베이징행동강령'에 성평등 정책 전담기구 필요성이 다시 한번 명시되어 여성연합은 여성에 대한 차별과 폭력을 해소하고, 정치·경제·사회·문화 모든 분야에서 성평등을 실현하기 위해 여성부

---

1 세계여성의 날 소개, 한국여성단체연합 홈페이지.

신설을 정부에게 요구하는 활동을 펼쳤다. 1998년 '대통령직속여성특별위원회'가 설치되고 2001년 '여성부'가 설립된다. 현재는 가족, 보육, 청소년 업무가 포함되어 '여성가족부'로 존재하고 있다.

그러나 2022년 10월 윤석열 정부와 국민의 힘은 주호영 원내대표의 대표 발의로 '청소년·가족', '양성평등', '권익증진' 기능을 보건복지부 산하 '인구가족양성평등본부'로 '여성노동'은 고용노동부로 이관하여 여성가족부를 폐지하는 정부조직법 개편안을 발표했다. '여성가족부 폐지' 공약이 발표된 2022년 1월부터 현재까지 여성연합을 비롯하여 전국의 여성시민사회단체들은 성명과 논평, 기자회견, 국회의원 면담, 집회 등을 열어 여성가족부 폐지 철회와 성평등 정책 강화를 위해 싸우고 있다. 2022년 10월 여성가족부 폐지를 담은 정부조직법이 발의 된 후 11월 전국 여성, 시민, 노동, 인권, 종교, 환경 단체들이 모여 전국 범시민사회의 목소리와 활동을 결집하는 '여성가족부 폐지 저지와 국가 성평등 정책 강화를 위한 범시민사회 전국행동'(이하 여가부 폐지 저지 전국행동)이 출범하였다. 지역행동 출범 및 릴레이 기자회견을 비롯하여 유권자로서 내 지역구 및 국회의원 300명 전체에게 여성가족부 폐지 반대와 성평등 정책 강화를 직접 요구하는 대시민 서명 촉구 캠페인 '국회, 우리가 움직인다!', 전국 지역구 국회의원 면담 등을 진행하였다.

여성가족부 폐지에 대한 원내 정당들의 입장은 국민의힘을 제외한 더불어민주당, 정의당, 기본소득당 등은 여성가족부 폐지에 반대했다. 국회의 다수 의석을 차지하고 있는 더불어민주당의 협조 없이는 정부조직법 통과가 어려운 상황이었다. 결국 2023년 2월 여야 3＋3

정책협의체는 임시국회에서 국가보훈처를 국가보훈부로 격상, 재외동포청 신설 두 가지만 통과할 것을 합의하였으며, 여야의 의견 차이가 좁혀지지 않는 여성가족부 폐지는 추후별도 논의를 통해 협의해 나가겠다고 발표하고, 2월 27일 여성가족부 폐지안이 제외된 정부조직법이 국회 본회의에서 가결되었다.

윤석열 당시 대통령 후보가 '여성가족부 폐지' 공약을 발표한 이후 현재까지 수많은 시민과 국내외 여성시민사회단체들은 '여성가족부 폐지' 시도를 끊임없이 막아내고, 성평등 정책 전담부처 강화를 촉구해왔다. 페미니스트 시민들의 힘으로 '여성가족부 폐지'를 일시적으로나마 막아내었다. 그러나 그동안 있었던 여성가족부 폐지 시도 흐름으로 국가와 지방자치단체의 성평등 정책은 축소되고 있으며, 정책 방향과 용어에서 '여성', '성평등'이 사라지고 있다. 이러한 퇴행은 엄연히 존재하는 여성과 소수자의 차별과 폭력을 비가시화하는 것이고 이는 곧 여성과 소수자의 삶이 점점 더 열악해지는 것을 의미한다.

다행히 이번 정부조직법에서는 여성가족부 폐지안이 제외됐지만, 윤석열 대통령과 국민의힘은 여전히 여성가족부를 폐지하겠다고 하고 있고, 국회에서도 추후 별도로 논의를 한다고 했기 때문에 '여성가족부 폐지' 시도는 완전히 끝나지 않았다.

열악한 여성의 현실

우리 사회는 글로벌 경제침체, 기후위기와 재난, 코로나19 감염병 등과 맞물려 위기를 맞고 있다. 특히 코로나19 시기에 여성노동자의 현실은 더 열악해졌다. 여성 취업자 수는 크게 감소했고, 보육시설과 학교가 폐쇄되면서 돌봄은 여성에게 더 전가되었다. 코로나19가 한참이었던 2021년 1월 여성 취업자 수는 전년 대비 59만 7,000명까지 감소했다(남성 38만 5,000명). 이런 성별 격차는 여성이 집중되어 있는 대면서비스업이 다른 업종보다 더 큰 타격을 입었기 때문이다. 또한 불안정한 돌봄 시설 운영으로 자녀 양육을 하는 여성들이 일을 그만두게 되었다.[2] 이렇듯 코로나19는 여성에게 더 가혹했다. 2022년 여성가족부가 발표한 '통계로 보는 남녀의 삶' 자료를 보면 여성의 열악한 현실이 잘 드러나 있다.

경제활동참가율 추이

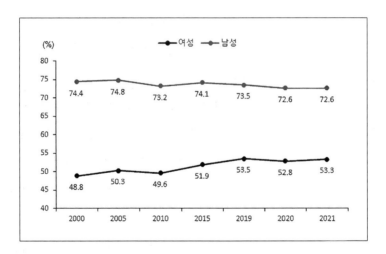

---

2 대한민국 정책브리핑. 코로나19 이후 여성 일자리 위기와 남은 과제. 2021. 03. 19.

15세 이상 고용률 추이

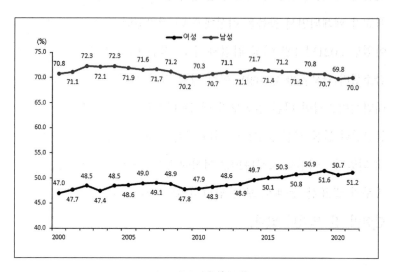

여성의 경제활동참가율은 2019년 53.5%, 2020, 52.5% 2021년 53.3%로 최근 3년간 정체되고 있고, 남성과의 격차는 여전히 19.3% (남성 참가율 72.6%)나 된다.

15세 이상 고용률에서도 여성은 51.2%, 남성은 70%로 18.8% 격차가 난다. 비정규직 여성 노동자는 전체 여성 임금 노동자의 47.4%로 남성(31.0%) 비해 16.4%가 많다. 특히 여성이 한시적 근로와 기간제 근로에서 크게 증가하고 있어, 여성 노동자의 노동환경이 점점 더 열악해지고 있다.

시간당 성별 임금 격차는 2016년 이후 감소 추세에 있지만, 2021년 임금근로자의 시간당 임금은 남성이 22,637원, 여성이 15,804원으로 남성 대비 69.8% 수준 밖에 되지 않는다. 임금근로자의 월평균 임금은 남성이 383만 3천 원, 여성이 247만 6천 원으로 남성 대비 64.6%

밖에 되지 않고, 월평균 임금의 성별 격차는 약 136만 원으로, 전년(약 132만 원) 대비 약 3% 증가하여 성별 임금 격차는 더 커졌다.

남성 대비 여성의 임금 수준(시간당)

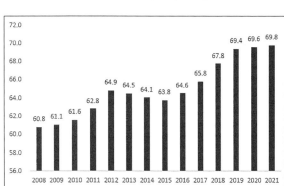

남성 대비 여성의 임금 수준(월평균)

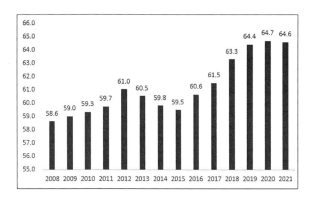

육아휴직 사용은 남성이 꾸준히 늘어나고 있지만, 여전히 육아휴직 사용자 중 여성이 약 8만 2천 명(73.7%)이고, 남성은 약 2만 9천 명(26.3%)이다. 2019년 맞벌이 가구 여성의 돌봄·가사 시간은 3시간

7분이고, 남성은 54분으로 여성이 돌봄 노동을 전담하고 있다. 2020년 성폭력 피해자 수는 30,105명이고, 그중 88.6%인 26,685명이 여성이다. 또한 2020년 사이버 성폭력 발생 건수는 4,831건으로 2019년 대비 2,141건이나 증가했다. 이처럼 여성의 노동환경은 점점 열악해지고 있고, 임금격차는 심각한 상황이다. 돌봄 노동은 여전히 여성이 전담하고 있으며 여성에 대한 폭력은 점점 더 교묘해지고 심화되고 있다.

이러한 현실에도 불구하고 윤석열 정부에서의 여성·성평등 정책과 방향은 후퇴하고 있다. 올해 '제3차 양성평등기본계획[3]'이 발표되었다. 이번 기본계획에는 성폭력 관련 법률 개정 5개 과제가 담겨 있다. 형법 297조 강간죄 개정, 형법 제32장 제목 '강간 및 추행의 죄'에서 '성적 자기 결정권의 침해죄'로 개정, 성폭력 사건과 무관한 피해자 과거 성 이력을 증거로 채택하는 것 금지하는 조항 신설, '성적수치심' 용어 개정, 메타버스 등 온라인에서 사람을 성적 대상화 해 괴롭히는 것을 처벌할 수 있는 규정 신설이다. 그러나 발표가 되자마자 이 정권의 실세라고 하는 법무부가 5개 과제에 모두에 반대한다고 밝힌 상태이다.

또한 3월 초 정부는 노동시간을 주당 69시간으로 늘리는 안을 발표했

---

3 '양성평등기본계획'은 정부가 개인의 존엄과 인권의 존중을 바탕으로 성차별적 의식과 관행을 없애고, 여성과 남성이 동등한 참여와 대우를 받고, 모든 영역에서 평등한 책임과 권리를 공유함으로써 실질적 양성평등 사회를 이루기 위해서 만들어진 「양성평등기본법」에 의하여 5년마다 수립하고 중앙행정기관의 장과 시·도지사는 기본계획에 따라 연도별 시행계획을 각각 수립하고 시행해야 한다.

다. 주당 69시간 노동은 과로사에 최적화된 노동시간이며, 노동자의 건강을 심각하게 위협한다. 또한 장시간 노동은 누군가의 돌봄 노동을 전제로 한다. 남성생계부양자 이데올로기와 성별화된 노동시장에서 장시간 노동은 바로 여성의 돌봄 노동의 강화로 이어진다. 그렇게 되면 여성은 지금도 독박 돌봄으로 어려움을 겪고 있는데, 이보다 더 어려운 상황에 놓이게 된다. 늘어난 임금 노동과 돌봄 노동이 감당이 되지 않게 되면, 남성보다 임금이 낮은 여성이 자연스럽게 직장을 그만둘 수밖에 없다. 그렇다고 임금노동을 하지 않을 수 없으니 여성들은 저임금에 더 열악한 일자리로 내몰리게 될 것이다. 한국의 성별 임금 격차는 27년 연속 OECD 국가 중 최하위에 머물고 있고, 전체 여성 노동자의 36%가 5인 미만 사업장에서 근무하고, 2020년 기준 여성 노동자의 8%가 노동법이 적용되지 않는 초단시간 노동을 하고 있다.

　'구조적 성차별'과 국가 성평등 정책 전담부처 여성가족부의 존재 이유를 부정하는 대통령의 당선 이후, 다양한 영역에서 성평등·민주주의·평화·인권 가치의 퇴행을 목격하고 있다. 국가정책과 교육과정에서 '성평등'과 '여성'을 지우려는 시도가 계속되고 있으며, 감염병 재난과 경제위기 현실 속에서 추진되는 돌봄·의료·교육 등 복지 민영화 정책은 여성과 소수자를 포함한 대다수 시민의 안위와 안전을 위협하고 있다. 우리는 이러한 한국사회의 현실과 앞으로 더 거세질 반여성, 반노동 정책에 맞서 거침없는 전진이 필요하다.

※본 글은 필자의 '점찍고 다시 돌아온 여성가족부 폐지론'(양이현경), '가속화되는 '여성'

지우기, 중심 잃은 국가 성평등 정책 기조: 윤석열 정부의 성평등 정책 퇴행 기록'(양이현경), 후퇴되는 국가 성평등 정책: '여성가족부 폐지'를 중심으로(양이현경) 글을 재정리·보완하여 작성하였다.

내년에도 농사짓고 싶다

| 박미정_전국여성농민회총연합 사무총장, jajoo7@hanmail.net |

3월 초를 시작으로 지역 곳곳에서 들려오는 꽃 소식은 봄의 시작을 알리는 소식이자 이제야 추위로부터 벗어났다는 신호인 것 같아 설레기까지 하다. 그런데 올해 봄꽃 소식이 희한하다는 이야기가 곳곳에서 들려온다. 원래 삼월 초부터 매화, 산수유가 피었다는 소식이 전해오고 이어서 목련, 개나리, 진달래, 민들레, 벚꽃이 핀다. 그 다음에 영산홍, 라일락, 황매화 등이 피어난다. 그런데 올 봄꽃은 순서도 없이 한꺼번에 피어나고 개화 시기도 훨씬 빨라졌다. 꽃이 피면 원래 벌들이 꽃 주변에서 활동을 하는데 올해 유난히 빨리 피어난 봄꽃들 소식을 미처 벌들이 접하지 못했는지, 아니 벌들은 아직 활동할 준비를 못했는데 꽃들이 먼저 피어났는지, 봄꽃들이 많이 지고 나서야 벌들이 늦게나마 활동에 나섰지만 이미 꽃은 지고 없어져 벌들의 먹이 활동에 어려움이 많았다는 이야기가 들려온다. 기후위기의 영향들이 식물생태계·동물생태계까지 영향을 끼치고, 이제는 그 영향이 직접적으로 사람에게까지 나타나지 않을지 두렵기까지 하다.

특히나 농업은 90% 이상을 자연의 영향을 받고 있는데, 곳곳에서 들려오는 이상기후 현상이 이제는 실제 모습을 갖추고 우리의 삶을 위협하지 않을까 걱정이다. 더 큰 걱정은 지구 곳곳에서 이상기후로 또는 전쟁 등의 이유로 먹거리의 이동이 가로막혀 곡물 가격이 급등하고 있고, 식량부족으로 어려움에 처해 있다는 소식들이 들려오는데 우리나라는 너무나 안일하게 대처하고 있지 않은지… 실제 식량 부족 사태에 대면했을 때 그때서야 부랴부랴 국내 식량자급률을 높이기 위한 적극적인 대안 마련을 모색하는 건 아닐까? 하지만 그때는 이미 늦었다.

정부에서는 끊임없이 경쟁력이 없다고 퇴출시키려는 68%에 달하는 1,200만 원이 채 안 되는 농업소득이지만, 농사를 포기하지 않고 생활비를 벌기 위해 틈 날 때마다 공장에서 식당에서 농업노동자로, 요양보호사로 일하면서 농업을 이어가고 있는 그 농민들이 버티고 있을 때 바로 지금 적극적인 대책을 마련해야 한다.

작년 쌀값은 45년 만에 대폭락을 맞았다. 2021년 수확기 쌀값이 53,535원이었던 것이 2022년 9월 쌀값이 40,393원으로 약 25% 폭락했다. 모든 물가가 다 오르는데 쌀값만 폭락하고 있는 것이다. 45년 만의 대폭락으로 양곡관리법 개정안이 논의되었고, 결국 농민의 의견이 반영되지 않는 반쪽짜리 개정안이 통과되었다. 그러나 그것마저 대통령은 거부하면서 '남는 쌀 강제 매수법'이라 칭하며 거부권을 행사했다. 또한 쌀값도 시장논리에 따를 것이라고 발표했다. 시장논리에 따른다던 정부는 물가가 오르면 가계지출비중이 낮은 농산물가격부터 개입하며 막대한 물량수입으로 농산물 가격 조정에 들어가 농민들만 희생양으로 삼아왔던 것이다.

쌀 과잉과 쌀값 폭락 문제는 94년 우루과이라운드 협상이 진행된 이후부터 계속 문제가 되어왔다. 쌀은 농민의 안정적인 소득원이자 국가의 식량안보를 떠받치는 보루다. 국내 곡물 자급률이 20% 수준에 불과하지만, 그나마 쌀 자급률이 80%를 넘기 때문에 (2022년 기준 84.6%), 최근 러시아-우크라이나 전쟁으로 밀가루 가격이 폭등했을 때도 '우리는 쌀이 있으니까' 하는 마음으로 참을 만했던 거다. 기후위기와 전쟁으로 전 세계적으로 식량위기가 확산되면 곡물 자급률이 20%에 지나지 않는 우리나라가 가장 커다란 타격을 입을 것이고, 많은 국민은 '식량 난민'으로 전락할 것이다. 쌀을 지키는 비용을 낭비라는 관점으로만 바라보면 정말 심각한 위기가 올 수 있다.

한편으로는 작년 쌀값이 역대 최저가격인 45%로 떨어져도 아무도 관심조차 없었던 농업과 농민에 대한 이야기가 이번 '양곡관리법개정안' 논란에 국회에서도 농업에 대한 설전이 오가고 국무총리, 대통령까지 나서서 농업에 대한 이야기를 하고 있으니 씁쓸하기만 하다. 하지만 그 이야기라는 것이 우리나라가 쌀이 남아돌고 있는데 농민들이 쌀농사를 과잉으로 지어서 남는 쌀을 정부보고 사달라고 떼쓰고 있다며 농민들을 우롱하고 있다.

또한 쌀 생산과잉을 막기 위한 방도로 맛도 좋고 수확량도 좋아 농민들이 주로 많이 짓고 있는 '신동진'이라는 품종의 쌀을 시장에서 퇴출시키려 하고 있다. 문득 떠오르는 장면이 하나가 있다. 70년대 박정희 정권은 군사정권의 정당성을 확보하기 위해 식량자급률을 높이고자 했고, 그 당시 농민들이 농사짓고 있던 밥맛이 좋아 우리

국민들이 즐겨먹던 '아끼바리'라는 품종 대신 '통일벼'라는 품종을 전 농민들에게 심으라고 강제했다. 그리고 면직원들을 동원해서 농민들이 통일벼를 심지 않고 다른 품종의 벼묘종을 심으려고 준비해놓으면 그것을 심지 못하게 했고, 급기야 정부 수매에서 배제했고 통일벼만 받아들였다. 하지만 통일벼라는 것이 수확은 많이 되지만 맛이 없었고, 병충해에 약해 농민들에게는 병충해를 없애기 위한 비용이 훨씬 많이 들었던 것이다. 결국 해마다 수확량은 늘어났지만 빚도 늘어나는 기현상이 일어났다. 70년대 통일벼를 일방적으로 심으라고 강요했던 박정희 정권과 현재 쌀 생산량이 과잉이라며 신동진벼를 심지 말고 다른 벼를 심으라고 강요하는 윤석열 정권이 다른 게 무엇인가?

또한 농민들이 대통령의 '양곡관리법 거부'에 대해 분노하고 있는 이유는 대통령의 거부권은 농민을 거부한 법이요, 농업을 거부하는 것이기 때문이다. 사실 역대 정권 그 누구도 농민과 농업을 위한 정권은 없었다. 선거 때만 되면 나도 농민의 자식이요, 우리 부모님도 농사를 짓고 있다는 식으로 농민표를 구걸했고, 항상 농업을 살리겠다, 농민을 귀하게 여기겠다고 했지만 당선이 되면 언제 그랬냐는 듯이 안면을 싹 바꾸기 일쑤였다. 그래도 이전 정권들은 농업을 위하는 척이라도 했다. 하지만 윤석열 정권은 이제 농업·농민을 위하는 척도 하지 않는다. 오히려 농업은 경쟁력이 없는데, 농산물은 값싸게 외국에서 수입해서 먹으면 되는데, 농산물이 남아도는데 왜 애써서 농사짓고 있냐며 오히려 농민들을 바보 취급하고 있다.

94년 우루과이라운드가 시작되면서 농업도 상품이라는 논리로 항상 우리 농산물을 최전방에 앞세우고 자동차, 반도체, 휴대폰을 수출하는

데 희생양으로 삼아왔다. 이제는 모든 농산물 시장이 다 열려서 쌀만 해도 해마다 40만 8,700톤씩 의무적으로 수입해야 하는 형편이다. 쌀농사가 무너지면서 쌀농사를 짓던 농민들은 하우스 농사로, 과수 농사로, 마늘·양파 농사로 품목을 변경했고, 이마저도 생산비가 보장 되지 않아 오늘도 농민들은 살아남기 위해 다른 농민이 심지 않는 새로운 작물을 심고 있고, 더 많은 규모로 농사를 늘려 짓고 있다. 몇 년 전 농민들의 '블랙베리의 눈물'이라는 이야기가 있었다. 과수농가 들이 외국에서 들어오는 값싼 과일에 밀려 도저히 생산비를 감당할 수 없어 그나마 각종 아로니아, 아사이베리 등 베리류 농사가 수익이 된다는 소식에 많은 농가들이 베리류 농사를 지었지만 결국 수확기 생산량이 너무 많아져 묘목 값도 건지지 못하고 나무를 베어내어야만 했다는 이야기다. 최근 포도 농사짓는 농민들이 기존의 포도나무를 모두 베어내고, 그나마 수익이 되는 샤인머스캣 나무를 많이 심고 있다는 소식이 들려오는데 블랙베리의 눈물이 재현되지 않을까 걱정 이다.

그동안 정부는 자급률을 높이겠다는 목표를 세웠지만, 번번이 실패 했다. 전 세계 곡물 가격이 오를수록 한국은 유독 더 힘들어졌다. 세계 7위의 곡물 수입국이지만, 자급률은 계속 떨어지면서 '식량 안보' 에는 경고등이 들어온 지 이미 오래다. 특히 밀(자급률 0.08%)과 콩 (30.4%)은 상황이 심각하다.

또한 심화하는 기후위기로 먹거리 문제는 더 심각해질 전망이다. 하지만 세계 곡물 가격 폭등이 국내 경제에 거의 10년 주기로 위협을 가하고 있는데, 그때마다 당장의 위험이 지나가면 관심에서도 멀어졌

다. 이제는 그 주기도 점점 빨라지고 있는 상황이다. 우리나라는 남아돈
다고 난리인 쌀조차도 100% 자급이 되지 않는다. 84.6%인 쌀을
제외하고는 주요 식량 작물 대부분을 수입산에 의존하고 있다. 이처럼
글로벌 식량 가격 급등에 우리나라 물가가 덩달아 출렁이는 것은
우리나라 식량자급률, 곡물자급률이 낮기 때문이다. 더 심각한 문제는
우리나라의 주요 곡물 수입은 두세 나라에 집중되어 있다는 것이다.
기후 위기에 세계 곡물 생산량 감소가 현실화하는 때부터 한국이
먹거리 재앙에 빠질 수도 있다는 경고이고, 만약 한반도 주변에서
전쟁이나 전염병, 경제제재 등의 상황이 발생, 한국이 봉쇄되어 외국의
화물선이 접근할 수 없는 상황이 되면 2개월 이내에 국민 대부분이
먹을 것이 없게 된다는 이야기다.

하지만 정부는 곡물자급률을 높이기 위한 방안을 적극적으로 마련하
기보다 농산물은 언제든지 외국에서 수입해서 먹을 수 있다는 논리로
자급률을 높이고 공급망을 다져놓는 등 위기에 대비한 노력은 보이지
않고 있다.

윤석열 대통령은 '양곡관리법 개정안'을 두고 포퓰리즘 법안이라고
지적했다. 자기 나라 국민인 농민들이 생존을 위해 쌀값 문제를 해결해
달라는데 대통령이 나서서 포퓰리즘이라고 매도한다. 대안은 제시하
지 못하더라도 말이라도 농민들을 위로하며 문제를 해결해가려고
하는 태도는 전혀 찾을 수 없다. 물론 양곡관리법 개정안의 실효성에
대해서는 논쟁할 수 있다고 본다. 국회 논의 과정에서 본래 취지가
많이 손상되었고, 의무 매입 규정에 대한 우려도 있다. 그러면 대통령이
나서서 자신의 생각이 무엇인지 말하고, 적극적인 정책을 내놓고

이후 농민들을 설득하면 되는 일이다.

우리는 묻고 싶다. 윤석열 정권은 '양곡관리법 개정안'이 국회에서 논의되는 1년의 과정 동안 도대체 대안 마련을 위해 어떤 노력을 했나? 노력은커녕 윤석열 정권과 국민의 힘은 '양곡관리법' 개정 필요성이 제기될 때부터 "쌀 과잉생산 우려", "국가재정의 과잉소모", "시장원리에 위배" 등을 이유로 농민에게 도움이 되지 않을 것이라며 줄곧 반대 입장을 표명해 왔다. 또한 양곡관리법 개정안이 국회를 통과하더라도 대통령 거부권을 행사해서까지 어떻게든 막아낼 것이라고 공공연히 내비쳤다. 이러한 과정에서 "사회주의협동농장법, 양곡공산화법" 등 구시대적인 색깔론을 동원하기도 했다. 농촌경제연구원을 동원하여 거짓논리를 생산하며 여론을 호도했고, 농림축산식품부 역시 이 논리에 기반하여 차관이 지역을 순회하며 농민들 사이의 분열과 갈등을 유발했다.

정부는 2023년 3월 8일 '쌀 적정생산 대책' 발표 시 "과잉생산으로 쌀이 남아돌아 적정생산을 해야 된다"며 "벼 재배면적을 줄여 쌀값을 안정시키고, 식량자급률도 높이겠다"고 발표했다. 하지만 2022년 기준 우리나라의 쌀 자급률은 84.6%이고 지난 10년간 자료를 보더라도 우리나라 쌀 자급률이 100%가 달성되었던 것은 고작 2015~2017년 3년에 불과했다. 쌀이 남는 이유는 수입쌀 때문이고, 2014년 이후 매년 쌀 40만 8,700톤 수입이라는 사실은 쏙 빼놓고 매년 쌀이 남아돌아서 난리라고 한다.

또한 쌀 소비량이 감소하고 있어서 쌀값 하락은 당연하다고 한다. 하지만 현실과 괴리된 기준과 전국 1,540가구(농가 640가구, 비농가

900가구) 밖에 되지 않는 적은 표본조사와 1인당 연간 쌀 소비량 산출 시 쌀 가공식품(햇반 등) 구매와 급식 소비량은 제외하고, 가정에서 밥, 떡을 만든 경우만 포함시켜서 발표하고 있다. 요즘 집에서 먹는 밥이 하루 한 끼가 될까 말까 하는 현실에서 국민들의 눈을 속이고 있고, 매년 40만 8,700톤씩 들여오는 수입쌀에 대해서는 한마디도 하지 않은 채 오직 쌀이 남아돈다는 논리만을 펼치고 있는 것이다.

농민들이 양곡관리법 전면개정을 요구했던 것은 국가의 책임을 강화하여 생산비를 보장하고, 쌀을 안정적으로 생산할 수 있는 법적·제도적 장치를 만들어 이를 통해 식량 위기를 극복할 수 있는 기반을 만들자는 것이다.

명백히 쌀값 폭락은 정부의 정책 실패가 원인이다.

우리는 지난 시기 기업의 농업 진출을 막아내기 위해 부단히 노력해 왔다. 하지만 윤석열 정권은 제도적으로, 정책적으로 기업들이 자유롭게 농업에 진출할 수 있는 발판을 마련하고 있다. 신산업 분야도 강화한다는 명목 아래 농업에 정보통신(IT)·생명공학(BT) 등 첨단기술이 결합된 푸드테크·그린바이오·반려동물산업 등 관련 기업 성장을 밀착 지원할 방침이라고 밝혔다. 스마트팜, 푸드테크, 그린바이오는 농업의 미래성장산업이 아니다. 푸드테크와 그린바이오는 그냥 산업이다. 이는 농업생산 분야에 기업자본이 들어오게 되고, 반드시 농업부문을 훼손하거나 심각하게 침해할 우려가 있다. 식량안보 확보와 미래성장산업으로의 발전을 이야기하며 기업에게 농업 진출의 문을 활짝 열어주면 농업에서 농민들이 설 자리는 점점 더 줄어든다. 기업이 농촌에 들어오는 순간 그나마 얼마 남지 않은 농민들은 순식간에 사라지고 농촌공동체는 무너질 것이다.

기업의 농업 진출은 꼭 막아내야 한다.

농업은 기후변화라는 근본적인 환경문제를 해결하지 않은 채, 디지털화를 앞세워 대규모 산업화 쪽으로 가고 있다. 성장이 아니면 퇴출이라는 구호는 미래에 디지털화 아니면 퇴출이 될 것이라는 의미다. 이는 노동력의 해고를 뜻한다.

농업의 산업화가 매우 극단적으로 진전되어 있다. 전국 평균 경작면적 1.5ha 미만이 78%에 가깝고, 농축산물 판매 금액 1천만 원 미만 농가가 68%에 달한다. 농촌 내에서의 양극화와 빈곤 문제는 갈수록 심화되고, 당장 10년 후 한국 농업의 지속가능성을 점치기 어렵다.

지난 겨울철 난방비 폭탄을 맞은 하우스 농가를 비롯해서 수많은 농민들이 폭등한 생산비 대책을 내놓으라고 해도 묵묵부답이다. 올해 초 우리나라에 조류독감이 발생한 것도 아닌데 조류독감이 우려된다는 이유로 무관세로 달걀을 수입해서 달걀값을 폭락시켰다. 이제 수확기를 맞은 양파 마늘 농가들도 또 작년처럼 저관세로 수입농산물이 들어올까 밤낮으로 걱정하고 있다.

윤석열 정부, 도무지 그 속이 깜깜하다. '양곡관리법'은 거부해 놓고 국산농산물을 써야만 '전통주'로 인정한다는 전통주 기준을 개정하여 수입쌀로 만든 막걸리도 전통주로 분류할 수 있도록 법 개정을 서두르고 있다. 대형 막걸리 업체들은 현재 70%를 수입쌀을 원료로 쓰고 있다. 이들이 전통주로 분류되면 주세 50%를 감면 받을 수 있고, 온라인 판매도 할 수 있다. 누구를 위한 정치를 하고 있는가?

2022년 농업 평균소득이 1,105만 원이었다. 농민의 대부분을 차지하는 소농들은 오늘도 먹고살기 위해 농사일과 농번기에는 공장에서, 조선소에서, 식당에서, 농업노동자로, 요양보호사로 일하며 농업을 이어가고 있다.

농민들이 내년에도 농사를 지을 수 있도록, 농민 대다수를 차지하고 있지만 농업정책에서 철저하게 소외되고 있는 농민들 특히 소농들이 적어도 빚을 지고 농사짓지 않도록 생산비가 보장되는 '농산물 최저가격제'가 실행되어야 한다.

내년에도 농사짓고 싶은 우리 농민들의 작은 소망을 더 이상 정부는 외면하지 말라.

농업을 포기하고, 농민을 말살하는 윤석열 정권을 우리 농민들은 거부한다!

*주: 식량자급률이란 사람이 먹는 주곡작물(쌀, 밀, 콩 등)의 자급률을 뜻하며, 곡물자급률은 식용뿐만 아니라 사료용을 포함하는 곡물 전체의 자급률입니다.

지속 가능 위기의 시대,
교육혁명 2030을 향해

| 천보선_진보교육연구소장, 2014peri@daum.net |

1. 입시 지옥이라는 문제만으로도…

한국교육이 근본적으로 변혁되어야 할 이유는 충분하다. 입시교육 체제는 모두를 고통스럽게 만들고 학벌사회와 계급 지배를 정당화하면서 교육 자체를 왜곡시킨다. 많은 비판들이 누누이 있어 왔다. 교육운동은 이를 타파하기 위해 대학무상화·평준화를 중심 의제로 하는 교육혁명운동을 전개해 오고 있다. 그런데 우리가 목도하고 있는 시대적

상황은 교육이 변혁되어야 할 이유와 과제를 새로운 차원에서 더해 준다.

2. 지속가능한 세계 건설을 위해

유네스코 2050: 교육과 사회의 변혁을 촉구하다

최근 유네스코는 '함께 그리는 우리의 미래(2021)'라는 교육 보고서를 발표하였다. 이 보고서를 통해 유네스코는 이대로는 세계와 지구가 지속될 수 없다면서 교육과 사회를 '변혁'[1]하여 2050년까지 지속가능한 새로운 사회시스템을 실현하자고 촉구하고 나섰다(이하 유네스코 2050).

---

1 'transform'의 번역으로 더 정확한 의미의 우리말은 '(형태) 전환'이라고 할 수 있다. 따라서 우리말로 '변혁'이라고 할 때 지니게 되는 'revolution'과는 다르다. 그렇지만 개혁 reform을 뛰어넘는 사회 시스템 차원의 구조적인 근본적인 변화를 의미한다고 할 수 있다.

"우리는 실존적 선택에 직면해 있습니다. 지속할 수 없는 길을 계속 가거나, 아니면 경로를 근본적으로 바꾸는 것입니다. 현재의 길을 계속 간다는 것은 비양심적인 불평등과 착취, 다양한 형태의 폭력의 소용돌이, 사회적 결속 및 인간 자유의 침식, 지속적인 환경 파괴, 위험하고 아마도 재앙적일 생물다양성 손실을 수용하는 것입니다." "우리의 미래를 함께 상상하고, 그것을 실현하기 위한 행동이 시급합니다. 지식과 배움은 혁신과 변혁의 기초입니다."(유네스코 2050 서론)

이러한 촉구의 배경에는 기후 위기에 대한 긴급하고 절박한 위기감이 자리한다. 그러나 기후 위기 문제만은 아니다. 유네스코가 말하는 지속가능 위기는 불평등 심화와 민주주의 후퇴 등 사회 전반의 총체적 지속불가능 상황을 포괄한다.

"우리는 중첩되는 여러 위기에 직면해 있습니다. 확대되는 사회경제적 불평등, 기후변화, 생물다양성 손실, 지구의 한계를 초과하는 자원 사용, 민주주의 후퇴, 파괴적인 기술 자동화 및 폭력은 현재 우리의 역사적 분기점의 특징입니다."(유네스코 2050 서론)

탈성장주의를 분명히 하다

이번 유네스코 2050의 제안은 국제기구의 보고서치고는 상당히 급진적이다. 특히 '탈성장주의'를 분명히 한다. 탈성장주의는 '탈탄소-에너지 전환'과는 결이 다른 차원의 의제이다. '탈탄소-에너지 전환'은

어느 정도 국제사회에서 합의된 의제라고 할 수 있지만 '탈성장주의'는
그렇지 않다. 그런데 논란을 무릅쓰고 '탈성장주의'를 분명히 하고
있다.

"계속 확대되는 소비와 지구에 대한 지배를 전제로 하는 경제모델은
무모한 허구를 지속시킵니다. 사회적 웰-빙과 생태적 지속가능성
사이의 바람직한 균형을 이루면서, 그 안에서 살아가기 위해서는
우리가 배워야 할 경제적 행위의 임계값이 있습니다."(유네스코
2050 4장)

탈성장주의는 현재의 자본주의 시스템에 대한 중대한 문제제기라고
볼 수 있다. 물론 자본주의 자체를 직접 부정하는 것은 아니지만
끊임없는 탐욕이라는 주요한 속성의 폐기를 촉구하는 것이기 때문
이다.

또한 산업혁명 이후 무분별한 탐욕의 바탕으로 작용해 온 '개인주의'
를 강하게 비판한다. '개인주의'[2]가 사적 욕망과 소유를 자극하고 공동
의 가치와 웰-빙을 훼손해 온 요소가 되어 왔다고 규정한다. 개인주의
는 성장주의와 함께 현재의 사회경제 시스템을 떠받치는 두 기둥이라
할 수 있다.

"단기적 이익과 과도한 소비를 우선으로 하는 경제 모델은 전

---

2 물론 개인의 가치를 폄하하는 것이 아니라 공동체보다 개인을 우선시하는 사상적
  조류로서 '개인주의'에 대한 비판이다.

세계적으로 수많은 사회를 특징짓는 탐욕적인 개인주의, 공감 결여와 밀접하게 연결되어 있습니다" "교육학은 우리가 모든 사람의 존엄성, 양심의 권리와 사상의 자유가 나타내는 위대한 성취에 대해 계속 배울 것을 요청합니다. 그러나 '인간 예외주의'와 '소유적 개인주의'는 버려야 한다고 말합니다."(이상 유네스코 2050 3장)

지속불가능 교육에서 지속가능 교육으로: 교육공동재, 교육목적 전환

기존 사회경제 시스템에 대한 강한 문제의식은 교육 체제에 대한 규정으로 그대로 이어진다. 성장주의 패러다임과 개인주의적 경쟁 방식에서 탈피해야 한다고 말한다. 현재의 교육은 지속불가능성을 재생산, 영속화하는 교육이라는 것이다.

"너무 오랫동안, 교육 자체가 경제성장 위주의 근대화 발전 패러다임에 기초해 왔습니다."(유네스코 2050 2장) "교육 시스템은 우리가 공유하는 미래를 위협하는 바로 그 조건들—차별과 배제 또는 지속불가능한 생활 방식을 막론하고—을 재생산하고 영속화함으로써, 교육의 진정한 변혁적 가능성을 제한합니다." "평화롭고 정의롭고 지속 가능한 미래를 만들기 위해서는 교육 자체가 변혁되어야 합니다."(이상 유네스코 2050 서론)
"교육학은 오랫동안 지속되어 온 배제와 개인주의적 경쟁 방식을 대체하여, 협력과 연대의 원칙을 중심으로 변화해야 합니다." "2050년을 바라보면서 우리는 성취에 대한 개인주의적이고 경쟁적인 정의를 우선시하는 교육 방식, 수업 및 측정을 포기해야 합니다."

(이상 유네스코 2050 에필로그)

그 같은 관점에서 새로운 교육 의제들을 여럿 제출한다. 대표적인 것 중 하나가 '교육 공동재' 개념이다. '공공재(public good)'을 넘어 교육을 모두의 소유, 관리로 두는 '교육 공동재(common good)'로 규정하자고 제안한다. 그렇게 본다면 모든 교육은 권리로서 무상으로 제공되고, 모두의 이익과 가치에 입각한 내용으로 구성되고, 전적으로 민주적인 방식으로 운영되는 것이 마땅해진다. 또한 교육목적 자체를 근본적으로 전환해야 한다고 강조한다. 산업혁명 이후 자본주의 체제에서 당연시되어온 '개인적 성공, 국가적 경쟁 및 경제 발전'이라는 기존의 교육목적을 폐기하고, '지속가능한 미래 건설'을 교육목적으로 삼아야 한다고 촉구한다.

"교육 시스템은 '단기적 특권과 안락함이 장기적 지속가능성보다 더 중요하다'는 잘못된 믿음을 심어 왔습니다. 그것은 개인적 성공, 국가적 경쟁 및 경제 발전의 가치를 강조함으로써, 우리의 상호의 존성을 이해하고, 서로와 지구를 돌보고, 연대하는 것을 훼손해 왔습니다." "교육은 집단적 노력을 중심으로 우리를 결속시키고, 사회, 경제 및 환경 정의에 기반을 둔 모두를 위한 지속가능한 미래를 만들어 나가는 데 필요한 지식, 과학 및 혁신을 제공하는 것을 목표로 해야 합니다. 환경적·기술적·사회적 변화에 대비하는 동시에, 과거의 불의를 바로잡아야 합니다."(유네스코 2050 서론 '교육의 목적을 다시 정의하다' 중)

이 외에도 '협력과 연대의 교육학', '교육과정과 평가 방식의 전환' 등 진보적 교육 의제들을 강조한다. 유네스코 2050의 시대 인식과 제안들은 우리 사회와 교육에도 그대로 적용되는 적실성을 지닌다. 또한 기본 방향과 내용적 맥락도 한국의 교육운동 진영에서 주장해온 바와 크게 다르지 않다. 한 마디로 교육혁명론의 국제적 버전이라고 할 수 있다.

왜?

'탈성장주의'를 포함해 유네스코 2050의 내용은 국제기구라는 점을 감안할 때 상당히 파격적, 이례적이라 할 수 있다. 여기서 두 가지 사실을 알 수 있다. 하나는 논란을 무릅쓰고 파격적 제안을 해야 할 정도로 지속가능 위기가 긴급하다는 것이고 또 하나는 그 때문에 이러한 제안이 가능할 정도로 국제적 차원에서 변혁을 요구하는 목소리들이 큰 흐름을 형성하기 시작했다는 것이다. 이 같은 사실은 OECD 조차 '탈탄소-에너지 전환', '신자유주의 반대'의 방향을 지닌 교육론[3]을 제출한 데에서도 나타난다.

반성과 새로운 전망

아무리 파격적이라 하더라도 유네스코 2050은 계급적 관점 미비,

---

3 OECD가 2018년 제출한 '교육 2030' 보고서도 지속가능 위기 극복에 초점을 둔 교육 보고서이다. 여전히 성장주의에서 벗어나고 있지 못하지만 '탈탄소-에너지 전환', '불평등 해소' 등 지속가능 주요 의제를 다루면서 기존의 신자유주의적 방향과 원리를 탈피한 새로운 사회, 교육 시스템의 필요성을 제기하고 있다.

국제기구 문서라는 한계를 지닌다. 그럼에도 유네스코 2050의 문제의식을 대하면서 필자 스스로, 그리고 우리 교육운동에 있어 몇 가지 반성적 지점들이 제기된다.

우선 생태 위기에 대한 불철저한 인식과 태도였다. 그동안 한국의 교육운동은 '생태 위기' 문제를 당장의 문제라기보다 먼 미래의 문제로, 나의 일이기보다 환경단체나 관련 교사모임의 사안으로 미루어 왔다고 할 수 있다. 유네스코 2050은 그와 같은 안이하고, 비실천적인 태도에 경종을 울려주었다.

또한 시대 인식의 부족, 불철저함이다. 그동안 생태 문제를 중심 의제로 설정해 오지 못한 것에는 지금 이 시대가 사회와 지구의 지속가능성이 눈앞의 현실로 위협받고 있는 시대라는 사실에 대한 인식 부족이 내재한다. 비단 생태 문제만이 아니다. 자본주의 생산-소비 시스템의 구조적 위기의 현실화, 저출생/고령화 사회의 도래, 디지털 사회화 등 구체적, 총체적 시대 인식이 부족했다. '교육'이라는 문제는 본래 '미래'와 연관된 것으로 '총체적 시대 인식'을 필요로 한다. 그런데 총체적 지속가능위기라는 시대 인식에 제대로 이르지 못했었고, 이는 그동안 교육운동에서 새로운 전망과 방향을 더욱 분명하고 풍부하게 창출하지 못하는 한계로 연결되어 왔음을 고백하지 않을 수 없다.

안이함과 부족함의 극복 계기로 삼는다면 유네스코 2050의 제안은 교육운동에 새로운 힘과 전망을 부여해주는 큰 계기가 된다. 우선, 한국 사회와 교육이 변혁되어야 할 이유와 필요성, 정당성을 더욱 확고하게 해준다. 또한 지금까지 국제 교육담론은 주로 신자유주의 교육정책의 근거와 배경이 되어 왔었는데, 이제 반대로 교육혁명의 근거로 삼을 수 있게 되었다. 나아가 탈성장주의와 교육공동재 개념 등 새로운 문제의식과 의제들은 교육운동의 내용을 더욱 풍부하게 해 줄 수 있기 때문이다.

3. 저출생/고령화, 챗GPT까지…

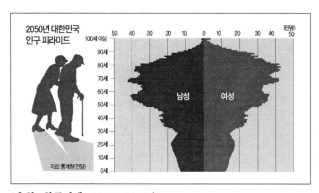

*출처: 한국경제, 2019. 11. 04.

지속가능 세계 건설이 요청되는 대전환적 시대 상황은 한국사회에서도 분명한 모습으로 전개되고 있다. 기후 위기 의제의 확산, 경제위기의 심화 등의 현상이 가속화되고 있다. 최근 교육 부문에서 주요한 현안이 되고 있는 학령인구 감소, 디지털 교육정책 문제도 중요한 지속가능 의제들이다. 그런 점에서 지속가능 세계 건설을 위한 교육 변혁은 이제 단지 거시적 담론이 아닌 구체적 교육 정세로 현실화되고 있다.

학령인구 절반 시대의 도래: 모든 아이가 소중하다

올해부터 저출생/고령화 문제가 교육문제로 본격적으로 전화되기 시작했다. 그동안 저출생 속에서도 지난 10여 년 이상 학령인구 감소 폭은 크지 않았다. 제2차 베이비붐 후속 효과 때문이다. 그런데 올해부터 학령인구가 급격하게 감소하기 시작해 향후 10년 뒤면 초등 학령인구가 절반이 된다. 이에 따라 정부는 신규 교사 채용 규모를 줄이겠다고 발표하였고, 그렇지 않아도 위기에 처해 온 지방 대학은 '벚꽃 피는 순서대로 문 닫는' 것이 눈앞의 현실로 되었다. 정부는 이 문제를 경제적 효율성 차원에서 접근하고 있으며, 교육운동 진영은 교육환경 개선 기회로 삼아야 한다고 맞서고 있다.

  마땅히 학령 인구 감소 문제는 경제 논리로 접근할 문제가 아니다. 그렇지만 교육운동 역시 기존의 관성적 대응을 넘어 '시대 변화'라는 차원에서 새롭게 접근할 필요가 있다. 학령 인구 감소 문제는 향후 한국 사회를 운명을 규정짓는 지속가능 의제로 다루어야 한다. 지속가능 의제 차원에서 모든 아동, 청소년의 전면적 발달을 위한 교육환경 및 시스템의 질적 개선을 요구해 나가야 한다. 저출생/고령화 사회는 완전히 새로운 성격의 사회이기 때문이다. 훨씬 적은 수의 노동인구가 훨씬 많은 인구를 부양해야 하는 사회로서 인류 역사상 처음 겪는 초유의 새로운 사회이다. 이 사회가 유지되기 위해서는 더욱 높은 생산력과 공동체성을 담지하는 주체 형성이 필요하다. 그를 위해 모든 아동, 청소년의 가능성을 최대한 실현하는 교육이 이루어져야 하며, 이는 학급당 학생 수 등에서 기존과 전혀 다른 수준의 교육 조건의 질적 변화를 필요로 한다. 전면적 발달을 위해 공동학습 속에서 모든 아동의 발달 상황을 고려하는 개별지도가 결합할 수 있어야 한다. 저출생/고령화 시대는 '모든 아동이 소중하다'는 구호가 실제의 교육 조건으로 실현될 것을 요구한다.

챗GPT와 디지털 사회화: 총체적, 민주적 인간 발달을 요구하다

디지털 사회화 역시 주요한 지속가능 의제이자 교육 변혁을 필요로 하는 요소이다. 최근 챗GPT가 등장하면서 디지털 사회로의 가속화가 현실화되기 시작했다. 그동안 한국 사회에서는 디지털이라는 사안이 주로 성장주의와 기술주의에 입각하여 교육을 왜곡시키는 빌미로 작용해 왔다. 최근 윤석열 정권이 제시하는 디지털 100만 대군, 코딩 교과 도입, AI 교육체제로의 전환 등의 정책이 그러하다. 그러나 이런 방식의 정책들은 매우 근시안적이고 발달원리를 무시하는 비교육적인 접근이다.

　지금까지 교육운동은 잘못된 디지털 교육정책에 대해 교육적 왜곡, 기업적 이윤 추구를 우려하고 비판하지만 대체로 방어적, 수세적으로 대응해 왔다. 그동안 한국사회와 교육계에는 디지털 사회화에 대한 성장주의적, 기술주의적 담론이 압도해 왔기 때문이다. 그러나 디지털 교육담론의 세계적 흐름은 전혀 다르다. 디지털 기술의 교육적 한계와 문제를 명확히 인식하며, 디지털 사회에 대한 교육적 대응이라는 보다 넓은 논의를 전개한다. 유네스코 2050은 '코딩 교육'과 같은 직접적 기술 교육 도입이나 디지털 기술이 개별화 교육 확산으로 연결되는 것을 분명하게 비판한다.

> "이것이 최신 기술 발전을 수용하기 위한 왜곡된 교육의 일방통행을 의미해서는 안 될 것입니다.(유네스코 2050 4장)
> "공동의 공간에서 차이에 주목하는 '교육적 차이 인정'과 AI에 의해 규정되는 '초-개인화된 학습'을 구분하는 것이 중요합니다. 개인화된 학습은 학습자를 공공 및 집단적 공간, 관계로부터 탈맥락화하고 제거합니다. 우리의 차이들은 더 큰 상호 이해로 종합되어야 합니다."(유네스코 2050 3장).
> "과도한 접근으로부터 학생과 교사를 보호하려면, 적절한 규칙과 프로토콜이 필요합니다."(유네스코 2050 7장)

코딩 교육이나 AI 교육 따위의 협소한 논의보다 중요한 것은 디지털 사회라는 새로운 성격의 사회에 교육이 어떻게 대응해 나갈 것인가의 문제이다. 이와 관련 기존의 성장주의, 기술주의적 접근을 극복하고 보다 근본적이고, 교육적인 차원에서 접근해야 한다. 디지털 사회화는 새로운 주체 형성, 새로운 사회체제로의 전환을 요청한다. 첫째, 기초와 원리를 튼튼히 쌓는 체계적 교육이 필요하다. 디지털 사회의 주요한 특징 중 하나는 빠른 기술변화, 사회변화이다. 빠른 변화에 대한 대응력은 튼튼한 기초와 원리에서 나온다. 둘째, 더욱 고도화된 총체적, 주체적 인간 형성을 필요로 한다. 범람하는 온갖 정보, 가짜 뉴스를 주체적으로 거르고 판단할 수 있으려면 더욱 광범위한 분야의 소양을 갖춘 높은 수준의 역량이 필요하다. 셋째, 사회정서적 역량의 강화가 필요하다. 디지털 사회에서 대면적 상호작용, 사회적 공감과 연대의 필요성은 더욱 커진다. 넷째, 민주적이고 공동체적인 사회체제로의 전환이다. 디지털 기술의 위험적 요소를 관리, 통제하면서 모든 사람에 유익한 방향으로 사용하기 위해서는 자본과 상업적 이윤이 지배하는 현재의 시스템을 개편해야 한다. 유네스코 2050은 현재의 상황을 디지털 제국주의로 규정하면서 디지털 기술을 공동재로 다루어 나가야 하며, 가짜뉴스 등을 극복할 수 있는 '비판적 디지털 문해력'을 갖출 수 있도록 해야 한다고 강조한다.

"기술은 해방과 동시에 억압할 수 있는 권력과 통제의 새로운 지렛대를 제공합니다. 우리는 지속적인 기술혁신이 우리가 번영하는 데 도움이 되고, 다양한 앎의 방식이나 지적, 창조적 자유의 미래를 위협하지 않도록 경계해야 합니다."(유네스코 2050 서론) "기술은 중립적이지 않습니다. 기술은 인간의 인식과 행동은 물론이고, 세상을 나누고 재구성하는 방식을 통해 행위와 의사결정을 틀 지을 수 있습니다." "현재의 알고리즘 경로, 플랫폼 제국주의, 디지털 인프라의 거버넌스 패턴은 교육을 공동재로 유지하는 데 심각한 문제를 제기합니다."(이상 유네스코 2050 2장)

"거짓 정보의 확산에 대해서는 거짓과 진실을 구별하는 능력을 발달시키는 과학, 디지털 및 인문학적 소양을 통해 대응해야 합니다."(유네스코 2050 서론)

디지털 사회화는 정부가 말하듯 직접적 기술교육, 개별화 교육 도입의 계기가 아니라 더욱 평등하고 공동체적이며 질 높은 수준으로 변혁되어야 할 주요한 요소이다. 따라서 디지털 문제에 대한 방어적, 수세적 대응이 아니라 교육 변혁의 적극적 근거로 삼는 공세적 전환이 필요하다. 최근 챗GPT의 등장은 디지털 사회화의 성격과 방향을 보다 가시적으로 드러냄으로써 방향 전환의 필요성을 더욱 분명하게 만들고 있다. 챗GPT 등장을 계기로 한국 사회 디지털 교육 담론도 달라지고 있는 것이다.

"반도체 학과는 엉뚱한 이야기고 물리학, 수학과가 필요" "단선적 접근 벗어나야… 컴퓨팅 사고력은 수학적 사고력. 이것은 코딩과 다른 것. 실제 프로그램에서 중요한 것은 경우의 수를 판단할 수 있는 수학적 사고력 필요." "경청하는 태도, 이해력, 창의력 필요. 협업 능력 필요. 글 잘 쓸 수 있는 사람이 코딩도 잘 함. 인문학적 소양과 수학적 사고력 중요." "초중등에서 코딩교육 직접 하는 것은 또 하나의 암기교육" "사회적 안전판이 있어야 창의적 교육 가능. … 학부모들도 세상이 바뀔 수 있게 요구해야"(박태웅, 유튜브 '한국교육으로는 4차산업 인재가 못 나오는 이유', 박종훈의 경제 한방)

"관련 자격증 만들지 말라. 실제 IT 업계에서는 아무도 자격증 요구하지 않는다. 관련 학과도 만들지 말라. 정작 필요한 것은 수학, 물리학, 화학 등의 기초과학" "기술 개발은 학부 단계에서 할 수 있는 일이 아니다. 여러 분야의 협력 필요. 인공지능의 관련 학문 분야만이 아니라 인지과학, 법학, 철학, 인류학, 윤리학 등 학제 간 연구 필요" "수명이 늘어나고 사화가 엄청나게 복잡해졌는데, 기존의 18세로 끝내는 공교육 체제로는 이러한 변화에 대응할 수 없다. 생애교육으로 재개념화해서 성인 이후 다시 공교육을 받아 역량을 높일 수 있도록 해야" ("한국은 '챗GPT' 절대 못 만든다" IT 거장 박태웅이 장담한 이유 "정부가 걸림돌" – 박태웅, 「신장식의 뉴스하이킥」, MBC 230. 4. 19 방송)

"(진정한 의미의) 인공지능이 시작된 해는 2023년" "지적 과정의 중간 단계 대체 가능" "인간은 꿈과 목표, 인공지능이 산출한 결과물에 대한 판단과 선택" "지금 10대는 인공지능 시대를 헤쳐나갈 수 있는 무기가 없는 상태" "어른들이 새로운 전망을 만들어 주어야 한다"(유튜브 〈김대식 교수 '20분 레벨업' 미래직업 인공지능 AI〉, 김미경TV)

"지금까지 공부는 답 찾는 공부. 좋은 대학 나오면 돈 많이 버는 직업으로. 답만 잘 외우는 사람들은 이제 성공 못함." "인공지능 등장은 기존의 성공 공식, 교육 시스템 변화를 요구함" "질문을 잘 할 수 있는 능력, 진짜와 가짜를 구별할 수 있는 능력, 디테일을 잘 파악하는 능력" "AI 시대에는 아이러니하게 더 중요해지는 것은 더 많은 경험, 더 많은 지식, 더 많은 공부 필요"(장동선, 유튜브 '챗GPT 이후 성공 방정식이 뒤집혔다', 세바시 인생질문. 2023. 4. 5.)

이들은 공통적으로 입시교육과 학벌사회의 문제점을 지적하면서 기초와 원리, 인문학적 소양과 수학적 사고력이 중요하다고 강조한다. 이들의 이야기는 교육혁명 방향과 크게 다르지 않다. 챗GPT 등장이 디지털 교육담론의 변화를 가져오는 이유는 코딩교육 같은 직접적 기술교육의 허구성, 기술의 편리함과 함께 '위험'을 분명하게 드러냈기 때문이다. 챗GPT라는 기술 발전이 오히려 기술주의적 입장을 극복하는 계기가 되고 있는 것이다. 가속화되기 시작한 디지털 사회화는 교육혁명의 필요성과 시급성을 더해준다고 할 것이다.

4. 교육혁명 2030을 향해

모든 것이 교육혁명을 필요로 하다

그동안 누적되어 온 교육 모순만이 아니라 시대적 상황과 과제들 모두가 교육혁명과 사회 변혁을 요구한다. 이제 교육혁명은 '보다 나은 교육'을 넘어 사회적, 생태적 차원의 생존의 문제로서 요청된다.

지속가능한 사회로의 전환을 위해 교육혁명은 필수불가결하고도 시급한 과제가 되고 있다.

교육운동의 '전환': 확장된 의제로 보다 공세적으로

대전환 시대를 맞이해 교육 운동의 '전환'이 필요하다. 첫째, 의제의 확장이다. 입시경쟁 교육의 문제만이 아니라 기후 위기를 문제를 비롯해 지속가능 의제들을 교육운동의 의제로서 확장해 나가야 한다. 둘째, 공세로의 전환이다. 지속가능한 세계 건설을 위한 교육 변혁은 마땅히 공세적 성격을 지닌다. 지금까지 방어적 사안이었던 학령인구 감소, 디지털 문제 등도 교육혁명의 공세적 근거로서 전환해야 한다.

2023년 들어 교육 운동은 새로운 시도들을 추진하고 있다. 우선 '기후 정의 교사 선언'이다. 생태 위기 및 지속가능 의제를 교육운동의 중심 사안으로 삼아나가려는 시도라고 할 것이다. 처음 시도된 일임에도 이번 5월 3천4백여 명의 교사들이 참여함으로써 의미 있는 출발이 되었다. 앞으로 지속가능 교육과 세계 건설을 위한 투쟁과 사업이 크게 확장되어 나가길 기대한다. 또한 「대학무상화·평준화국민운동본부」의 '교육혁명 대행진'도 새로운 시도이다. 교육혁명 운동은 지금까지 주로 담론, 의제화 사업 중심으로 전개되어 왔다. 새로운 상황에서 보다 공세적인 차원으로 상승할 필요가 있다. 그를 위해 광범한 대중행동으로서 올 하반기에 '2023 교육체제 전환을 위한 교육혁명행진'을 전개할 예정이다. 교육혁명행진은 유초중등에서 대학에 이르기까지 교육 전 부문과 교사, 학생, 학부모 등 교육주체 전체가 함께하는

최초의 행진 투쟁으로 그 의의가 크다. 교육혁명운동의 공세로의
전환을 마련하는 기폭제가 되기를 기대해 본다.

반동의 시절을 넘어 교육혁명 2030을 향해

유네스코는 지금부터 교육과 사회 변혁을 위한 도정을 시작해 2050년
을 지속가능한 세계와 지구를 실현하자고 제안하였다. 2050년까지
지속가능 세계 실현을 위해서는 그 이전에 교육 변혁을 이루는 것이
필요하다. 새로운 교육으로 세계를 바꿀 수 있는 주체들을 형성해야
하기 때문이다. 그런 취지에서 한국사회 교육혁명의 목표와 일정을
설정하는 것이 필요하다고 본다. 물론 한시가 급하지만 현재의 퇴행적
권력과 정치 지형으로 인해 당장은 어렵다. 투쟁의 확산과 사회적
공유를 위한 과정도 필요하다. 너무 늦어서도 안 된다. 그래서 향후
실천적 전망과 의지를 담아 2030년까지는 교육혁명에 대한 사회적

공유와 제도적 시작을 이루어내자는 제안을 해본다. 잘못된 권력이 아무리 역사를 거스르려 하더라도 커다란 시대의 흐름을 막을 수는 없다. 반동을 시절을 넘어 2030년에는 우리 청소년이 무상화·평준화된 대학에 입학하면서 세상을 바꾸겠다는 의지를 키우는 그런 상황을 그려 본다.

한국의 의료현실과 대안

| 심희준_참의료실현 청년한의사회 공동대표, tow10002@gmail.com |

1. 들어가는 글

한국의 의료현실과 대안에 대해 나름의 생각을 글로 담아보고자 합니다. 의료제도를 설명할 때 의료공급체계와 진료비 지불제도로 나누어 설명하곤 합니다. 공급체계는 의료를 공급하는 주체들의 소유구조(공공, 민간, 사단법인 등)와 의료전달체계(경증 초기대처부터 중증에 이르기까지의 의료접근 구조)를 포함하며, 지불제도는 의료비용을 지불하는 방식(인두제, 행위별수가제 등)에 대한 구조를 말합니다. 조금 복잡한 이야기가 될 것 같습니다.

2. 한국 의료의 현실

*건강보험 재정 위기

「건강보험 재정전망 및 정부지원 법 개정 필요성」 보고서를 보면,

지난해 20조 2,000억 원이던 건보 적립금은 2026년 9조 4,000억 원으로 5년 만에 53.5% 감소한다고 합니다. 9조 4,000억 원은 건보공단이 의료기관에 지급하는 한 달분 급여비에 불과한 규모입니다. 매달 지출되어야 하는데 여유자금이 거의 없다는 것입니다.

연도별 건보 재정전망을 보면, 건보는 올해 9,800억 원의 흑자를 마지막으로 내년부터 적자(1조 1,513억 원)로 전환된 뒤 2024년 2조 200억 원 → 2025년 2조 8,600억 원 → 2026년 5조 7,300억 원으로 적자 폭이 커질 것으로 예상합니다. 고령화와 그에 따른 만성질환 증가로 의료비 지출은 빠른 속도로 늘 것으로 예상합니다.

*OECD 평균보다 낮은 공공보험 보장성

건강보험 보장률이란 환자가 내야 하는 의료비용 중에서 보험을 통해 얼마까지 보장되는지를 비율(%)로 나타낸 것입니다. 가령, 진료비 총액이 100만 원이 나왔고 보장률이 70%라면 환자 본인이 30만 원, 건보공단이 70만 원을 낸다는 말입니다. 보장률 수치가 높을수록 당연히 환자 본인이 부담해야 하는 의료비는 적어지게 됩니다.

한국은 의료 보장성이 OECD 국가 중 최저수준입니다. 생명·건강과 직결되는 입원 진료의 경우에도 한국은 67%만 보장해 OECD 평균 보장성 87%에 비해 크게 낮습니다. 심지어 코로나19 중환자 치료비도 수천만 원에서 수억 원이 개인에게 청구되는 나라입니다. 가계소득 대비 의료비 본인부담 지출 비율이 OECD 국가 중 가장 높은 수준으로, 개인들이 높은 의료비 부담에 허덕여야 하고 이것이 빈곤에까지 이어지고 있는 열악한 건강보험 보장 제도를 가졌습니다.

*건강보험 보장성 확대정책의 실효성

문재인 정권에서는 '문재인케어'라는 이름으로 건강보험 보장성 강화 정책을 시행했습니다. 하지만 그 실효성에 대해서는 의문이 남습니다. 소위 '풍선효과'라는 것인데, 의원들이 기존 건강보험 급여항목에 다른 비급여(건강보험에서 보장되지 않는 항목)를 더 추가하는 방식으로 이윤 추구를 극대화했기 때문입니다. 병원을 방문했을 때 실손보험 가입 여부를 미리 물어보고 가입 여부에 따라서 치료방법이 결정되는 것을 많은 국민이 겪고 있습니다. 한 연구에 따르면 비급여 풍선효과 중 56%가 실손보험 유인 효과로 추정하고 있습니다.

비급여 풍선효과 문제점은 국정감사에서도 조명된 바 있습니다. 보장성 강화를 시행하기 전인 2017년 6월 등재 비급여는 3,498개였지만 올해 6월 3,705개로 늘었습니다. 동기간 비급여 항목은 1,296개가 급여화됐습니다. 다수의 급여화에도 오히려 비급여 항목이 늘어난 셈입니다.

이 같은 비급여 풍선효과의 원인으로 실손보험의 과도한 보장이 지목되고 있습니다. 급여화와 관련한 비급여 풍선효과는 급여와 비급여를 병행해 진료하는 상황에서 주로 발생합니다. 예를 들어 MRI 같은 영상촬영을 할 때 보험 항목과 비보험 항목을 섞어 주변 부위까지 같이 촬영하고 청구하는 방식입니다. 필요한 검사인지 아닌지 환자가 파악하기 어렵다는 점을 악용하는 것입니다.

*의료인의 부족

대한민국은 OECD 평균보다 의사 수가 적습니다. OECD 평균 의사

수는 3.7명이나 한국은 2.5명으로 2/3 수준입니다. 지역별 불균형은 더욱 심합니다. 대부분 시도가 1~1.5명 사이이며 가장 부족한 세종시는 0.8명, 가장 많은 서울시도 3명으로 OECD 평균보다 부족한 상황입니다. 전체 의사의 30% 가까이가 서울 지역에 몰려 있다고 합니다. 의사 수 부족에 더해 더 큰 문제는 의사가 부족한 지역이 고령인구 비중이 높은 지역이라는 것입니다. 의사의 상대적 부족과 지역 격차는 앞으로 더 심해질 가능성이 큽니다. 수도권 지역에서도 충분히 좋은 수입과 편안한 생활을 누릴 수 있는데 지역으로 내려갈 이유가 없으니까요.

반면, 국민 1인당 의사 외래 진료 횟수는 14.7회로 OECD 평균인 5.9회에 비해 2.5배 이상 많습니다. 행위별 수가제로 인해 의료진이 잦은 내원을 유도해왔고 그것이 굳어진 것입니다.

OECD 평균 일차의료의사의 비율은 23%인 것에 비해 한국은 5.9%라고 합니다. 하지만 이것은 올바른 비교가 아닙니다. 대한민국은 주치의가 없이 전문의들이 각각 자신의 전공 분야만을 다루고 있는 병원의 난립인 상태로, 1차 의료가 문지기의 기능을 제대로 수행하지 못하고 있습니다. 5.9%의 일반의들이 있지만 일차의료의사로 활동하지 않습니다. 일차의료가 약하면 취약계층은 의료서비스에 대한 접근도가 떨어지고 전문적인 관리가 어렵습니다.

외과나 소아청소년과, 산부인과 등 소위 필수의료인력에서의 이탈 또한 가속화되고 있습니다. 의사고시에 합격한 후 바로 '돈 되는 진료과목'을 선택하거나, 다른 과를 전공했지만 돈 되는 진료과목으로 방향을 트는 사례가 적지 않은 것입니다. 지난해 2월 기준으로 전국 성형외과

의원(성형외과 전문의가 운영하는 1차 의료 기관) 수는 1,610곳이지만 국내에서 성형외과 전문의 자격증이 없으면서 피부과·성형외과 진료를 시행하는 의원까지 합하면 3만여 곳으로 추정됩니다. 다시 말해 성형외과·피부과가 아닌 타과의 전문의이거나 의사고시에 합격했지만 전문의 과정을 아예 밟지 않은 일반 의사, 즉 '피부과 비전문의', '성형외과 비전문의'가 성형외과·피부과를 진료하는 '미용 의료' 영역에 뛰어드는 경우가 해당 과 전문의가 개원하는 경우보다 훨씬 더 많다는 것입니다. 지인 중 하나는 소아청소년과를 전공했지만, 현재는 실손보험환자를 대상으로 한 도수치료 및 미용 등을 전문으로 하는 의원을 운영 중입니다. 소아청소년과는 업무강도는 높지만 다른 전문의에 비해 소득이 적은 대표적인 필수의료과입니다. 본인이 전공한 것과는 다르지만 업무강도보다 소득 격차가 심하니 어쩔 수 없다고 합니다.

*건강검진의 문제

우리나라 건강검진은 세계 최대 규모입니다. 영유아 건강검진은 8번에 걸쳐 받게 되고, 학생 건강검진은 4번에 걸쳐 받게 됩니다. 그리고 일반인 대상 건강검진이 2년마다 있고, 40세 이상에 있어서는 암 검진을 매년 받게 돼 있습니다. 대부분의 건강검진은 민간병원에서 이뤄지며 어마어마한 검진 비용이 들고 있습니다. 실제로 국가건강검진에 들어가는 비용은 약 1조 9,500억 원이며, 이중 1조 8,550억 원이 건강보험 재정에서 지출됩니다. 개인 혹은 기업체가 지원해 이뤄지는 민간 영역의 검진 규모도 약 1조 원에 가까워, 우리나라는 매년 약 3조 원에 재정이 건강검진에 소요된다고 추계할 수 있습니다.

"폐암·갑상선암·대장암 등 근거 없는 과잉 건강검진 많다"라는 의학한림원의 발표는 곱씹어볼 대목입니다. 증상이 없다면 굳이 필요하지 않은 검사를 정기적으로 시행할 필요는 없습니다. 또한 건강한 사람을 대상으로 검사를 한다는 것 자체가 상당히 위해를 가할 가능성이 있음을 고려해야 하는데 이에 대해 우리 사회가 경각심을 덜 갖고 있습니다. 실제 내시경 중 발생한 사망사고가 종종 보도되고 있고, 내시경 검사를 위한 충분한 시간이 확보되지 않고 있다는 연구도 있습니다. 전문가들은 불필요한 건강검진만 줄여도 건보재정부담을 크게 낮출 수 있다고 강조합니다. 미국, 영국, 캐나다 등 의료선진국은 10여 년 전부터 불필요한 진단, 검사, 치료 등을 배제하고 적정진료를 제공하자는 취지의 '현명한 선택(Choosing Wisely)' 캠페인을 진행하고 있습니다.

*급격한 노령화

「노후 생활과 부양 문제에 관한 고령자의 견해」 연구 분석에 따르면, 2025년 한국의 65세 이상 인구는 비율은 20%(20.6%)를 넘어설 것으로 예상합니다. 유엔은 65세 이상 인구 비율이 7% 이상이면 고령화사회, 14% 이상이면 고령사회, 20% 이상이면 초고령사회로 분류합니다. 고령사회에서 초고령사회로의 진입에 영국은 50년·미국은 15년이 소요됐지만, 우리나라는 단 7년에 불과해 매우 빠른 속도를 보여주고 있습니다. 노인들의 경제 여건은 좀처럼 나아질 기미가 보이지 않습니다. 66세 이상 고령자의 상대적 빈곤율(중위소득 50% 이하)은 43.2%로

OECD 회원국 중 압도적 1위입니다(노인 빈곤율 40%를 넘는 국가는 한국이 유일).

더욱더 큰 문제는 국민연금 또한 재정이 충분치 못하다는 것입니다. 국민연금 재정추계전문위원회는 2055년이면 국민연금 기금이 소진될 것이라는 내용의 제5차 재정추계 결과를 확정 발표했습니다. 현행 제도를 유지할 경우 2041년엔 적자로 돌아서는 것으로 나타났습니다. 5년 전 재정 추계 때보다 소진 시점은 2년 빨라졌고, 적자 전환 시점은 1년 앞당겨졌습니다.

*요양병원, 요양원, 한국의 요양병원 입원율
한국은 OECD 국가 중 요양병원 병상(2019년 기준 노령인구 1천 명당 36개)이 압도적으로 많은 국가로, 그 규모는 다음으로 많은 국가인 체코(10개)와 일본(9개)의 3~4배에 해당합니다. 대부분 국가는 병원의 요양병상(침대 개수, 병원 내 입원 가능한 환자 수)이 아닌 시설의 병상으로 장기요양병상을 제공하고 있으나, 한국은 요양시설의 침상보다 요양병원의 병상이 대단히 많습니다. 요양병원의 병상 수는 전체 의료기관 병상수(72만 2,313개)의 40%에 이릅니다. 요양병원 입원환자의 약 70%가 의료필요도가 낮고(입원환자분류군 의료중도 이하), 요양시설 입소자들의 약 30%는 의료필요도가 높은 장기요양등급 1, 2급입니다. 요양병원과 요양시설 간의 기능 중복, 요양시설보다 요양병원 이용의 용이, 요양병원의 정액수가 보상체계는 요양병원이 의료기능 보다 요양기능에 치중하기 쉽게 만들어 과도한 장기입원환자를 양산하는 구조로 작용합니다. 요양병원의 불필요한 장기입원환자가 많음은 건강보험재정 낭비 초래뿐 아니라 장기요양보험제도 운영 내실화에도 부정적 영향을 일으킵니다. 한정된 자원의 비효율적 사용은 건강보험의 지속가능성을 위협합니다.

3. 해결 방안

*주치의제도·통합돌봄·만성질환관리제도의 활성화

한국에는 지금까지 없었던 의사, 주치의제도를 도입하는 것이 시급합니다. 비용이 드는 시술, 검진 위주의 의료시스템에서 벗어나, 병이 발생하기 전에 미리 건강관리를 해주는 것이 주치의의 역할입니다. 정부에서 일차의료의 강화를 위해 장애인주치의, 만성질환관리제도, 장기요양보험 재택의료센터, 일차의료 방문진료 시범사업 등 다양한 시범사업을 진행하고 있으나, 그 시급성에 비해 추진이 더딥니다. 주치의는 나이가 들어 병원을 방문할 수 없게 되면 의사가 직접 집으로 방문해서 진찰하고 관리해 줄 수 있어야 합니다. 또한 필요한 서비스를 지원해주고 집에서 여생을 마무리할 수 있도록 도와야 합니다.

 하지만 이러한 정책들의 좋은 취지에도 불구하고, 기존 의사들의 참여는 매우 저조합니다. 이미 고수입을 벌고 있고, 편하게 돈 벌 방법이 많은 상황에서 좋은 뜻만으로 어려운 일을 선택하게 하는 것은 불가능에 가깝습니다. 장애인주치의는 시행 6년 차에 이르렀지만 2022년까지 전체 장애인의 0.5%만 겨우 이용했습니다. 참여하는 병원이 너무 적고 적극적이지 않기 때문입니다. 재차 돈을 더 얹어주는 방향으로 개정하여 의사들의 참여를 유도하고 있지만 확산이 매우 더딥니다. 반면 한의사 장애인주치의는 의사단체의 눈치를 보느라 아직 시작조차 하지 못했습니다.

또한 이러한 서비스를 필요로 하는 장애인 대상자들은 관련 정보를 제대로 제공받지 못하고 있습니다. 장애인 당사자들의 주치의제도 요구도는 높습니다. 반면 주변 의원들에 문의했을 때, 주치의사업에 이름만 올렸을 뿐 시행하지 않는다, 방문진료는 어렵다 등 실제 서비스를 제공하는 의원을 찾기 너무 힘들다는 이야기를 합니다. 실제 시행하는 곳은 어떤 곳들이 있는지 어떤 서비스를 제공할 수 있는지 등을 적극적으로 홍보해야 합니다.

*부적절한 비급여 진료의 규제 필요

폭넓은 비급여 개선으로 건강보험이 민간보험 재정에 상당히 긍정적인 영향을 끼쳤으나, 반대로 민간보험의 비정상적 급여확대로 인해 건강보험의 재정을 악화시키는 부정적 효과가 발생하고 있습니다. 비정상적인 횟수의 도수치료, 갑상선결절 고주파절제술, 백내장수술, 영양제·비타민제의 과잉 투여 등을 민간보험이 보장함으로써, 민간보험의 보험금 지급이 늘 뿐만 아니라 연동된 건강보험의 재정건전성을 악화시킵니다. 백내장 수술에서 손해보험사의 보험금 지급이 2016년 779억 원에서 2020년 6,480억 원으로, 건강보험급여 비용지출 또한 4,175억 원에서 6,825억 원으로 증가하였고, 이는 민간보험의 부적절한 보장에 기인하고 있다고 의심할 수밖에 없는 상황입니다. 더욱 문제가 되는 부분은 앞서 언급한 대로 이러한 부적절한 비급여진료가 의료인들을 필수의료에서 이탈시킨다는 것입니다.

이를 규제하는 방안으로는 건강보험 급여비 청구 시에 비급여진료를 포함한 모든 진료비 자료를 제출하도록 의무화하고, 새로운 비급여 진료(신의료기술, 신약, 신치료재료)는 반드시 사전에 공단에 신고하여 사전승인을 받도록 하는 등의 방법이 있습니다. 이를 통해 임상적 안전성과 유효성에 대해 심평원과 식약처의 심의기능을 강화합니다. 또한 향후 필요한 치료에 대해서는 데이터를 축적하게 빠르게 급여화 할 수도 있습니다. 건강보험 급여항목과 비급여 항목을 혼합진료하여 비용을 부풀리는 것을 억제할 수 있습니다.

*의사의 권한 이양

코로나 신속항원검사를 시행하는 의원들이 하루에 1,000∼2,000만 원가량의 매출을 올리며 소위 '대박'이 났습니다. 보건소에서 진행하던 임시선별진료소가 문을 닫으면서 건강보험으로 코로나 검사를 시행하면서 몇 달간 있었던 일입니다. 진단검사 비용은 대략 2조 이상이 소모되었습니다. 코로나 기간 동안 간호사, 임상병리사가 함께했던 검체채취를, 최근 의사협회는 의사만 해야 한다고 주장하고 있습니다. 장애인 주치의제도는 전혀 확산하지 못하고 있는 데 반해, 한의사의 주치의제도 참여는 극구 반대하는 것도 대한의사협회입니다. 그 의사협회는 각종 의료제도 개혁에 사사건건 반대하면서 제 몸값 올리기에 급급합니다.

우리나라는 의사에게만 허용한 행위가 너무 많습니다. 다른 어떤 나라도 우리나라처럼 의사 독점이 심하지는 않습니다. 의사 아닌 사람의 타투가 불법인 나라는 대한민국뿐입니다. 응급구조사는 환자를 살리기 위해 애쓰다가 '무면허 의료행위'로 고소·고발당하는 사례가 빈번하게 발생하고 있다. 미국, 캐나다, 유럽 등 우리가 아는 대부분 선진국은 간호사가 의료기관이 아닌 곳에서 예방접종을 한다. 약사가 예방접종을 하는 국가도 상당수입니다.

대한민국 약사나 간호사는 다른 나라의 인력들보다 특별히 역량이 부족해서 불법일까요? 하필이면 대한민국의 타투이스트만 국민 건강에 위해가 되고 대한민국의 응급구조사만 응급의약품을 쓰면 큰일이 나는 걸까요? 그렇지 않습니다. 제도가 허용하지 않는 것뿐입니다. 행정부가 기준을 만들면 됩니다. 이를 흔히 유권해석이라고 한다. 의료법은 '의료행위', '면허된 외의 행위'만 규정하니 그 구체적인 내용을 복지부가 채우는 것입니다.

늘어나는 의료수요에 대한 해결방법은 간호사, 물리치료사, 사회복지사, 작업치료사, 한의사 등을 포함하여 다양한 보건의료인의 활용성을 더 높일 방안을 만들어나가는 것입니다. 다직종 협력이 무엇보다 중요합니다. 의사는 그 팀원 중 하나의 역할로도 충분합니다. 의료행위의 독점에만 열을 올릴 일이 아닙니다. 팀 중심의 자율적인 역할 분담과 협업이 필요합니다. 팀어프로치는 공급확대의 강력한 방편이 됩니다. 여러 직역이 각자의 업무를 쪼개어 지대를 추구하는 방식으로는 효율성을 추구할 수 없습니다.

*의사 정원 확대

의사협회의 반대가 심하지만, 이건 반드시 해야 할 일입니다.

*필수의료의 확대·지역 응급의료 문제의 해결 필요·지역거점 공공병원

대한민국은 인구 1,000명당 국내 병상 수가 OECD 평균보다 3배 이상 많으며, 요양병상 수는 8.7배 많습니다. 반면 환자들은 서울 소재 의료기관으로 쏠립니다. 서울 지역에서 발생한 진료비 중 37%는 다른 지역에서 온 환자들이 낸 진료비였다고 합니다. 서울에는 병상이 너무 많고, 지방에는 쓸 만한 의료기관이 너무 적습니다. 2019년 전국 평균 모성 사망비(출산 관련 산모의 사망률)는 9.9명, 지역별로 보면 서울이 5.6명인데 비해 강원도 모성사망비는 24.1명을 기록하고 있습니다. 지방 응급실에는 높은 임금을 줘도 의사를 구하기 힘들고, 응급실 운영이 쉽지 않으니 응급환자가 병원을 찾지 못해 사망하는 일도 비일비재합니다.

코로나19 기간 동안 헌신했던 공공병원은 지금 적자에 시달리고 있습니다. 코로나전담병원으로 운영되면서 대부분의 환자가 이탈했고, 환자들이 다시 돌아오는 데까지는 오랜 기간이 걸릴 것으로 예상합니다.

서울과 지역 간의 의료격차를 해소하기 위해서는 많은 것이 고려되어야 합니다. 공공병원을 설립한다면, 수도권의 과잉된 민간병상과 경쟁하게 될 것이고 지방 공공병원은 충분한 경쟁력을 갖춰야 합니다. 단순히 산부인과나 소아청소년과 등 필수의료만 갖출 것이 아니라, 지역 내 모든 의료수요에 대응할 수 있는 규모를 갖춰야 합니다. 소아재활, 응급실, 재택의료지원센터, 전염병 대응 의료기관 등 다양한 공적 역할을 담당하는 만큼 안정적인 운영이 가능하도록 하는 지원책 마련도 시급합니다. 무엇보다 3차 병원으로서의 규모의 경제를 갖출 수 있는 최소 300병상 이상, 다양한 세부 전문의를 둘 수 있는 병원이 되어야 할 것입니다.

*지불제도 개선·융합형 수가제도

한국의 의료기관들은 환자에게 제공한 치료, 진단 행위만큼 비용을 받는 '행위별수가제'로 운영되고 있습니다. 의사의 판단에 따라 행위량이 결정되는 만큼 과잉진료의 우려가 큰 편입니다. 다만 비용을 억제하는 방식으로 의료비용을 억제하고 있습니다. 소위 '박리다매' 구조입니다. 하지만 위 언급된 대로 노령화, 행위량 과다 등의 문제를 해결하기 위해서는 새로운 수가제도를 준비할 필요가 있습니다.

그 과정에서 대두되고 있는 개념이 '공공정책수가'입니다. 복지부는 "국민의 생명, 안전과 건강한 삶을 위한 필수분야에 충분한 의료 서비스 제공을 위해 행위별 수가를 보완하는 건강보험 보상체계"라고 공공정책수가를 정의하고 있습니다. 이를 통해 한정된 자원의 효율적 활용 및 기반 확충을 통한 필수의료 적정 제공을 기대하고 있습니다. 실제 지역 내에서 성과를 내는 만큼 수가를 지급하거나, 주치의로서 각종 건강관리에 대한 통합수가를 제공하는 등 다양한 방식이 있을 수 있겠습니다. 한국에서도 주치의제도가 도입되는 등 일차의료의 역할이 변할 수 있다는 점을 고려해 다양한 모델을 제시하고 이에 따른 지불제도의 개선이 필요합니다.

4. 마치며

한국 의료체계는 앞으로 심각한 도전에 직면할 것입니다. 더욱 급진적인 의료제도 개혁이 필요한 시점입니다. 건강보험 재정 붕괴를 막고, 의료인 다직제 협력을 활성화하며, 과잉의료행위나 쓸모없는 건강검진을 줄이고 주치의 일차의료를 통한 건강관리를 시행하는 등 좀더 효율적인 건강관리를 시행하여, 국민 모두 건강하게 편안한 생활을 누릴 수 있길 바랍니다. 감사합니다.

사회적 공기公器 아닌
공기攻器로서의 한국언론

이명재_회원, 세상을 바꾸는 시민언론 '민들레' 발행인, promes65@gmail.com |

언론사는 많으나 언론은 없고, 기자는 많으나 언론인은 없으며, 언론사의 자유는 있으나 언론의 자유는 없다. 자유는 있으나 책임은 없다. 오늘의 한국언론을 압축하자면 이 몇 마디로 요약할 수 있다.

한국사회의 진보나 발전은 대체로 '언론이라는 장애물에도 불구하고' 이뤄지고 있다. 언론이 우리 사회 발전과 개혁을 위한 여느 과제의 행로에서도 피할 수 없는 역류逆流가 되고 있는 것이다. 민주주의 진전을 위한 공론장 역할을 해야 할 한국언론은 지금 공기公器 아닌 공기攻器, 이 사회의 미래를 생각하는 양식과 상식을 공격하는 공기가 되고 있다. 더욱 심각한 것은 한국언론의 일부 문제였던 것이 이제는 대부분 언론, 아니 모든 언론의 문제가 되고 있다는 것이다.

무제한의 자유와 무제한의 무책임

무제한의 자유와 무제한의 무책임으로 요약되는 한국의 언론. 언론의 자유는 다른 자유를 자유롭게 하는 자유로서의 언론자유가 아닌, 다른 모든 자유를 억압하고 짓누르는 독선과 전횡의 자유, 반反 자유가 되고 있다. 많은 사람들에게 필요한 것은 "이제 언론의 자유가 아니라 '언론으로부터의 자유'가 되고 있다"고 해야 하는 현실이다.

그러나 한편에서는 무제한의 자유를 누리는 언론 현실 다른 편에서는 유신시대나 5공화국 정권 때를 방불케 하는 언론에 대한 억압이 있다. 지난 5월에 발표된 '국경없는 기자회'의 세계 언론자유지수 순위에서도 한국은 지난해 언론자유 47위 국가로 나타났다. 이전 정부에 비해 4~6위 하락한 것이다. 그나마 이것도 지난해의 언론자유도에 대한 조사였기 때문에 이 정도의 소폭 하락에 그친 것이다. 올해 더욱 노골화되고 있는 언론자유 억압이 반영되는 내년도 발표에서는 더욱 큰 폭의 하락이 있을 것으로 보인다. 이명박·박근혜 정부 역시 출범 첫해 47위, 50위 수준이었다가 방송장악과 언론인 구속 등 언론통제가 진행되자 69위, 70위로 폭락했었다.

비판언론에 대해 가차 없는 고소고발, 압수수색 등 법적 대응 그리고 광고 중단 협박 등으로 언론의 입을 틀어막으려는 정권하에서 언론의 자유가 억눌리고 있다면 한편으로는 언론 혹은 언론인 스스로가 힘센 권력에 순응하고 길들여지기를 자청하고 있다. 민주주의 위기, 민생파탄, 굴욕외교, 안보불안이 커지고 있지만 언론은 비판보다는 침묵하거나 감싸기 보도에 열심이었다. 반면 다수의 언론들은 집권 세력에 대해 쏟아내는 낯 뜨거운 보도들을 쏟아내면서 권력과 언론 간의 유착을 넘어 '권언勸言의 일체화' 수준이 돼가고 있다.

2023년 한국의 언론의 현황을 보여주는 장면들의 하나가 '땡전 뉴스'의 부활이다. 1980년대 5공화국 군사독재 시절 TV에서 시보가 밤 9시를 '땡'하고 알리면 '전두환 대통령은~'으로 시작하는 뉴스, '땡전 뉴스'가 다시 나타나고 있는 것이다. '땡윤 뉴스'로, 다만 지금은 방송이 아닌 신문의 1면을 장식하는 대통령 화보 사진으로 되살아난 것이다.

비판언론은 억압, 한편에서는 권언 일체화

후쿠시마 오염수 방류를 사실상 '승인'하는 국제원자력기구(IAEA)의 최종보고서 결론을 전하는 한국의 주요 언론들은 온통 환영 일색이었다. 지면에 희색만면한 표정이 거의 노골적으로 드러나 있는 이들 언론에는 오염수가 문제가 없는 것은 물론 '생명수'라도 되는 듯했다.

지난해 일어났던 이태원 참사는 언론에 의한 2중의 참사이기도 했다. 한국언론은 이태원 참사의 발생 순간부터 그 이후 지금에 이르기까지 제대로 된 역할을 하지 못하고 있다. 제 역할을 못한 정도가 아니라 또 다른 참사를 만들고 있다. 언론에 의한 참사가 '이태원 참사'를 두 번, 세 번 일어나게 했다. 29일 밤 이태원 골목에서 첫 번째 참사가 일어났고, 참사 발생 순간에서부터 다음날, 그리고 지금까지 신문의 지면과 방송에서 두 번째 참사가 일어났고, 일어나고 있다. 이태원 참사는 첫 번째가 정부의 무능에 의한 죽음이었다면 두 번째는 언론에 의한 왜곡과 호도의 타살이었다. 정부와 언론에 의한 합작 참사였다. 정부는 죽음을 방치했고, 언론은 죽음을 모독했다.

이 같은 한국언론의 상황은 사실 어제오늘 일이 아니다. 매년 7월에 나오는 영국 옥스퍼드대 부설 '로이터저널리즘연구소'의 〈디지털 뉴스 리포트〉에서 세계 40여 개 나라 국민들의 자국 언론에 대한 신뢰도 조사에서 한국은 2016년 이 조사에 참여한 이래 늘 최하위권을 맴돌았다. 올해 7월 발간된 2023년 보고서에서도 조사 대상 46개국 중 41위였다.

그러나 최근의 언론 상황은 더 나빠질 것도 없어 보였던 한국언론이 더 깊은 나락으로 내려가고 있는 현실이라고 해야 할 듯하다. 윤석열 정부 출범 1년 동안 정치·경제·외교·안보 등 거의 모든 분야에서 진행된 '퇴행'은 언론에서도 그대로 나타났다. 언론은 그 퇴행의 한 부분이자 주요한 원인이기도 하다. 지난 4월 7일 신문의 날을 맞아 전직 원로 중견 언론인들이 주축이 된 언론운동 단체들이 내놓은 성명에 그 같은 현실이 요약돼 있다. "윤석열 정부 들어 언론이 더욱 부끄러운 현실에서 언론의 자성을 촉구한다"고 촉구하는 이 성명은 "언론 상황은 말로 표현할 수 없을 만큼 나쁘다. 땅바닥이 끝인 줄 알았는데, 바닥마저 갈라져 땅속으로 한없이 추락하고 있다"고 개탄하고 있다.

땅바닥을 지나 땅속으로 추락하는 언론

땅바닥을 넘어 땅속으로의 언론의 추락을 보여주는 것이며, 앞으로 그 땅속 더욱 깊숙이 들어갈 것임을 예고하는 인사가 최근 있었다. 바로 윤석열 대통령이 방송통신위원장 후보자로 이동관 특보를 지명한 것이다. 시민들과 언론계의 거센 반발에도 불구하고 강행, 아니 '자행' 이라고 해야 맞을 임명을 밀어붙인 것이다. 언론기관 책임자로서 부적격 인물인 것을 넘어서 반反적격이라고 해야 할 인물의 지명이었 다. 윤석열식 우격다짐 인사의 하나이자 그 결정판이라고 할 수 있는 이동관 후보자 지명은 이미 50% 장악돼 있는 언론을 99% 장악하겠다 는 의도를 노골적으로 드러내고 있다.

이동관이 누구인가. "이명박 정부 때 언론탄압의 대명사, 언론 공작 의 기술자"이며 "공영방송 기자 대량해고와 체포 및 구속, 「미디어법」 날치기 통과 등 언론장악 지휘자로 언론자유를 나락으로 떨어뜨린 장본인"이라는 언론단체들의 한결같은 규탄이 그가 어떤 인물인가를 보여준다. 이명박 정부 당시 수많은 공영방송 종사자들이 해직과 징계, 언론현장으로부터 축출의 수난을 겪었다. 그 실상은 2017년 9월 국가정보원 개혁위원회가 발표한 '「문화·연예계」 정부 비판세력 퇴출 관련 조사 결과' 등을 통해 진상이 밝혀졌다. MB 정부가 MBC와 KBS를 장악하기 위해 청와대와 국정원이 중심이 되어 조직적으로, 구체적으로 움직였다는 것을 드러냈다. 이명박 정부의 국정원은 '불순 세력'을 대하듯이 MBC와 KBS의 언론인들을 적대시했다. PD, 기자는 물론 작가, 출연자들의 블랙리스트를 만들었다. 반정부적이거나 정부 의 국정철학에 반하는 인사들로 분류된 인물들은 방송에서 퇴출시키 고, 프로그램을 폐지하라고 압력을 가했다. 노동조합을 파괴하려고 어용노조를 만들었다. 박근혜 정부에서도 공영방송의 사장들의 행태는 마찬가지였다. 오히려 그 전보다 더 심한 행태를 보였다. 대통령을 일방적으로 홍보하는 뉴스가 매일같이 방송됐고, 불공정보도에 항의하는 기자, PD들에 대한 해고, 징계가 되풀이되었다. 특히 '세월호 참사'에 대한 공영방송의 보도는 공영방송 타락의 결정판이었다. '세월호 특조위'를 무력화하고, 진실규명을 방해하는 존재가 공영방송이었다.

이동관 후보자가 국회 청문회를 거쳐 방송통신위원회에 입성하게 되면 앞으로 다시 재연될 가능성이 높은 일들이다. 이동관의 귀환과 함께 '이명박근혜' 정부에서 순한 양이 돼 적잖은 '정권 호위' 보도를 했던 한국언론의 과거로의 역행도 더욱 빨라질 것이다.

'선진 한국'의 후진 언론

한국언론이 놓여 있는 전체적인 현실, 한국언론이 한국사회에 대해 보이고 있는 모습은 사회과학의 용어로 꽤 쓰이는 '비동시성의 동시성'이라는 말을 빌려 설명할 수 있다. 상이한 발전단계 시대들 간의 공존, 즉 탈근대와 근대, 전 근대의 양상이 동시에 나타나는 것으로 얘기할 수 있는데, 다름아닌 한국 사회에서 언론의 모습이 가장 그에 맞는 한 단면이다. 그 단면은 영국의 작가 찰스 디킨스의 대표작 중의 하나인 『두 도시 이야기』의 저 유명한 도입부를 연상케 한다.

"최고의 시절이자 최악의 시절이었으며, 지혜의 시대이자 어리석음의 시대였다. 믿음의 세기이자 의심의 세기였으며, 빛의 계절이자 어둠의 계절이었다." 디킨스가 작품의 배경으로 삼은 두 도시는 런던과 파리였다. 작가는 두 도시 간의 대조를 통해 급속한 산업화를 거치며 모순이 극대화되는 19세기의 풍경을 그리고 있다. 위의 글에서 '두 도시'를 '두 나라'로 바꿔 이를 한국 사회에 대입해 보면, 한국에는 두 개의 나라, 두 개의 시대가 있다. 최고의 나라와 최악의 나라이며, 최고의 시절이면서 최악의 시절이기도 하다. 한편에는 당당히 선진국으로 진입해 있는 국제적 위상, 세계 최고의 제품들을 생산해내는 경제에서의 도약, 촛불혁명으로 과시한 민주주의의 모범이 있다. 예술과 문화에서의 빛나는 성취도 선진 대한민국을 보여준다. 이 모든 것은 분명 최고의 나라로서의 한국이다. 그러나 그 최고의 선진과 성취의 이면에는 최악의 나라와 최악의 시절이 있다. 세계 1류 제품들을 만들어내는 대기업의 3류적 지배구조, 서로가 서로에게 늑대인 비정의 정글사회, 세계에서 유례를 찾아보기 어려운 기형적 검찰제도가 드러내는 공권력의 부패와 타락상.

현대의 첨단으로 앞서는가 하면 '전前근대'의 후진에 머물러 있는 나라, 그 이중적인 나라, 모순적인 시대의 공존이 지금 한국의 한 초상이다. 그리고 그 후진과 최악의 단면이 다른 어느 곳보다 집약돼 있는 곳이 바로 한국의 언론인 것이다.

문제해결자 아닌 문제의 원인인 언론

한국언론의 다수가 매일같이 보여주고 있는 모습은 문제해결자, 혹은 문제해결을 조정하고 촉진하는 것이 아니라 문제를 만들어내는, 아니 문제 그 자체가 돼 있는 형상이다. 한국의 다수 언론은 '가끔' 사실을 말하고, '자주' 사실을 제조하며, '거의 언제나' 사실을 가공한다. 언론이라는 이름의 이들 비非언론, 반反언론은 현실을 전달하는 게 아니라 현실을 '생산'하고 '제조'한다. 실재의 현실을 밀어내고, 그 밀려난 현실의 자리를 자신들이 제조한 현실, 가공의 현실, 변형된 현실로 채우려 한다.

지난 문재인 정부 때 언론개혁은 최대 개혁 과제 중의 하나였다. 박근혜 퇴진 촛불항쟁 당시 촛불광장에서는 "언론도 공범이다"는 함성이 울려 퍼졌다. 어느 분야보다도 반성과 개혁이 절실히 요구되는 곳으로 언론이 첫 손가락에 꼽혔다. 이 같은 대중들의 노도와 같은 요구를 생각한다면 언론개혁 정책을 펴는 데 어느 때보다 호조건이었던 셈이다. 그러나 촛불정부를 자임한 문재인 정부 5년간 언론개혁 성적표는 초라한 수준이라는 점에 많은 전문가들이 일치한다. 언론개혁은 거의 진전이 없었다. 언론개혁의 그 같은 실패는 한편으로 한국언론의 현실의 결과이기도 하다. 자국민으로부터 세계 최저 수준의 신뢰, 최고 수준의 불신을 받는 한국언론의 현실은 언론개혁을 요청하는 이유이면서, 또 반대로 그 개혁을 막는 장애이기도 한 것이다.

앞서 애기한 '로이터저널리즘 연구소'의 보고서에서 특히 눈에 띄는 것 중 하나는 네이버 같은 포털 검색 엔진 및 뉴스 수집 사이트를 통해 주로 온라인 뉴스를 이용한다는 응답 비율(72%)이 46개국 중 가장 높았다는 점이다. 유튜브를 통해 뉴스를 이용하는 비율도 44%로 가장 높았다. 한국은 다른 나라들에서 최근 수년 새에 나타나고 있는, 기성 언론에 대한 신뢰도와 소셜미디어통신(SNS)에 대한 신뢰도 간의 역전 현상도 뚜렷하지 않다. 즉 기성 미디어에 대한 불신으로 SNS에 대한 신뢰도가 더 높아졌으나 SNS의 부실 부정확한 내용들로 인해 다시 기성 미디어에 대한 신뢰도가 우위를 보이는 것으로 역전하는 현상이 나타나고 있는 다른 나라들과 다른 양상을 보이고 있는 것이다. 이는 SNS가 각종 부실 정보, 가짜뉴스의 온상이 되고 있지만 그렇다고 기성 언론에 대한 신뢰가 그걸 넘어설 정도로 인식되지 못하고 있다는 것이다. 그만큼 기성 언론에 대한 신뢰가 매우 낮은 현실이다.

또 한 가지는 '뉴스기피' 현상이었다. 그것이 비단 한국만의 현상은 아니지만 새로운 소식을 알고자 하는 것이 인간의 본성이라고 할 때 한국의 언론은 사람으로서의 본성까지 바꿔버리고 있다. 많은 시민들이 뉴스를 끊고 언론으로부터 도피하려 한다. 이들을 '양심적 언론거부자'로 부를 수 있을 것이다.

'과연 언론은 필요한가'라는 질문 나오는 상황

검찰독재와 민주주의에 대한 무차별적 위협, 파국적 경제 위기, 전쟁 위험을 자초하는 대북 긴장 조장, 친일 굴종 외교참사 등 부도덕하고 무도 무능한 정부 하에서 벌어지고 있는 일들로 인해 어느 때보다 언론의 역할이 중요해진 상황이다. 그러나 실제의 현실은 어느 때보다 언론의 역할이 보이지 않는다. 권력에 대한 노골적인 칭송과 찬양이 범람한다. 지금처럼 언론이 '활발'할 때가 없었지만, 지금처럼 언론이 죽어 있을 때가 없었다. 질문을 잃어버린 한국의 언론, 질문을 하지 않는 한국언론이다.

한국 사회가 언론에 대해 던지는 질문은 일부 '문제 언론'을 어떻게 할 것인가가 아니라 '언론 그 자체'를 어떻게 할 것인가가 되고 있다. 한국 사회는 과연 언론을 필요로 하느냐는 의문에까지 이른 것이다. 그 질문을 던지는 이도, 그 질문에 답할 이도 시민들이다. 언론이라는 공공재의 주인인 시민들이다.

기후재난 속에서도 존엄하게 살아가기 위해, '923 기후정의행진'으로!

| 정록_923 기후정의행진 공동집행위원장/기후정의동맹 집행위원장, jungrok79@gmail.com |

올해 여름, 기록적인 폭우와 폭염으로 인한 산사태, 침수, 온열질환 등으로 벌써 60명 이상 사망했다. 2020년에도 50일 이상 이어진 폭우로 60여 명이 사망했고, 지난해에는 수도권 집중호우로 반지하 거주 일가족이 사망하는 등 매년 참사가 반복되고 있다. 이제 누구나 '전례 없는 이상기후'의 원인으로 '기후위기'를 꼽는다. 하지만 문제는 재난의 근본 원인인 기후위기 대응이 전혀 이루어지지 않고 있으며, 이에 더해 '재난대응시스템'의 작동불능이 재난을 참사로 만들고 있다는 점이다.

폭우와 폭염은 천재지변이 아닌 기후재난

2023년에도 전 세계는 혹독한 기후위기를 겪고 있다. 남유럽과 북아프리카는 50도에 육박하는 폭염에 신음하고 있고, 대규모 산불이 그리스,

이탈리아, 포르투갈 등지에서 발생했다. 캐나다에서는 5월부터 시작된 산불이 캐나다 전역으로 번졌고, 8월 현재까지도 지속되고 있다. 미국 하와이 지역은 기후위기로 강력해진 산불에 사망자가 114명, 실종자가 900여 명에 달하는 대참사를 겪었다. 동부지역에서는 갑작스런 폭우로 홍수피해가 발생하고, 남서부 지역에서는 40~50도에 이르는 폭염에 시달렸다. 중국과 일본도 한국처럼 폭우와 폭염을 동시에 겪고 있다. 이러한 전 세계 기후재난 뉴스를 실시간으로 수신하면서 이번 폭우와 폭염이 갑작스런 천재지변 또는 불운이 아니라, 지구적으로 발생하는 기후위기의 결과라는 것을 우리 모두 이제는 분명하게 알게 된다.

윤석열 대통령조차 7월 18일 국무회의에서 '기후변화로 인한 전 세계의 천재지변'을 길게 읊었다. 하지만 그에게 이번 폭우는 여전히 '천재지변'일 뿐이었다. 천재지변이니 어쩔 수 없다는 태도를 버리고 적극 대응할 것을 주문했지만, 바로 그 천재지변을 만들어낸 온실가스 대량 배출과 생태계 파괴 개발사업들에 대해서는 전혀 언급이 없었다. 지난 4월, 정부는 '1차 탄소중립녹색성장 기본계획'을 발표했다. 그런데 2030년까지 산업계가 감축해야 하는 온실가스 배출량 810만 톤을 면제해주고, 해당 배출량을 방법도 불분명한 해외감축으로 줄이겠다는 것이었다. 30%까지 늘리겠다던 재생에너지 비중은 21%로 줄었고, 핵발전은 그만큼 늘었다. 기후위기 대응에는 관심 없는 정부에게 기후변화는 결국 천재지변의 다른 말일 뿐이다.

한편 이번 폭우로 인한 산사태로 큰 피해를 입은 경북 예천의 경우, 산사태가 산 정상부까지 이어진 양수발전소의 도로에서 시작된 것으로 알려졌다. 산지개간과 개발, 산비탈에 들어선 태양광 시설물들도 경북 곳곳에서 발생한 산사태의 주요 원인으로 짚어지고 있다. 온갖 개발사 업에 시달리는 산지들이 모두 산사태 취약지역이 되고 있는 것이다. 케이블카 설치, 리조트 개발을 비롯해 최근에는 값싼 땅을 찾아 산으로 올라가는 태양광, 풍력발전 시설들까지 무분별한 개발사업들이 기후 재난의 직접적인 원인이 되고 있다. 그런데도 윤석열 정부는 최근 설악산 오색케이블카 사업을 허가했다. 국립공원에 케이블카가 설치 되면 개발사업자들은 전국의 모든 산에 케이블카를 놓으려고 할 것이 다. 재생에너지 민간 시장 육성에 매진했던 문재인 정부 때부터, 재생에 너지 사업자들은 주민들의 삶은 안중에도 없이, 땅값이 싼 곳이면 산비탈, 산 정상 어디에나 태양광 시설을 올렸다. 벌목과 산비탈 사면을 깎고 들어선 태양광 시설이 이번 집중호우에 산사태 취약지역이 된 것이다.

기후변화 대응에 있어 두 가지 측면이 중요하다. '감축과 적응'이다. 기후위기를 악화시키는 온실가스 배출과 생태계 파괴를 줄이는 게 '감축'이라면, 이미 현실이 된 기후재난 속에서, 사회공동체가 함께 재난을 겪으면서 모두가 평등하고 존엄하게 살아가기 위한 재난대응 책이 '적응'이다. 우리가 살아갈 세계는 이제 기후위기 이전과는 근본 적으로 다른 세계이기 때문이다. 그런 점에서 이번 여름 기후재난을 겪은 한국사회의 재난대응은 여전히 과거에 머물러 있음을 확인할 수 있었다.

재난은 어떻게 참사로 이어졌나

14명이 희생된 충북 오송 지하차도 참사는 기후재난에 사회가 적절히 대응하지 못할 때 어떤 결과에 직면하게 되는지를 보여준다. 지하차도 침수는 바로 옆 미호강 범람 때문이었다. 범람이 일어난 미호천교 인근은 강폭이 350m로 상류보다 좁아서 범람 우려가 높은 곳이었고, 2017년부터 강폭을 610m로 넓히는 공사가 진행되다가 교량 건설에 따라 공사가 중단됐다. 그런데 교량은 강폭을 넓힐 것을 전제로 기준보다 0.3m 낮게 시공되었고, 그에 따라 제방도 0.8m 낮게 쌓았다. 공사의 순서가 바뀐 것이다. 결국 기록적인 폭우로 미호강은 제방을 넘어 범람했다.

잘못된 치수대책과 기록적인 폭우가 범람을 불러왔지만, 지하차도 통제와 같은 현장대응이 적절하게 이루어졌다면 참사로 이어지지 않을 수 있었다. 7월 28일 국무조정실은 오송 지하차도 침수사고 감찰조사 결과를 발표했다. 호우경보와 홍수경보가 발령된 비상상황에서 여러 신고가 있었음에도 다수 기관이 상황의 심각성을 제대로 인식하고 적극적으로 대처하지 못해 발생한 참사로 이번 사건을 규정하고 5개 기관 36명에 대해 수사의뢰를 하고 63명은 해당 기관에 징계조치를 요청했다. 바로 지난해 159명이 희생된 이태원 참사에서 우리는 동일한 상황을 겪었다. 수많은 신고들이 쏟아졌지만 경찰, 소방관, 구청 등 여러 관계기관들의 대응은 혼선을 빚으면서 대참사를 불러왔다.

아무리 예방대책을 잘 세우더라도 '사고'는 발생할 수 있다. 그렇기 때문에 사고다. 중요한 것은 발생한 사고에 어떻게 대응하는가이다. 오송참사에서 사고 발생에 대한 경고가 반복적으로 발신되었지만, 재난대응체계는 이에 따라 작동하지 않았다. 세월호 참사 이후, 정부가 1조 원을 넘게 투입해 '재난안전통신망'을 구축했음에도 말이다. 또한 강화된 재난안전법에 따라 여러 기관을 가로질러 신속대응권한을 발동할 수 있는 긴급구조통제단이 사고 당일 청주서부소방서장을 단장으로 가동됐지만 지하차도 통제는 이루어지지 않았다. 세월호 참사 이후, 안전사고 관리와 관련된 여러 매뉴얼들이 만들어지고 대응시스템이 구축되고 있지만 재난참사와 책임회피는 여전히 반복되고 있다.

국무조정실은 충북도지사와 청주시장을 제외한 공무원 36명에 대해 수사의뢰를 했다. 참사의 원인을 '현장 대응 부재'로 특정하고 그에 따른 책임을 묻겠다는 것이다. 윤석열 대통령은 전례 없는 이상기후에 지금까지 해 온 방식으로는 대응할 수 없다며 '디지털 모니터링 시스템'을 갖출 것을 지시했다. 기존 재난대응체계는 그대로 둔 채, 또 다른 시스템이 덧붙는다. 재정은 계속 투입되지만 이는 정부의 재난대응체계 성격을 근본적으로 바꾸지는 못한 채, 재난안전산업만 키우고 있다. 현장 공무원에 대한 엄벌이 참사를 막을 수 있을까? 차량통제 부재로 3명이 사망한 2020년 부산 초량지하차도 참사도 관련 공무원 11명이 유죄판결을 받았다. 그리고 3년 뒤 우리는 오송에서 똑같은 참사를 반복했다. 그렇다면 야당이 주장하듯 도지사와 시장이 책임을 지고 사퇴한다면 어떤 변화가 가능할까? 정쟁으로 소비되는 '사과와 사퇴'가 아닌, 기후위기 시대 근본적으로 다른 사회로 나아가기 위한

'전환의 운동'이 필요하다.

기후재난 속에서도 존엄하고 평등한 사회공동체를 향하여

벌써 몇 년째 반복되는 여름 이상 폭우가 일회적인 현상이 아닌, 앞으로 지속될 기후위기의 결과라는 것은 분명하다. 문제는 기후위기 시대에 폭우, 폭염, 가뭄이 지속적으로 발생할 것이라는 사실보다, 그 재난을 겪는 한국 사회가 이 위기에 함께 대처하기 위한 준비를 전혀 하지 못하고 있다는 것이다. 고장난 레코드판처럼 똑같은 조치들이 반복된다. 관련 공무원에 대해 책임을 묻고 지자체 인프라에만 돈을 쏟아붓는 '특별재난구역'이 반복적으로 선포되고, 가용자원을 총동원해 복구에 힘쓸 것을 다짐하며 재난대응시스템을 개선할 것을 약속한다. 우리가 살아가는 세계는 근본적으로 달라지고 있는데, 우리는 여전히 과거를 살아가고 있다.

  정부의 이러한 반복된 대응이 어떤 기대도 불러일으키지 않는 이유는 정부가 시민의 생명과 안전을 최우선으로 작동하지 않는다는 광범위한 집단적 경험 때문이다. 비단 정부만이 아니다. 한국 사회는 시민과 노동자의 생명과 안전의 보호를 가장 중요한 가치로 여기지 않는다. 우리가 일터에서 매일 경험하는 것은 노동자의 생명과 안전은 결코 회사의 목표가 아니라는 사실이다. 그렇다고 정부가 작업중지권이나 노동자의 단결권 보장을 통해 생명과 안전에 대한 권리를 북돋는 것도 아니다. 모든 부처가 경제부처처럼 일하라는 윤석열 정부처럼 역대 정부에게 가장 중요한 것은 기업의 이윤과 경제성장률이었다.

국토교통부는 국토를 갈기갈기 찢어놓으면서 끊임없이 개발사업을 벌이고, 재난대응의 최일선에 있어야 할 지자체는 앞다퉈 개발사업을 유치하고 벌였다.

이번 여름 국제적 망신을 산 새만금 세계 스카우트 잼버리 대회를 보라. 30여 년 전에 농지확보를 명분으로 새만금 방조제 사업이 시작됐다. 생명 다양성의 보고이자 지역 주민들의 삶터였던 거대한 갯벌을 파괴하면서 방조제를 쌓더니 농지의 필요성이 사라지자 새만금은 이러지도 저러지도 못하는 땅이 되어버렸다. 하지만 역대 정부는 이곳을 어떻게든 개발하려고 했고, 그 와중에 등장한 것이 기후위기 시대에 말도 안 되는 새만금 신공항 건설 사업이었다. 각종 기반 시설 투자를 촉진하기 위해서 대회개최지로 부적합한 세계 스카우트 잼버리 대회가 새만금에서 개최되었다. 이런 사회시스템 속에서 재난 참사는 발생하지 않으면 다행이고, 발생하면 난감한 일이 될 뿐이다.

기후위기 시대, 재난의 사전예방은 온실가스 대규모 감축을 비롯한 근본적인 사회시스템의 구조변화여야 한다. 지금처럼 국토교통부, 산업부가 개발사업에 앞장서는 정부와는 달라야 한다. 또한 시민의 생명과 안전이 최우선인 사회에서 재난대응은 지금과 다를 수밖에 없다. 지금은 마치 맞지 않은 옷을 입은 것처럼 일선 공무원들이 이행하기 어려운 온갖 매뉴얼과 지침들만 넘쳐난다. 재난 이후의 대응도 재난지원금을 넘어 사회가 함께 재난을 겪고 있다는, 재난 피해자들을 홀로 남겨두지 않겠다는 원칙과 방향 아래 이루어져야 한다.

세월호 참사 이후, 우리가 경험하고 있는 것은 사회의 근본적인 재난대응은 알량한 정무적 책임과 언사들, 몇 가지 법제도 개선, 처벌로는 이루어질 수 없다는 것이다. 그런데도 여전히 현장 공무원 엄벌과 '디지털 모니터링 시스템' 구축만 반복하는 정부에 우리의 생명과 안전을 내맡길 수 없다. 이제 우리는 함께 살아남고, 살아가기 위한 투쟁, 기후재난 속에서도 존엄하고 평등한 사회를 만들기 위한 싸움을 시작해야 한다.

위기를 넘는 우리의 힘, '923 기후정의행진'에서 만나자

오는 9월 23일 기후정의행진이 서울 도심에서 열린다. 지난해 '기후재난, 이대로 살 수 없다'는 슬로건 아래 3만 여명이 모여 '기후정의'와 '체제전환'을 외쳤다. 올해 9월에도 대규모 기후정의행진이 준비되고 있는 것이다. 올해는 기후위기 대응을 위해서, 지금 당장 필요한 구체적인 대정부 요구를 내걸었다. 가장 첫 번째 요구가 바로 '기후재난으로 죽지 않고, 모두가 안전하게 살아갈 권리를 보장하라'이다. 이는 비단 이상기후로 인한 재난만을 뜻하지는 않는다. 매년 폭염과 과로로 인해 사망하는 노동자들이 늘어나는 상황에서, 안전한 일터와 주거를 보장하는 것부터가 기후재난 대응의 시작이라는 요구이기도 하다.

두 번째 요구로, 핵발전과 화석연료로부터 공공 재생에너지로 노동자 일자리 보장하는 정의로운 전환 실현을 내걸었다. 일본 핵 오염수 투기를 옹호하는 윤석열 정부의 행태에서 우리가 확인할 수 있는 것은 오로지 핵발전 확대와 강화가 이 정권의 에너지 정책의 전부라는 사실이다. 기후위기는 기존의 핵발전/화석연료로부터 재생에너지로 신속하게 전환해야 한다는 경고이기도 했다. 오로지 이윤을 위해서 자연을 파괴하고 착취하면서 에너지를 채굴해왔던 자본주의 시스템이 만들어낸 처참한 결과가 기후위기이기 때문이다. 국가가 운영해오던 석탄화력발전소를 온실가스 감축을 위해서 폐쇄하기로 결정했다면, 마땅히 에너지 전환은 국가가 책임지는 공공 재생에너지가 되어야 한다.

세 번째 요구는, 철도민영화 중단과 공공교통 확충이다. 당장 9월부터 철도노동자들이 SRT 노선 확대에 반대하며 파업투쟁을 벌일 계획이다. SRT 노선 확대는 단지 노선 신설의 문제가 아니다. 멀쩡히 운영되던 코레일의 공공철도 시스템에 경쟁 체제를 도입하겠다며, 정부가 투자하는 회사를 하나 더 설립하고 확대하겠다는 것이다. 기후위기 시대에는 획기적인 온실가스 감축을 위해 에너지 부문과 함께 여객/수송 부문에서 근본적인 전환이 필요하다. 더 많은 자가용이 아니라, 모두의 이동권을 위한 공공교통 확충이 전환의 방향이 되어야 한다. 그런데 그동안 국가가 책임져 오던 공공철도 영역을 민간자본이 이윤을 얻을 수 있도록 개방하겠다는 것이다. 국가가 책임지고 사회적 계획 아래 교통/수송 분야의 체계적인 전환이 지금 당장 시작되어야 할 시점에, 정부는 아직도 철지난 민영화/경쟁 논리를 들이대고 있는 것이다. 오직 자본의 이윤을 보장하기 위해서 말이다. 마지막으로 923 기후정의행진에서는 전국에 10개 이상 만들겠다는 신공항 건설계획과 각종 국립공원 개발사업 중단을 요구한다. 해외에서는 단거리 비행을 금지하는 상황에서, 국비 수십조 원을 쏟아부어 대규모 신공항들을 짓겠다는 것 자체가 말이 안 되는 상황이다. 이 모든 요구를 더욱 힘 있는 요구로 만들기 위한 마지막 요구가 바로 오염자에게 책임을 묻고 기후위기 최일선 당사자의 목소리를 들으라는 요구이다.

기후위기의 심각성에 경악하고, 이를 막기 위해선 우리 삶의 거의 모든 게 바뀌어야 한다는 것을 알았을 때 많은 이들은 절망하거나 냉소에 빠지기도 했다. 기후위기를 더 악화시키지 않기 위해서 '자신'이 정말 무엇을 해야 하냐고 진지하게 묻는 사람들도 많았다. 누군가는 채식을 시작하는 것부터, 친환경 제품을 사용하는 것부터, 제로웨이스트를 실천하는 것부터 시작하겠다고 했다. 어쩌면 이런 개인적 실천으로 세상이 바뀌기 어렵다는 것을 이미 알고 있었지만, 부정의한 구조에 가담하지 않기 위해 이거라도 해야 하는 사람들의 실천이기도 했다. 923 기후정의행진은 5대 요구를 내걸고 외친다. 이제 정의로운 구조를 우리가 만들자고, 기후정의를 향한 정의로운 전환을 다섯 가지 구체적인 요구들을 현실로 만드는 싸움으로부터 시작하자고 말이다.

마을로 간 촛불민주주의,
마을공화국과 지역당운동

| 임진철_직접민주마을자치전국민회 상임의장, 문화인류학 박사,
dreamska@hanmail.net |

1. 한국사회 정치운동의 진화발전과 그 흐름

대한민국은 30년 만에 산업화와 민주화를 잇달아 이룬 나라다. 세계에
그 유례가 없다. 이렇게 되는 데에는 많은 분야에서 돋보이는 역할이
있었지만, 한국 시민사회 정치 운동의 역할 또한 지대했다. 1960년대
이후 한국의 시민사회 정치 운동을 살펴보면 다음과 같은 몇 단계의
흐름을 보여준다.

첫 번째 흐름은 저항형 시민사회운동이다. 이는 군사독재체제와
치열하게 맞서 싸웠던 1960년대에서 1980년대 시기로서 대의 민주주
의와 민주헌법 쟁취를 위한 민주화운동과 민중운동의 흐름이다. 민청
련, 민통련, 민주헌법쟁취 국민운동본부와 전대협, 전노협, 전농연,
전국연합 등 소위 '민'자 돌림과 '전'자 돌림의 운동체가 주류를 이루었
다. 군사독재 체제를 물리치고 한국에 대의민주주의 헌법 체제를

만들어내는 주역의 역할을 해냈다.

두 번째 흐름은 대변형代辯型 시민사회운동이다. 국가권력의 분권화와 사회집단의 권한 강화를 추구하는 결사체를 통하여 사회문제 해결을 위한 결사체 민주주의운동의 흐름이다. 1990년대와 2000년대 중반까지의 시기로서 참여연대·경실련·환경연합 등 시민단체들이 주도했다. 이들의 주된 지향은 이전의 민주화운동의 연장선상에 있었다. 즉 민주화 이후에도 여전히 남아 있는 민주화의 과제들, 즉 정치개혁, 경제개혁의 완수를 위해 힘썼다.

세 번째 흐름은 대안추구형代案型 시민사회운동이다.

2000년대 중반 이후 생명평화 운동과 다양한 형태의 풀뿌리운동이 비온 후의 죽순처럼 성장해 왔던 시기이다. 이때 새로운 사회운동의 패러다임을 창조하는 생명 평화운동이 전개되었다. 이 생명 평화운동은 유럽의 생태주의운동에 비견되는 한국적 대안 담론과 실천의 축적 그리고 새로운 세계관 제시로 사회운동의 새로운 지평을 열어왔다.

운동의 새로운 지평을 열어온 생명 평화운동은 더 나아가 문명전환의 시각에서 새로운 공동체 운동의 모색과 실천을 전개해 나가고 있다.

네 번째 흐름은 실질 민주주의 추구형 직접민주주의 자치분권 민치民治체제 구축 운동이다.

이 운동은 촛불 시민혁명 이후 전개되기 시작된 것으로서 35년이 지나 이미 수명을 다하여 낡은 구체제가 되어버린 87년 체제를 분자혁명구조로 극복하고자 한다. 이는 대의민주주의 중앙집권 통치체제와 좌우 기득권 카르텔로 굳어버린 87년 체제를 극복하려는 포스트 87년 체제운동에 가깝다. 이 운동은 시민사회운동이라기보다 시민정치운동에 가까운데 다양한 경로와 스펙트럼으로 전개되고 있다.

이 운동은 분자혁명구조의 운동을 통해 포스트 87년 체제를 건설해야 한다는 문제의식으로 인해서 풀뿌리 민주주의 기반의 운동을 선호하고 있다. 이들 운동을 살펴보면 마을공동체와 마을 공화국 운동으로 대표되는 주민자치운동, 직접민주주의 국민주권민치개헌운동(국민발안. 국민소환. 국민투표. 국민공론토론)을 중심으로 한 직접민주주의 시민정치운동, 시민의회와 의제민회 등을 매개로 한 숙의토론민주주의 공론정치 운동, 지역 자치분권 운동과 지역당운동, 기후위기로 말미암은 생명 지역주의 기반의 생명 정치 운동 등이 씨줄 날줄로 엮이며 전개되고 있음을 볼 수 있다.

그리고 이 운동의 특징은 헌법 제1조의 "대한민국은 민주공화국이다"라는 헌법 조문이 대의민주제 기득권과 수도권 부동산 기득권에 포획되어 절반의 민주주의로 머물러 있는 것을 더 이상 두고 보지 않겠다는 의지가 강하다. 그러기에 시민주도의 시민 헌법 체제 구축을 통해서, 직접 숙의-대의-공화주의가 융합된 제대로 된 진짜 민주주의 국가인 마을연방 민주공화국을 건설해 나가겠다는 비전과 목표가 분명하다.

2. 마을로 간 촛불민주주의와 마을공화국운동

인류의 역사가 시작된 이래 인류는 씨족끼리 모여 마을을 이루며 살아왔다. 마을이 점점 커지면서 부족국가(부족연맹국가)가 되었고,

왕권이 강화되면서 중앙집중체제의 중대형국가로 성장하고, 제국으로까지 나아갔다. 그런데 4차 산업혁명과 코로나19 팬데믹은 사람들로 하여금 다시 마을(공화국, 15분거리 생활권) 단위로 모여 살게 하는 시대를 열어 나가고 있다.

산업혁명시대는 공장과 사무실중심의 일터중심사회였다. 이제 프리랜서중심의 긱경제(Gig economy)와 모두가 생산자이자 소비자인 인지자본주의시대는 재택근무를 보편화시키며 마을과 지역사회 중심의 삶터중심사회를 만들고 있다. 이러한 상황에서 지역은 중앙의 하부단위가 아니라 일을 생성시키는 창발단위이자 전략단위역할을 하는 방향으로 이동하고 있다. 지역에서 이러한 역할로서 지역사회를 일떠세우며 혁신해나갈 정치공동체가 마을공화국이다.

그러면 현재 한국에서 기초지역이랄 수 있는 읍면동단위지역에서 주민이 주체가 되어 주민자치 마을공화국운동을 펼쳐나가는 기관은 무엇일까?

명실상부한 주민자치기관은 없다 해도 과언은 아닐 것이다. 그러나 미흡하지만 그러한 지향을 가지고 활동하는 기관이 존재한다. 주민자치회이다. 주민자치회의 전신은 주민자치위원회이다. 주민자치위원회는 읍면동장의 자문기구로서 관치官治의 보조기관역할을 해왔다. 이보다 진화 발전한 것이 주민자치회인데 이는 주민자치대학을 이수한 사람들 가운데서 추첨에 의해 선발된 이들로 구성되어 활동하는 구조이다. 관치와 자치의 협치기관이라 할 수 있는데 여전히 관치주도의 성격이 강하다. 현재의 주민자치회가 명실상부한 자치기관이 되려면, 읍면동장 선출제를 기반으로 주민총회와 마을자치정부가 구성되어야

한다. 이러한 체제 역시 읍면동단위의 국가위임행정사무와 고유자치
사무를 동시적으로 공존 융합시키며 운영해야 하기에 관치와 자치의
협치체제라 할 수 있다. 하지만 이는 자치주도성이 강하기에 자치기관
이라 할 수 있을 것이다.

직접민주주의 마을공화국운동은 명실상부한 주민자치를 지향한
다. 그러면 마을공화국의 개념은 무엇이고 그 비전은 무엇일까?

일터와 삶터가 통합되는 초록문명생명사회(Eco-dream Society)로의
발전과 적정성장 자원순환형 문명으로의 전환에 있어서 분자혁명적
주체는 마을공화국이다. 마을공화국은 법률적 용어는 아니다. 하지만
마을공화국은 기초공화국(basic republic)이라는 의미의 정치행정학적
개념으로 정식화할 수 있을 것이다.

신용인 교수는 그의 저서 『마을공화국』에서 마을공화국을 "읍면동
단위에서 주민의 자기 입법과 자기통제가 구현되어 명실상부한 주민자
치가 실현되는 모듬살이 공동체"로 정의한다. 즉 읍·면·동 주민이
스스로 마을 헌법(자치헌장)을 제정할 뿐만 아니라 그 마을 헌법에
근거하여 마을 정부를 수립하고 마을기금을 조성하여 스스로 통치하는
모듬살이 공동체라는 것이다.

이러한 관점에서 마을공화국의 실체를 범주화해 볼 수 있을 것이다.
마을공화국은 자율주의와 직접민주주의 그리고 생명지역주의를 파지
한 시민적 덕성을 가진 주민들의 호혜적 관계망(공동체)으로서의 '휴먼
웨어(human ware)'와 마을자치정부·마을기금·마을 대학원代學園 등
제도와 시스템으로서의 '소프트웨어(soft ware)' 그리고 마을의 자연자
원, 공간자원, 역사자원 기반의 마을기업 등과 같은 '하드웨어(hard

ware)'의 총체라 할 수 있다.

여기서 마을공화국의 제도와 시스템은 읍면동장 선출제 기반의 마을자치정부-마을기금-마을 대학원代學園을 기본요소로 한다. 마을 대학원代學園은 유치원·초·중·고·대·숙치원(양로원)으로 이어지는 마을공화국의 평생학습체제를 의미한다.

마을자치정부는 고유한 자치사무와 중앙정부와 지방자치단체로부터 내려오는 위임행정 사무를 관할하게 된다. 마을공화국 하면 마을자치정부와 같은 제도와 시스템만을 연상하기 쉽다. 그런데 마을공화국을 떠받치는 3차원의 범주는 자율주의 시민적 덕성 기반의 호혜적 관계망(공동체), 제도와 시스템 그리고 하드웨어 공간이다. 그러기에 아무리 좋은 제도와 시스템을 만들어도 마을 주민의 자율주의 시민적 덕성이 형편없다면 마을공화국은 필연적으로 실패할 것이다.

그러하기에 마을공화국운동은 자율주의공동체 운동을 핵심으로 생각한다. 오늘날 자율주의와 생명지역주의 그리고 직접민주주의와 다양성 원리 기반 합의제 민주주의를 시민적 덕성으로 채용하는 마을공동체 운동으로 자리 잡아나가고 있는 운동이 생태마을공동체 운동이나 전환 마을 운동이다. 그러기에 마을공화국운동이 생태마을공동체 운동과 전환 마을 운동을 기반으로 발전해 나간다면 그 성공 가능성은 높게 될 것이다.

그동안 한국 민주화운동과 함께 성장해온 생태마을공동체운동과 주민자치 마을공화국운동 그리고 직접민주주의 민회운동 등은 조직적으로 결속하여 2021년 10월 23일 〈직접민주마을자치 전국민회〉 창립총회를 가졌다. 직접민주마을자치 전국민회는 창립 이래 지역별 네트워크와 부문별 위원회 조직을 기초로 하고 읍면동단위 마을공화국모델 만들기(홍성군 홍동면, 제천시 덕산면, 옥천군 안남면, 원주시 부론면 등)와 시군구단위 마을대학 만들기 그리고 시군구 광역시도별 지역정당 만들기 사업을 전개해 나가고 있다.

그러면 직접민주주의 마을공화국운동의 비전은 무엇인가?

마을공화국운동은 촛불시민혁명을 통해 솟구쳐 나온 촛불민주주의, "마을로 간 촛불민주주의"의 비전과 함께한다.

"마을로 간 촛불민주주의"는 인류문명의 지속가능성을 확보하기 위해서 근본적인 변화를 목표로 삼고, 마이크로 커뮤니티(마을공동체와 마을공화국)에서부터 매크로 커뮤니티(마을연방민주공화국과 마을공화국 지구연방)까지 중층적인 차원에서 급진적인 대안을 제시해야 할 지점에 와 있다. 그러기에 "마을로 간 촛불민주주의"는 개인·지역(마을)·국가·지구차원에서 촛불의 일상생활화, 지역적 상설화, 국가적 제도화, 지역지구화를 추진해나가는 비전수립을 해왔다.

첫째로, 개인적으로는 '민주주의자 없는 민주국가'에서 민주주의자들의 민주국가를 만들기 위해, 촛불의 일상생활화(비폭력대화·인디안식 공감토론·직접민주주의민치民治감수성훈련, 민주시민학습 등)에 힘쓰는 일이다.

둘째로, 지역(마을)에서는 촛불의 지역적 상설화를 위해 일하는 것이다. 이는 지역민회와 지역정당의 건설을 통해 읍면동장 선출제를 추진하여 마을공화국(마을자치정부·마을기금·마을대학 등)을 건설하는 것을 주요 내용으로 해야 할 것이다.

셋째로, 국가적으로는 촛불의 제도화이다.

국민발안 시민입법·국민소환·국민투표제와 마을자치정부기반의 마을연방민주공화국을 제도화하는 직접민주주의 개헌과 더불어 국민 공론화기구인 시민의회를 건설하는 것으로부터 시작해야 할 것이다.

이를 통해 대의민주주의 중앙집권 통치제제인 87년체제를 극복하고, 직접민주주의 민치民治와 대의민주주의 통치統治의 협치국가체제인 포스트 87년체제를 구축하는 일이다. 이는 마을공화국을 기반으로 마을연방 민주공화국을 건설함으로써 대한민국을 재건축하는 것에 다름 아니다.

넷째는, 지구적으로 세계직접민주주의운동을 추동 발전시키며, 세계의 마을과 마을공화국, 마을연방민주공화국 등을 기반으로 마을공화국 지구연방을 건설함으로써 지구문명을 재건축하는 일에 나서는 것이다. 이는 촛불의 지역지구화(Lobalization)와 지구지역화(Glocalization)를 동시에 추진함으로부터 가능해질 것이다.

3. 대안적 세계화와 자치분권 지역당운동

20세기 신자유주의 세계화(Globalization)는 세계를 단일경제권으로 만들었다. 이 신자유주의 세계화는 이러한 역할과 함께 기후위기와 불평등의 위기 그리고 지역의 식민화 위기를 불러왔다.

지금 세계는 삼중의 위기를 맞고 있는 것이다. 이 삼중위기는 '같은 것의 다른 모습'으로 상호 중첩되어 나타나고 있다. 기후위기의 결과는 자연재해와 재난으로 나타나고, 신자유주의 자본의 세계화로 말미암은 불평등위기는 공동체의 해체로 귀결된다. 자연재해든 공동체의 해체든 그 현장은 지역이고, 이는 범지구적 차원에서의 지역공동체의 위기를 불러온다.

앞으로 녹색계급투쟁의 현장은 공장이 아니라 지역일 것이다. 인지자본주의 시대의 노동계급은 공장으로만 담아지지 않는다. 지역이 노동계급과 녹색계급과 지구를 담는 시대가 도래하고 있다. 지역이 노동계급과 녹색계급의 집이 되고 있다. 지구가 지역을 담는 것뿐만 아니라 지역이 지구를 담는 상황이 전개되고 있다.

지역은 그동안의 세계화(globalization)가 신자유주의 세계화로 진행되면서 그 역방향의 대안적 세계화를 요청하는 동시에 소환되고 있다. 대안적 세계화는 지구적 의제를 지역적으로 실천하는 지구지역화(Glocalization)와 창발적 지역의제를 지구화하는 지역지구화(Lobalization)의 공진화를 의미한다.

이러한 상황인식과 생각을 접하게 되면, 기후위기와 세계의 불평등 문제가 남의 문제가 아니라 나의 문제이고 내가 사는 지역의 모순을 해결해나가는 것이 세계의 위기와 모순을 해결하는 것이라는 인식에 도달하게 된다. 마을공화국운동은 마을공화국-마을연방 민주공화국-마을공화국 지구연방의 3중적 체제로 지구질서를 재편하려는 전망을 가지고 있다. 이러한 전망을 가진 마을공화국운동과 함께 지역지구화를 추구하는 지역단위의 정치결사체가 있는데, 그것은 지역정당이다. 지역정당운동은 지역지구화의 전망을 가져야 한다. 그렇지 못하면 국가와 세계라는 전통적 중앙의 하부단위나 '장기판의 졸卒'을 벗어날 수가 없을 것이다.

대안적 세계화로서의 지역화의 방식이 지구지역화(Glocalization)와 지역지구화(Lobalization)의 쌍방향적 공진화라면, 대안적 세계화의 내용은 초록문명전환의 세계화와 인류문명의 재건축이다. 이 대안적 세계화의 씨알이 마을공화국과 지역정당이라는 쌍두마차이다.

그런데 한국은 지역 정당을 원천적으로 봉쇄하는 정당법 체계이다. 이러한 정당법체계는 박정희 장군이 군사쿠데타를 일으킨 지 얼마 되지 않은 1962년에 만들어졌다. 박정희 정권의 정당법은 특정한 조건을 만족하지 못하는 정치세력은 아예 제도정치권에 발을 들여놓을 수 없게 했고, 군소정치세력의 정치결사와 정치 활동에 족쇄를 채우는 덫과 같은 규정을 두었다. 이는 먼저 올라간 자가 늦게 올라오는 자들을 못 오르게 하는 사다리 걷어차기와 같은 규정인 것이다.

한국 정치의 고약한 폐단은 정당법에 "정당은 수도에 소재하는 중앙당과 특별시·광역시·도에 각각 소재하는 시·도당으로 구성한다 (제3조)."에 연유한다. 박원호 서울대 정치외교학부 교수는 2022년 4월 5일 경향신문 칼럼 '동네 정당을 기다리며'에서 한국 정당법의 심각한 문제점을 다음과 같이 썼다.

"한국 정치의 비극은 이러한 220여 개의 구체적 가능성들(예를 들면 고시촌 부활을 꿈꾸는 관악청년당 등)이 실질적으로는 서울에 중앙당을 둔 2개 정당의 동의 없이는 아예 의제로 검토될 수조차 없다는 데 있다."

그런데 87년 개헌 이후 민주화가 진척되었다고 하는 이 순간까지도 이 정당법은 그 골간을 그대로 간직한 채 위용을 발하고 있다. 오늘날 한국 정치에서 정치 선진화와 자치분권을 가로막고 방해하는 것은 중앙집권적 정당제도다.

지역정당이 네오직접민주주의 자치분권 이념을 철저히 내면화하여, 이러한 제도를 혁파하고 지역 정당을 활성화하는 것이야말로 중앙집권 통치와 대의정치에 의한 예속의 고리를 끊어내며 정치선진화를 획기적으로 앞당길 수 있을 것이다.

지역 정당은 앞서 언급한 역할이 일차적이겠지만 자라나는 미래세대인 청소년과 일반시민들의 민주시민교육과 정치교육의 요람이자 종합정치학교의 역할을 할 수 있다는 점이다. 지역 정당 Local Party나 동네 정당은 특별히 중고 청소년과 청년 학생들에 대한 민주시민교육과 정치교육을 하기에 최적의 요람일 수 있다. 어쩌면 지역 정당은 청소년들에게 마을공화국과 지역사회 제반의 살림살이를 알고 체험하며 배우는 '종합정치학교'의 역할을 할 수 있을 것이다. 또한, 마을공화국의 제반 활동을 통해서 더 나아가 마을연방 민주공화국과 마을공화국 지구연방 건설의 비전을 가지게 할 수 있을 것이다.

사람들 가운데는 마을 자치, 동네 정당과 지역 정당 활동을 하찮게 여기거나 정치로 인정하지 않으려는 이들이 있다. 그러나 그런 생각은 참으로 모자란 생각이다. 왜냐하면, 마을자치, 동네정당과 지역정당 활동이야말로 정치를 구경꾼 정치나 대의 정치가들의 팬덤 정치에서 참여 정치와 생활 밀착형 정치로 바꾸는 강한 민주주의의 출발점이 되기 때문이다.

스웨덴 등 북유럽국가에서 30대 여성 총리들이 정치를 잘 해내는 것은 이들이 어린 시절이나 중고생 때부터 마을자치, 동네정당과 지역당 활동을 통해 정치 경륜을 쌓아왔기 때문이라는 사실을 살펴볼 필요가 있다. 우리 한국 사회도 초중고학생 때부터 자연스럽게 동네 정당과 지역 정당 활동을 할 수 있도록 해야 할 것이다. 그렇게 민주시민 교육과 정치교육을 받으며 정치 경륜을 쌓아, 젊은 시절부터 마을연방 민주공화국의 지도자는 물론 유엔이나 마을공화국 지구연방을 일으켜 세우는 세계적인 정치지도자가 될 수 있도록 해야 할 것이다.

전술한 가치와 지향을 갖는 지역정당은 한국에서도 움트고 있으며, 다가오는 2024년 총선과 2026년 지방선거와 같은 정치의 계절을 앞두고 잰걸음을 하기 시작했다.

2021년 10월에 창립된 직접민주마을자치전국민회는 읍면동, 시군구지역단위의 정치민회는 지역정당과 동일한 위상과 역할을 부여한다는 조직방침을 세웠다. 그리고 이를 전문적으로 감당할 정치위원회를 두고 지역정당운동 발전을 위한 제 사업과 활동에 힘을 보태며 함께하고 있다.

현재 한국에서의 지역당운동은 두 가지 흐름으로 작동되고 있다. 하나는 정당법 개정&철폐운동과 함께 시군구단위의 법외 지역당운동을 전개하는 그룹이다. 직접행동 영등포당, 은평민들레당, 과천시민정치당, 진주가치당으로 구성된 「지역정당네트워크」이다.

다른 하나는 전자 그룹의 문제의식에 공감하면서도 당면 정치현실을 고려하여 현재의 정당법체계를 활용하며 지역당운동을 전개하는 그룹이다. 이들 그룹은 다가오는 총선과 지방선거에 대응해야 한다는 입장을 가지고 「직접민주지역당연합 추진위원회」를 구성하여 활동하고 있다.

전쟁과 무기산업에 저항하라
-군사적 이분법을 넘어

| 쥬_전쟁없는세상 활동가, peace@withoutwar.org |

'전쟁없는세상'의 지향

'전쟁없는세상'은 모든 전쟁은 인간성에 반하는 범죄라는 신념에 기초해 전쟁과 전쟁을 일으키는 다양한 원인을 제거하기 위해 활동하는 평화주의자·반군사주의자로 구성된 단체다.

'전쟁없는세상'은 2003년 병역거부자들과 그 후원인들의 모임으로 활동을 시작했다. 병역거부 운동의 초창기에 전쟁없는세상은 병역거부권의 제도적 인정을 촉구하는 데 많은 노력을 기울였다. 현재 전쟁없는세상의 핵심적 활동인 전쟁거부자 조직 캠페인과 무기박람회 저항 캠페인은 그러한 노력의 연장선상에 자리잡고 있다.

전쟁거부자 조직 캠페인은 2020년 대체복무제가 도입된 이후 대체복무자, 완전거부자, 여성병역거부자, 병역거부난민 등 다양한 형태의 전쟁거부자 조직과 대체복무 제도 개선 등의 활동을 하고 있다.

무기박람회 저항 캠페인은 한국산 무기 수출 모니터링 및 저지 활동, 무기박람회에 맞선 저항행동, 한국 및 세계 군사비 감축을 위한 캠페인 등 무기산업에 저항하는 다양한 활동을 포괄하고 있다.

'전쟁없는세상'은 전쟁이 우연히 일어나지 않는다고 믿으며, 전쟁 없는 세상을 위한 투쟁에 있어 중요한 것은 전쟁을 가능케 하는 일상 속, 사회 구조 속 다양한 원인을 제거하는 노력이라고 생각한다.

무기산업이 왜 문제인가?

'전쟁없는세상'은 전쟁을 가능케 하는 구조의 일부로 무기산업에 주목한다. 무기는 유일한 목적이 생명을 살상하는 것이라는 점에서 자동차나 휴대전화 같은 여타 상품과 성격을 달리한다.

무기산업의 근본적 문제는 누군가의 죽음과 고통에 의존한다는 것이다. 전쟁이 무기산업을 촉진하는 것처럼 무기산업 역시 전쟁을 촉진한다. 무기산업이 전쟁과 무력 분쟁의 유일한 원인은 아니지만, 이미 갈등이 존재하는 상황에서 무기거래는 무력 분쟁의 발발 가능성을 현저히 높인다.

무기는 독재자와 권위주의 국가들이 국내의 민주화 열망을 억압하고 인권 침해를 자행하는 데도 쓰인다. 무기거래는 본질상 불투명하기에 부패를 수반한다. 의료나 교육, 기후위기 대응처럼 더 시급한 곳에 쓰일 자원의 오용을 가져온다. 무기의 개발과 생산, 시험, 사용을 포함한 모든 군사활동은 심각한 수준의 탄소를 배출한다.

전쟁이 이윤을 창출할 수 있는 기회로 여겨지고, 전쟁수혜활동이 정상적인 사업 활동으로 인정받는 한 전쟁은 결코 사라질 수 없다. 무기를 사고파는 것은 비윤리적이라는 인식이 당연시될 때 전쟁은 비로소 끝날 것이다.

한국산 무기가 실제로 사람을 죽이나?

스톡홀름국제평화연구소(SIPRI)에 따르면, 한국은 2018~2022년 세계 7위의 무기 수입국이자 9위의 무기 수출국이다. 한국의 연간 무기 수출액은 2020년 30억 달러에서 2021년 72억 달러로, 2022년에는 다시 172억 달러로 급증했다. 윤석열 대통령은 한국을 '세계 4대 방산 수출국'에 진입시키겠다고 공언하고 있다.

러시아-우크라이나 전쟁과 이스라엘-가자지구 분쟁 등으로 전 세계가 신음하는 이때 한국 무기산업은 즐거운 비명을 지르고 있다. 러시아의 우크라이나 침공 전후 1년 동안 한화에어로스페이스(72%), 한국항공우주산업(75.1%), LIG넥스원(64.8%), 현대로템(74.8%) 등 국내 주요 방산업체의 주가는 급등했다. 이는 록히드 마틴(47.7%), 레이시온(현 RTX, 24.9%), 노스롭 그루먼(54.1%), 제너럴 다이내믹스(33.2%) 등 세계 주요 방산업체들보다도 훨씬 높은 증가율이다.(2022. 12. 1. 기준)

무기 수출 정보는 정보공개청구를 통해서도 알 수 없는 기밀에 해당하는 사항이다. 하지만 국내외 언론 보도나 SNS, 현지 활동가의 제보 등을 통해 알게 되는 경우가 있다. 한국산 무기는 실제로 세계 곳곳에서 전쟁과 무력 분쟁에 사용되고, 독재자와 권위주의 정권이

민주화 운동을 탄압하는 데 동원된다.

한국이 인도네시아에 수출한 총기(SNT모티브, 다산기공), 장갑차(대지정공, 한화), 곡사포(기아현대) 등은 웨스트파푸아 지역의 분리 독립 운동을 폭력적으로 탄압하는 데 쓰이고 있다. 한국산 수류탄(한화)과 대전차무기 현궁(LIG넥스원)이 2018년 예멘 내전에서 사우디 연합군에 의해 사용되었다. 사우디로부터 현궁을 노획한 후티 반군은 이를 SNS에 자랑했다. 후티 반군 또한 이렇게 빼앗은 무기를 사용했을 것이라 추정된다. 2019년 튀르키예군의 시리아 공격에는 한국산 포탄 (풍산)이 사용되었다.

사람을 죽이는 건 이른바 살상무기만이 아니다. 한국의 이한열 열사, 김주열 열사처럼 튀르키예, 바레인, 스리랑카 등지에서 한국에서는 이미 오래 전 사용이 중지된 최루탄이 민주화 운동을 하는 시민 수십 명을 죽음으로 몰고 갔다. 당시 국내 시민단체들은 최루탄 수출 중단 캠페인을 벌여 추가 수출을 막아냈다.

정확히 어떤 무기가 어디에서 사용되었다는 증거는 없지만 유엔 무역 통계에 따르면, 이스라엘이 2014년 가자지구를 폭격한 '50일 전쟁' 이후 한국의 이스라엘에 대한 무기 수출은 오히려 늘었다. 한국은 2022년 러시아의 우크라이나 침공 이후에도 러시아에 탄약을 수출했다. 현 상황의 뿌리가 된 돈바스 전쟁이 일어난 2014년부터 침공 이전까지 러시아와 우크라이나 양쪽에 무기와 탄약을 수출하기도 했다.

한국 무기산업의 또 다른 큰 문제는 비인도非人道 무기에 관한 것이다. 확산탄(집속탄)과 대인지뢰는 군인과 민간인을 가리지 않는 무차별

성과 분쟁 후에도 남아 지속적인 피해를 입히는 특성으로 인해 대부분의 국가에서 금지되어 있다.

현재 한국의 확산탄 생산 기업은 풍산, LIG넥스원, 코리아디펜스인더스트리(KDI)가 있고, 대인지뢰 생산 기업은 SNT다이내믹스가 있다. 이들 기업은 확산탄과 대인지뢰를 생산한다는 이유로 많은 해외 공적 기금과 투자 기관에 의해 투자 제한 대상으로 지정된 상태다.

죽음의 시장, 무기박람회

무기산업에서 빼놓을 수 없는 것이 무기박람회다. 한국에서 열리는 무기박람회는 서울 국제 항공우주 및 방위산업 전시회(ADEX), 대한민국 방위산업전(DX KOREA), 국제해양방위산업전(MADEX), 국제치안산업대전(KPEX) 등이 있다. 여기서 육해공 군사무기와 경찰무기가 일반 시민들에게 '멋진' 볼거리로 둔갑된다.

더 큰 문제는 단순히 전시로 끝나지 않는다는 것이다. 무기박람회를 통해 세계에서 온 무기상인과 각국 군 관계자들은 서로 만나 수출 상담을 하고 실제 계약을 맺는다. 올해 ADEX는 1,900건 이상의 비즈니스 미팅을 유치했고, 총 294억 달러의 수주 상담과 60억 달러의 현장 계약 실적을 기록했다.

한화, LIG넥스원, 록히드 마틴, RTX 등 많은 ADEX 참가 기업이 금세기 '최악의 인도주의적 위기'라 불리는 예멘 내전에 깊이 개입된 사우디와 UAE에 무기를 수출한다. 라파엘, 엘빗 시스템즈 등의 이스라엘 무기 회사는 팔레스타인 점령 지역에서 사용되는 무기를 팔아 수익을 올린다. 이를 "전장에서 검증된" 제품이라 강조하고 마케팅을 하기도 한다.

구매자도 문제다. 무기박람회에는 각국 군대의 무기 획득 권한을 가지고 있는 국방부장관 및 군 수뇌부, 방위사업청장급 인사들이 'VIP'로 참여한다. DX KOREA 2022에는 37개 대표단이 'VIP'로 초청됐다. 이중 14개 대표단이 전쟁이나 무력 분쟁에 개입된 국가에서 왔고, 9개는 우크라이나 무기 지원 국가에서 왔다.

남북 군비 경쟁의 문제

무기 수출은 차치하더라도 한반도의 특수한 안보 상황에서 평화를 지키려면 무기가 필요하지 않느냐는 질문도 많이 받는다. 윤석열 정부는 국방정책 기조로 '힘에 의한 평화'를 내세우고 있다. 상대의 선의에 기대는 가짜 평화가 아닌 압도적인 힘에 의한 평화로 안보를 구축하겠다는 것이다. 그러나 9.11 테러와 최근의 이스라엘–가자지구 분쟁에서 보았듯이 압도적인 힘으로는 평화를 만들지 못한다.

한국의 국방비 지출액은 2022년 기준 464억 달러로 세계 9위다. 한국은 지난 10년 동안 조선민주주의인민공화국(이하 '조선')의 총 GDP 보다도 훨씬 많은 금액을 국방비로 지출해왔다. 한국이 재래식 전력에서 압도적인 우위에 있으니 조선도 핵무기·미사일 같은 비대칭 전력 개발에 몰두하는 안보 딜레마가 초래된다.

사드(THAAD)와 F–35 등 한국이 큰돈을 들여 사들이는 첨단 무기체계는 더 공격적인 대북 정책을 부추길 뿐이다. 이런 상황에서 더 많은 무기는 효과적인 억지력이 아니며, 갈등 심화의 원인이 된다. 군비 경쟁의 악순환을 끊을 수 있는 길은 선제적 위협감소 조치를 통한 상호 군축이다. 내가 먼저 선의의 본보기를 보일 때 상대의 선의도 기대할 수 있는 법이다.

군사적 이분법은 평화를 위한 길이 아니다

러시아-우크라이나 전쟁과 이스라엘-가자지구 분쟁은 뜨거운 현안이다. 2022년 러시아의 우크라이나 침공을 둘러싸고 국내외 시민단체나 진보정당들도 입장이 첨예하게 갈리는 사안이 있었다. 우크라이나 무기 지원 문제다. 무기 지원을 찬성하는 측은 더 큰 악인 러시아가 이기게 둘 수는 없다고 한다. 러시아의 침공이 잘못된 것은 당연하다. 하물며 민간인 학살 문제 같은 것은 말할 것도 없다.

그러나 전쟁에는 승자가 없다. 전쟁의 포성을 멈추어 더 이상의 희생과 파괴를 막는 것이 최우선이 되어야 한다. 더 많은 국가가 무기를 지원할수록 전쟁은 격화하거나 장기화되고 회복하기 어려운 피해를 남길 것이다. 지금 필요한 것은 러시아와 우크라이나 양측이 즉각 적대행위를 중단하고, 휴전에 합의하여 진정성 있게 평화협상에 임하는 것이다.

이스라엘-팔레스타인 관계의 오랜 맥락을 제거한 채 이번 분쟁을 표면적으로 바라봐서는 안 된다. 최근 발생한 폭력은 지난 수십 년 동안 지속된 비대칭적이고 첨예한 분쟁에 뿌리를 두고 있다. 혹자는 폭력의 근본적 원인이 이스라엘의 군사 점령에 있는 상황에서 이스라

엘과 하마스 양측의 폭력을 비판하는 양비론적 태도가 무책임하다고
말한다.

하지만 팔레스타인 민중의 해방을 지지한다고 해서 하마스의 폭력까
지 용인해야 하는 것은 아니다. 이럴 때일수록 우리는 이스라엘과
하마스 중 어느 한쪽 편을 들어야 한다는 군사적 이분법을 거부해야
한다. 즉각적인 휴전이 아닌 군사적 승리를 좇는 것의 귀결은 누구도
이길 수 없는 폭력의 악순환이다.

어느 편에도 서기를 거부한 전쟁거부자들

압도적인 힘에 맞서 군사적 저항은 유일한 수단이 아닐 뿐더러 효과적
인 수단도 아니다. 전쟁이 한창인데 비폭력 저항이라니 한가한 소리처
럼 들릴 수도 있다. 하지만 누구나 각자의 위치에서 구체적으로 할
수 있는 일은 분명히 있다. 보이콧, 투자철회, 경제제재의 앞 글자를
딴 BDS 운동은 이스라엘의 군사 점령과 아파르트헤이트 체제의 종식,
팔레스타인 난민들의 귀환권 보장을 목표로 2005년 시작된 전 세계적
비폭력 캠페인이다.

한국의 경우 HD현대의 굴착기가 팔레스타인 가옥 파괴와 이스라엘
의 불법 정착촌 건설에 사용되고 있다. 우리는 현대에 이스라엘로의
굴착기 수출 중단을 촉구함으로써 팔레스타인 해방 운동에 동참할
수 있다.

전쟁의 틈바구니에서 군사적 이분법을 거부한 사람들이 있다. 어느
한쪽 편에 서서 총을 들고 살인에 동참하기를 강요하는 엄청난 압력에

도 이를 거부하는 전쟁거부자들이다. 전쟁거부의 형태는 다양하다. 누구는 공개적으로 병역을 거부해 감옥에 가고, 누구는 외국으로 도망쳐 난민 신청을 한다. 후자는 비겁한 병역기피자라는 비난도 듣지만 우리는 굳이 둘을 구분하지 않는다.

전쟁없는세상 활동가들의 아덱스 저항행동

우리도 이들과 함께 러시아-우크라이나 전쟁과 이스라엘-가자지구 분쟁의 평화적 해결에 기여할 수 있다. 러시아-우크라이나, 이스라엘-팔레스타인의 전쟁거부자들을 지지하고 이들과 연대하자. 한국에도 전쟁을 피해 온 러시아 병역거부자 난민들이 있다. 전쟁을 떠받치는 징병제라는 거대한 기둥에 전쟁 거부라는 균열이 일어날 때, 국가의 전쟁 동력에도 제동이 걸릴 것이다.

평화와 주권의 토대를 흔드는
유엔사의 재활성화

| 문장렬_전 국방대 교수, jnmoon@hotmail.com |

1. 유엔사 재활성화 동향

지난달 한미 연례안보협의회(SCM) 이튿날(11.14) 한·유엔사회원국 국방장관회의(이하 '한·유엔사회의')가 서울에서 열렸다. 한국과 미국의 국방장관이 참석했고, 나머지 16개 회원국은 주로 주한대사들이 대리 참석했다. 회의에서는 한국전쟁 후 정전체제 유지에 대한 유엔사의 기여를 평가하고, 앞으로 역할과 기능을 더 강화할 것을 약속하는 공동성명을 발표했다. 이로써 근년에 본격화된 유엔사의 재활성화 (revitalization) 움직임에 주최국(host nation)인 한국이 참여하는 계기가 만들어졌다.

일반 대중에게 '유엔사(UNC, United Nations Command)'는 '막연히 당연한 존재'로 인식되고 있는 듯하다. 애초부터 유엔이라는 명칭이 '도용'(또는 오용)된 것이고, 유엔과 아무런 공식적 관계가 없는 미국의 군사조직이며, 국제법적으로 존속의 근거가 희박하며, 이미 유엔총회에서 해체를 결의하여 미국도 동의했으며, 유엔의 규정에 따라 유엔기의 사용도 더 이상 합법적이지 않다는 '사실'들이 점차 많이 알려지고 있다. 일각에서 유엔사를 '유령사'라고 부르는 이유다.

유엔사는 1950년 7월 7일 유엔안보리 결의안 84호에 따라 미군 장성이 지휘하는 '통합사령부(Unified Command)'로 불러야 하지만 미군이 자의적으로 유엔의 이름을 붙여서 오늘날까지 사용되고 있다. 정전협정 체결 이후 유엔사는 주한미군과 한국군을 휘하에 둔 작전사령부이면서 정전체제를 관리하는 최고 군사기구였다. 더욱이 정전협정을 체결한 그날 한국전쟁에 참가한 16개국이 워싱턴에 별도로 모여 한국에 또다시 전쟁 상황이 발생하면 재참전하겠다는 결의를 '워싱턴 선언'으로 발표했으며, 이 선언이 오늘날 유엔사 회원국들의 모임에 근거가 되고 있다.

유엔사는 지금까지 두 번의 '존폐 위기'를 겪었다. 첫 번째는 1975년 11월 18일 유엔총회에서 두 개의 결의안(3390A/B)이 채택되었을 때다. 서방측과 공산측이 각각 한국전쟁 정전협정을 평화협정으로 대체하고, 외국군을 철수할 것 등을 포함하여 유엔사의 해체(dissolution)를 촉구(urge)했다. 당시 국무장관 키신저는 총회 연설에서 1976년 1월 1일까지 유엔사를 해체하겠다고 약속했다. 그러나 미국은 약속을 지키지 않고, 대신 1978년 11월 한미연합사령부를 창설하여 작전 기능을 전담토록 하고, 유엔사는 존치하되 그 기능을 정전협정의 관리와 유사시 전력제공으로 축소했다. 한국군에 대한 작전통제권(이하 '작통권')은 형식적으로 유엔사령관으로부터 연합사령관에게 이양

되었으나, 두 직책을 동일인이 겸하므로 내용적인 변화는 없었다.

두 번째 위기는 한국군의 작통권 환수 이후 유엔사의 위상과 기능에 대한 논란으로서 현재 진행 중이다. 한국군이 작통권을 행사하게 되면 유엔사령관의 권한은 주한미군과 전시 증원 다국적군에 대한 것으로 국한될 수밖에 없다. 이 경우 전시에 한국군과 미군 최고사령관들 사이의 권한 관계가 모호해진다. 불행히도 노태우 정부부터 현재까지 작통권 환수 논의에서 이 중대한 문제가 제대로 다루어지지 않았다. 특히 문재인 정부는 작통권 '전환'을 현 연합사 체제를 유지한 채로 사령관만 한국군 장성으로 바꾸는 것으로 '재정의'하기로 미국과 합의했다. 그렇게 되면 연합사 부사령관인 미군 4성 장군이 유엔사령관으로서의 권한을 행사할 때 지휘권의 '충돌'이 일어날 것은 불 보듯 뻔하다.

미국(군)은 이 문제를 당연히 인지하고 있었을 것이다. 그래서 유엔사 재활성화다. 그 시작은 2000년대 초까지 거슬러 올라가지만, 본격적인 추진은 2014년부터다. 한국군의 작통권 환수 시한이 한 차례 연기되어 2015년으로 정해진 만큼 대비가 필요했을 것이다. 목적은 유엔사를 존속시키는 것이고, 핵심 내용은 참모조직을 독립화하고 확대하면서 그에 따라 기능과 역할을 강화하는 것이다. 주한미군이 겸직하던 유엔사 부사령관을 캐나다·호주·영국 등의 장군급으로 임명하고, 참모부 역시 다국적 인원을 늘려 현재 100명 가까이 된다.

2. 유엔사 재활성화의 문제점과 위험성

유엔사 재활성화는 미국이 주도하고, 일본과 한국이 적극 협력하면서 추진되고 있다. 유엔사는 군사적 측면에서 문제가 많지만 비무장지대 (DMZ) 출입 통제 등 정전체제의 관리 주체로 '군림'하고 있기 때문에 미국이 남북관계를 '통제'하는 데에 활용할 수 있다는 문제도 내포하고 있다.

유엔사의 '존재 이유'는 정전체제의 관리와 전시 증원전력 제공이기에 한반도의 평화와 한국의 군사주권을 '희생'함으로써 유지된다. 비무장지대와 군사분계선 통과에 대한 자의적 통제로 남북 교류협력에 제동을 걸고 일국의 대통령 후보(윤석열, 2021. 12. 20. 육군3사단 관측소 방문)까지 정전협정 위반으로 조사하겠다고 엄포를 놓았던 유엔사다. 한국군에 대한 작통권은 군사 조직과 체계가 어떻게 변하든 거의 영구적으로 보유하겠다는 유엔사다.

유엔사가 전투사령부로 거듭날 것이라는 우려가 있지만 단시일 내에 그렇게 될 가능성은 낮다. 한미 양국이 공식적으로 부인할 뿐 아니라 현행 작통권과 연합사 체계가 유지되는 한 그럴 필요성도 없다. 그러나 평택으로 '확장개업'한 유엔사령부가 일본에 위치하고 있는 7개의 유엔사 후방기지들을 더 긴밀히 통합하고 유엔사 회원국의 더 적극적인 참여를 이끌어 한반도에 견고한 지역 통합사령부를 구성할 가능성은 우려할 만하다. 더욱이 유엔사 회원국에 일본이 참여한다면 한미일 3국의 유사동맹은 유엔사라는 외피를 한 겹 더 두른 정치군사적으로 '완전하고 돌이킬 수 없는' 지배체계를 갖추게 될 것이다.

유엔사 재활성화로 한반도 분단의 고착화와 군사적 긴장 고조, 대중국 대결 구도 속에서 한국의 군사주권도 '불완전하고 회복이 어려운' 상태로 지속될 수 있다. 국가의 구성요소는 흔히 영토, 국민,

주권과 제도라 한다. DMZ가 미군이 통제하는 사실상의 '남의 땅'이고, 우리 국민이 이 지역 내에서의 활동이 통제될 뿐 아니라 이로 인해 대내 정책과 대북 및 대외 군사정책에서의 정부의 정책 결정 자율성이 침해받고 있다.

작통권 환수에 연합사와 유엔사가 2중으로 개입하여 환수 과정과 환수 이후에 복잡한 문제들이 야기되며, 이 경우 더 힘이 강한 쪽이 주도할 수밖에 없다. 군사문제에서 생기는 또 다른 구체적 폐해는 연합훈련에 다국적 유엔군이 참여함으로써 긴장이 심화·확대되는 일이 벌어지고, 유엔사의 군사적 기능이 우주전과 사이버전 등으로 확장되면서 새로운 종류의 군사적 긴장이 조성될 가능성도 증대한다.

전략적 차원에서는 유엔사를 매개로 하여 한반도가 미국 주도의 지역 군사체계에 편입될 가능성이 우려된다. 전시에 18개 회원국(한국과 일본 포함)이 참전하게 되면 사실상의 국제 전쟁이 될 수 있다. 평시에도 미국의 다층적 동맹정책의 군사적 기반을 유엔사가 제공할 수 있다. 바이든 정부의 동맹정책은 동북아에서 한국과 일본을 묶어 한미일 군사동맹화를 추진하고 있으며, 여기에 인도가 참여하는 쿼드(Quad), 미국이 호주와 영국과 함께 결성한 오커스(AUKUS) 등이 나토와 연결되면 그야말로 다중적인 미국 중심의 세계 군사동맹체계가 만들어진다. 이러한 지역과 세계 군사동맹에 하위 파트너로 참여하는 한국은 신냉전적 강대국 대결에서 전위대나 돌격대로서 행동하면서 국가이익을 무제한적으로 희생시킬 가능성이 커진다.

3. 유엔사 문제의 해결 방향

어려운 문제는 근본 원인을 정확히 진단하고 거기서부터 해결책을 강구해 나가야 한다. 유엔사 문제는 근본적으로 주권 문제다. 이제 대한민국은 한국전쟁 시기의 국가가 아니다. 경제 규모, 민주화, 군사력, 문화능력 등 어느 모로 보나 아직 불완전한 군사주권을 그대로 유지하고 있다는 사실을 세계 어느 나라도 이해하지 못할 것이다. 국가의 위상과 체면뿐 아니라 국민의 자존감이 달린 문제이기도 하다.

역대 정부는 군사주권 문제를 인식을 하고는 있었지만 북한 위협과 한미동맹 유지와 국민의 대미 의존 여론을 핑계로 제대로 대응하지 못했다. 이러한 현상은 윤석열정부에서 극단적으로 나타나고 있다. 북한의 핵위협을 전가의 보도로 여기면서 한미동맹을 맹신하고 일본까지 가세하는 군사동맹체계를 만들려 하고 있다. 한반도 비핵화 문제는 2018년 남북정상회담과 북미정상회담을 통해 대화로 해결할 수 있음이 충분히 입증되었다. 이를 실천하지 않고 파기하면서 미군의 전략무기에만 매달리는 것이 이후 지금까지의 상황이다.

윤석열 대통령 자신도 유엔사 재활성화가 옳은 것으로 확신하고, 그 방향으로 앞장서서 나가고 있는 것으로 보인다. 지난 8월 10일 윤대통령은 유엔사 간부들을 초청한 간담회에서 "북핵 위협 고도화로 유엔사 역할이 더 중요해질 수 있다고" 판단하고 "북한과 그들을 추종하는 반국가 세력들이 종전선언과 유엔사 해체를 끊임없이 주장"한다는 색깔론까지 제기했다. 이제 유엔사 문제를 진지하게 연구하여 해체를 주장하면 반국가 세력으로 몰리게 되었다.

어떻게 할 것인가? 해결 방향은 명확하고 오히려 상식에 속한다.

첫째, 유엔사로부터 기인하는 독립국가의 비정상적인 안보 국방 군사 체계를 바로잡기 위하여 한국군의 작전통제권을 완전하게 환수해 와야 한다. '가이사의 것은 가이사'(마태복음 22:21)에게 가야한다는 말과 같이 한국은 한국군을, 미국은 미국군(주한미군)을 작전통제하는 지휘체계를 수립해야 한다. 연합사체계도 문재인정부에서 추진해온 방식대로 연합사령관의 국적만 바꿀 것이 아니라 한국군 단독의 작전 사령부를 만들고, 주한미군과 유엔사는 통합하여 미군 장성이 지휘하 도록 해야 한다. 물론 필요하면 한미 간 군사협력 체계는 별도로 만들어 유지할 수 있다. 이렇게 되면 유엔사와 관련된 작통권 문제는 자동적으로 해결될 것이다.

둘째, 정전체제 관리 권한도 이제 한국이 행사해야 한다. 70년 동안 엄청난 상황 변화에도 불구하고 정부는 이에 대하여 아무런 진지한 성찰도 전문적 법률 검토도 하지 않은 채 당연하다고만 생각해 왔다. 한국은 주권 최우위의 국제법 원칙에 따라 우리 영토인 DMZ 관할권을 행사해야 한다. 작통권 환수나 영토의 관할권 문제는 미국과 협상할 대상이 아니다. 통보하고 이해를 구할 문제다. 물론 이러한 민감한 사안은 외교적 역량을 발휘하여 한미관계를 가능한 한 적게 훼손하면서 추진할 필요는 있을 것이다.

셋째, 유엔사는 향후 주한미군 또는 주일미군과 통합하거나 해체해 야 한다. 좁은 한반도에 4성 장군이 지휘하는 작전사령부가 세 개씩 있을 필요가 없다. 원래 미군 주도의 다국적군이고, 수십 년 동안 미군이 단독으로 운영해 온 또 하나의 미군사령부이기에 '정위치'하는 것일 뿐이다.

마지막으로 가장 중요한 현실적 대책은 우리 자신의 행동으로부터 나와야 하고 그럴 수밖에 없다. '자주'는 당연하지만 국제관계의 현실에서는 매우 어려운 문제다. 더욱이 유엔사 문제는 아무리 동맹국이지만 자국의 이익을 최우선으로 하는 세계 최강국인 미국을 상대해야 한다. 이것은 가장 먼저 정부가 정책을 수립하여 강력히 추진해야 하지만 군사문제인 만큼 군의 용기와 노력을 필요로 한다. 또한 민주국가에서 정부와 군의 존재기반이 되는 국민의 지지가 있어야 한다. 요컨대 클라우제비츠가 일찍이 총력전 승리를 위한 삼위일체론에서 갈파했듯이 정부와 군대와 국민이 함께 힘을 모으지 않으면 실현하기 어렵다.

자주 인용되는 중국 전국시대의 법가 사상가 한비자의 경구를 다시 소환해 보자. '비위非違는 이치를 이기지 못하고, 이치는 법을 이기지 못하며, 법은 권력을 이기지 못하나 권력은 천심 즉 민심을 이기지 못한다(非理法權天).' '유엔 없는 유엔사'가 잘못된 것이라고 이치를 들이대도 국제법 논쟁에서 결론이 쉽게 나지 않는다. 미국의 막강한 권력 때문이다. 오직 국민이 이것을 이길 수 있다. 그러나 우리는 천심이든 민심이든 마냥 변하기를 기다릴 수 없다. 미국의 힘에 정당히 맞서기 위해서는 이치와 법과 국민의 지지를 모두 동원해야 한다. 평화와 주권을 위해서다.

2023년 한반도 평화운동 약평과 2024년 과제

- 평화 실현은 적대와 전쟁 종식, 평화협정 체결로 -

| 최은아_6.15공동선언실천 남측위원회 사무처장,
정전70년 한반도 평화행동 공동상황실장, 615people@gmail.com |

53년 체결된 정전협정은 60항에 '협정의 효력 발생일로부터 3개월 이내'에 한반도 문제의 평화적 해결을 위한 정치회의를 개최하는 것에 관한 내용이 담겨 있다. 그러나 그로부터 무려 70년이 지난 지금까지 전쟁 종식과 평화체제 구축 논의는 제대로 결실을 거두지 못하고 있으며, 심지어 한반도 평화에 관한 모든 대화와 협상마저 중단된 지도 오래되었다.

평화의 기회가 없었던 것은 아니다. 2018년 남북, 북미정상회담을 통해 관계 정상화, 평화협정 체결, 한반도 비핵화 등의 굵직한 사안들이 합의되었으나, 초기 단계의 핵심 조치였던 한미 측의 연합군사훈련 중단 공약이 제대로 이행되지 않은 채 다시 훈련이 재개되고, 대규모 군비증강이 이어지자, 북 또한 핵·미사일 모라토리엄을 철회하고 '강 대 강' 대응을 선언하며 핵무력 강화로 나섰다. 다시 한반도의 군사적 긴장이 높아지는 가운데 새로이 출범한 윤석열 정부는 긴장 완화와 관계 개선을 위한 노력 대신 더욱 강경한 군사 압박에 박차를 가하고 있다.

한편, 한국의 종교, 시민사회는 계속되는 한반도 군사 위기를 시민의 힘으로 극복하자는 의지를 담아 한국전쟁 발발 70년이 되는 2020년에 〈한반도 종전평화캠페인〉을 발족하고, 정전 70년이 되는 2023년까지 한반도 전쟁종식과 평화협정 체결을 위한 공동의 운동을 결의했으며, 그 마지막 해인 2023년, 이를 보다 확대, 개편하여 〈정전 70년 한반도 평화행동〉을 발족, 집중적인 평화행동을 펼쳤다. 3년간 진행된 '전쟁 반대 평화실현 서명운동'과 함께 전 세계 300곳 평화행동과 7월의 집중행동 등 글로벌 평화행동을 통해 아직까지 끝나지 않은 한국전쟁, 현재 진행형인 한반도 전쟁위기에 대한 국제사회 여론을 환기하고, 적대 관계 개선과 평화협정 체결이 한반도 갈등을 해결하는 근본적 해법이라는 사실을 국내외에 널리 알리기 위해 노력하였다.

심화되는 한반도의 전쟁위기

2023년 윤석열 정부는 '힘에 의한 평화' 기조를 핵심으로 하여, '킬체인, 한국형미사일방어망, 대량응징보복체계' 등 선제공격을 염두에 둔 3축 체계 강화에 매진하면서, 미국의 핵전략자산 수시 전개, 한미연합 군사훈련 확대에 보다 힘을 쏟았다. 한미가 함께한 연합군사연습은 2022년 256회에 달했는데, 2023년에는 그보다 더 많이, 더 대규모로 진행되었으며, 훈련의 내용 또한 '참수작전', '선제공격' 등의 내용이 강화된 것으로 알려지고 있다. B-1B·B-52H 등 핵전략폭격기와 핵잠수함 등 전략자산의 전개와 군사훈련은 2022년 5회에서 2023년 18회로 3배 이상 늘어났으며, 핵무기를 탑재한 전략핵함수함이 부산항에 기항하는 한편, B-52H가 청주공항에 착륙하는 등, 92년 전술핵무기 철수 이후 일시적이나마 핵무기가 한반도로 다시 반입되기 시작하였다. 뿐만 아니라 미국의 핵전략에 한국의 재래식 전력을 동원하는 이른바 '일체형 확장억제' 정책과 함께 한반도에서 핵전쟁 상황을 가정한 군사훈련계획도 공개되었다.

북은 2019년 하노이 노딜 이후 한미연합군사연습의 재개 등 남북, 북미정상회담의 공약이 이행되지 않는 것을 비난하며 '강 대 강' 정책을 다시 천명한 이래, 2022년 핵, ICBM 모라토리엄을 철회하고, 극초음속 미사일, 초대형 방사포, 고체연료 대륙간 탄도미사일, 핵무인수중공격정 등 신형무기를 통해 선제공격에 대한 반격능력, 전술핵무기 탑재 능력, 미 본토 및 전략거점에 대한 타격능력 등을 집중적으로 보여주며 군사 대응 수위를 높이고 있다. 단거리 미사일, 방사포 훈련 등도 늘어나는 가운데, 2023년에는 주한미군 기지와 계룡대 등 주요 군사거점 타격을 염두에 둔 군사훈련도 공개하였으며, '핵보유국 지위', '핵무기 고도화' 내용을 헌법에 명기하는 등 핵능력 강화에 매진하고 있다.

2023년 쌍방 모두가 위기 시 선제공격을 거론한 가운데, 접경지역에서의 군사충돌을 방지할 안전핀이 사라지고, 전단살포와 확성기 설치 등 오히려 충돌을 조장하는 행동이 전면화되어 각계에 큰 우려를 던졌다. 권영세 통일부장관은 취임 직후부터 「대북전단살포금지법」(「남북관계발전법」의 대북전단살포 처벌 조항) 위헌 입장을 밝히며 대북전단살포를 사실상 옹호하며 나섰고, 2020년 이후 거의 중단되었던 탈북자단체들의 대북전단 살포가 2023년 상반기부터 다시 급증하고 있다.

급기야 정부는 지난 11월 21일 북의 위성 발사에 대한 조치로서 〈역사적인 판문점선언 이행을 위한 군사분야 합의서(9.19군사합의)〉의 1조 3항 비행금지구역 설정에 관한 조항을 효력 정지한다고 밝혔고, 북 역시 그 직후 '9.19군사합의' 무효화를 선언하였다.

9.19군사합의는 한반도에서 첨예한 군사적 긴장을 완화하고 전쟁위험을 실질적으로 해소하기 위한 구체적 조치를 담고 있는 평화의 안전핀이었다. 불과 4km 밖에 되지 않는 기존 비무장지대보다 더 넓은 완충지대를 설정하여 지상, 육상, 해상에서의 군사훈련과 항공기 진입, 무기 운용 등을 통제하는 것은 물론, '경고방송-경고사격-군사조치'의 단계를 세분화하여 대응키로 하는 등 우발적 충돌을 방지하기 위한 조치도 담고 있다.

그러나 이제 9.19군사합의는 무력화되었고, 대북전단살포나 확성기 설치, 군사분계선으로의 항공기 접근 등이 공공연하게 거론되고 있다. 충돌 방지와 긴장 완화에 힘써야 할 상황에서, 오히려 군사분계선 일대의 군사충돌을 조장하는 조치만 이어지고 있다.

한반도 평화를 위한 시민사회의 활동

한국의 종교, 시민사회는 2023년, 〈한반도 종전평화캠페인〉을 확대, 개편하여 〈정전 70년 한반도 평화행동〉을 발족하고, 한반도 전쟁위기의 심각함에 대한 국내외의 여론을 환기하는 활동으로서 100만 명을 목표로 한 '전쟁반대 평화실현 서명운동'을 전개하였다.

〔전쟁반대 평화실현 서명운동 주요 요구안〕

△ 적대를 멈추고 남북, 북미관계 개선
△ 전쟁을 끝내고, 평화협정 체결
△ 핵무기도 핵위협도 없는 한반도와 세계 실현
△ 제재와 군사훈련이 아닌 대화와 협력으로 갈등 해결
△ 군비 경쟁에서 벗어나 안전과 환경에 투자할 것
△ 한미일 군사협력 중단, 한반도·아시아 평화 공존 실현

또한 국내 시군구와 전 세계 주요 도시 등 전 세계 300곳에서의 평화행동, 그리고 7.27과 8.15에 즈음한 대회 등을 추진하였다.

이를 위하여 2-3월, 해외동포(2회), 글로벌 평화단체(2회), 지역 풀뿌리 단체들(1회)과의 온라인 간담회가 진행되었다. 4.27에는 온라인으로 국내 단체와 시군구 110곳, 해외 단체와 인사 60곳 등 총 170여 단위, 1,000여 명이 참여하여 〈정전 70년 한반도 전쟁위기 해소와 평화를 위한 4.27평화회의〉를 개최하였다. 시군구별 모임, 단체별 모임, 해외의 도시 및 단체별 모임으로 참여하여 각 현장별, 단체별 계획과 구상도 함께 나눌 수 있었고, 전 세계 300곳에서의 평화행동도 반드시 실현해 보자는 의지를 모으는 자리가 되었다.

각계가 함께 뜻을 모아 추진한 '한반도 전쟁 반대 평화실현 서명운동'에는 전 세계 112개 지역에서 206,629명이 참여(9/28 유엔 전달 시점까지 집계)하였다. 전 세계 300곳 평화행동의 경우, 국내 17개 광역시도,

130개 시군구에서 265개의 행동이, 해외 12개 나라, 73개 도시에서 151개의 행동이 진행되었다(300곳 행동 인증샷 https:bit.ly/300peace). 7월 22일에는 서울과 광주, 창원, 부산, 울산, 대구에서 〈정전 70년 한반도 평화대회〉가 개최되어, 연인원 1만여 명이 참여하였으며, 8월 12일에는 〈광복 78년 주권훼손 굴욕외교 저지! 한반도 평화실현! 8.15범국민대회〉가 서울에서 개최[1]되어 전국에서 1만 명의 시민들이 결집하였다.

서명운동과 글로벌 평화 행동의 결과는 지난 10월 초 대표단을 통해 유엔 사무총장과 미국, 한국 유엔 대표부, 미 의회 등에 전달되었다.

한반도 평화를 위협하는 여러 적대정책과 군사훈련, 한미일 군사협력에 반대하는 기자회견과 여론 활동도 연중 꾸준히 이어갔다. 3월에 진행된 역대 최대 규모의 한미연합훈련 〈프리덤 실드〉의 경우, 서울과 평택, 대전, 광주, 창원, 부산, 대구 등 전국에서 집회와 행진 등의 항의 행동이 이어졌고, 3월 말 평양 점령을 상정한 상륙훈련이 진행되던 포항 조사리 해변에서도 전국에서 300여 명의 종교 시민사회 활동가들이 참여한 가운데 평화행진과 대회를 통해 전쟁연습 중단의 목소리를 높였다. 전쟁 훈련이 진행되는 현장에서의 평화 행동은 참가자들에게 분단과 전쟁이 여전히 현재 진행형인 한반도의 상황을 피부로 느끼도록 하는 중요한 교육의 공간이 되기도 하였다.

---

1 "6.15공동선언실천 남측위원회, 시민사회단체연대회의, 윤석열정권퇴진운동본부(준), 전국비상시국회의(추), 정전 70년 한반도 평화행동, 한일역사정의평화행동" 공동주최.

한편, 대북전단살포 등 접경지역 충돌 조장 의제들에 대해서도 '6.15남측위원회'를 비롯한 여러 단체들에서 꾸준히 문제제기 해 오고 있다. 통일부 장관의 「대북전단금지법」 위헌 의견에 대한 규탄 기자회견을 비롯하여 대북전단 살포는 표현의 자유가 아닌 접경지역 안전을 해치는 행위로 접근되어야 하며, 「대북전단금지법」은 위헌이 아니라는 취지의 의견을 지속적으로 개진하였고, '9.19군사합의' 무력화에 즈음하여서는 접경지역 시군구 풀뿌리 단체들과 함께 〈평화와 연대를 위한 접경지역 주민, 종교, 시민사회 연석회의〉를 구성하여 접경지역 주민들의 목소리를 공론화하고, 접경지역의 군사적 변화에 대한 모니터링, 접경지역 지자체 면담 및 현장 행동 등을 추진하고 있다.

소기의 성과는 거두었으나 국민적인 평화 여론을 만드는 데까지 미치지는 못한 2023년 활동

〈한반도 종전평화캠페인〉과 〈정전 70년 한반도 평화행동〉은 국내 750여 단체와 7대 종교, 해외 800여 파트너 단체가 함께 구성한 네트워크로, 한반도 평화를 위해 상시적으로 협력하고 연대하는 플랫폼으로서 역할을 수행하였다.

쏟아지는 여러 현안 속에서도 한반도 평화 문제를 직접적으로 다룬 서명으로서는 결코 적지 않은 20만 명의 서명 참여를 이끌어 냈고, 이를 당사국들에 전달한다는 목표까지 잘 마무리 하였다. 티베트 불교 지도자인 달라이 라마와 프란치스코 교황, 세계교회협의회의 제리 필레이 총무 등 세계 종교 지도자의 평화기원 메시지도 모아낼 수 있었다.

또한 국내의 17개 광역, 130개 시군구에서 '영화상영회, 토론회, 자전거행진, 걷기, 문화공연, 캠페인, 집회, 토론회, 모내기, 전시회' 등 다양한 형태로 한반도 평화를 요구하는 265개의 행동을 일구어냄으로써, 삶의 현장 곳곳에서 한반도 평화를 향한 직접 행동을 전국적 범위에서, 규모 있게 펼쳐낼 수 있었다. 해외의 경우, 한반도 문제에 대한 행동으로서는 가장 많은 73개 지역에서 행동이 진행되었는데, 특히 일본의 54개 현, 시, 구에서 동포사회와 시민사회가 연대하여 공동행동을 펼친 것은 평화운동의 저변 확대, 역량 강화의 측면에서 매우 유의미한 성과이다. 또한 7월 워싱턴과 9월 뉴욕에서 미국의 평화단체, 동포사회가 함께 규모 있는 집회와 행진을 펼침으로써 연대의 기운을 높이고, 제재와 압박이 아닌 평화협정 체결을 촉구하는 여론을 미국 정부와 정치인, 언론에 직접 전달하는 계기를 만들어 낼 수 있었던 것도 의미 있는 성과이다.

이처럼 국내의 시군구 풀뿌리, 전 세계 다양한 도시에서, 각계각층이 참여한 가운데 다양한 형태로 평화 행동을 펼친 것은 그 자체로 뜻깊은 일이며, 이를 통해 향후 한반도 평화운동을 현장에서 펼쳐갈 주체를 발굴하고 연계를 맺게 된 점은 소중한 성과이다.

서명운동과 전 세계 300곳 평화행동 등을 통해 끝나지 않은 한국전쟁 문제를 환기하고, 적대 관계 개선과 평화협정 체결이 한반도 갈등을 해결하는 근본적 해법이라는 사실을 국제사회에 알리는 데 기여하였고, 현장 실천의 저변을 확대한 성과도 분명하나, 아쉬움과 부족함도 큰 것이 사실이다.

여론의 냉소, 언론의 외면, 쏟아지는 다른 현안들 속에서 여러 주체들이 헌신적으로 노력하였으나, 서명의 총 참여자는 2023년 서명 목표인 100만 명에는 미치지 못하였다. 서명운동의 실효성에 대한 냉소적 태도와 함께, 내용 측면에서 볼 때, 근본적인 해법에 대한 공감대를 형성하는 것으로는 의미가 있었으나, 2023년의 정세 속에서 뚜렷한 쟁점을 부각하여 역동성을 만들어 내기에는 내용이 많고 어려웠다는 점은 짚어볼 대목이다.

2023년 연초부터 정국을 강타한 '강제동원 굴욕해법과 핵오염수 해양투기' 문제를 비롯하여, 노동, 농민 생존권 문제, 이태원 참사, 정권 퇴진 운동 등의 의제들이 쏟아지면서, 한반도 평화 위기에 대한 제 단체들의 관심과 활동을 모아내기 어려웠던 객관적인 한계도 영향을 미쳤다.

2024년 전망과 과제

2024년 한반도는 더욱 심각한 상황으로 치닫고 있다.

지난 연말 '9.19군사합의' 무력화로 인해 군사분계선 일대에서 충돌을 방지할 안전핀이 사라졌고, 확성기, 애기봉 등탑 등 대북 심리전 장비들이 재가동되는 가운데 총선을 앞둔 2월 말~3월 초, 대북 전단살포와 대규모 한미연합군사훈련이 예고되어 있다. 2024년 한미연합군사훈련에는 미국의 핵 작전(핵 선제공격도 포함된 개념임) 시나리오에 따른 훈련이 진행될 것이라는 한미 핵협의그룹의 발표도 있었다. 북은 당 중앙위원회 전원회의를 통해 '적들의 도발로 전쟁이 터질

수 있다는 것을 기정사실화' 하면서, '남반부 전 영토를 평정'하겠다고
까지 선언하였다.

한반도에서의 전쟁 위기는 실체로 다가오고 있으며, 평화는 더
절박한 과제가 되었다.

올해 한국 시민사회 평화운동의 가장 최우선 과제는 실체로 다가오
는 한반도 전쟁 위기를 막는 것이다.

전 세계에서 가장 군사력이 밀집된 군사분계선 일대에서는 우발적
충돌이 전쟁으로 비화될 가능성을 항시 내포하고 있었던 것이 사실이
나, 지금은 과거와 달리 그 어떤 통제 장치도, 대화 채널도 가동되지
않은 채 군사 충돌을 유발하는 조치들만이 집중적으로 이어지면서,
전쟁이 말이 아니라 현실로 다가오는 심각한 상황으로 치닫고 있다.

관건은 충돌을 조장하는 일체의 적대 행동을 중단시키는 데 있다.
최근 인위적으로 군사위기를 조장해서는 안 된다는 의견들이 정치권에
서도 제기되고 있으나, 아직 언론과 여론의 주목도는 그리 높지 않고,
적대 행동 중단을 요구하는 시민사회의 목소리는 아직 제대로 가시화
되고 있지 못하다. 충돌을 조장하는 정부의 부적절한 움직임에 제동을
걸고 한반도 전쟁 위기를 막는 평화 행동으로 각계의 역량을 총 집중해
야 한다. 접경지역 시군구에서, 서울과 전국에서, 미국과 일본 등
전 세계 곳곳에서, 충돌을 조장하는 군사훈련, 전단살포, 확성기 방송
등을 중지해야 한다는 여론을 적극 형성하고 이를 통해 미국과 한국
정부, 지자체, 국회를 압박해야 한다.

전쟁 반대, 전쟁위기 해소를 위한 운동은 한반도 평화협정 체결을
지향점으로 하여 진행되어야 한다. 정부는 북의 핵능력 고도화에

맞서려면 더욱더 강경한 대북정책, 더욱더 강경한 군사적 압박이 필요하다고 말하지만, 이는 군사위기만을 심화시킬 뿐 결코 제대로 된 해법이 아니다. 지금까지 한반도 상황이 일진일퇴를 거듭했던 것은 남북, 북미 간 합의 이행의 첫발만 뗀 채 다시 적대정책으로 돌아갔기 때문이지, 군사적 압박이 약했기 때문이 결코 아니다. 지난 수십 년간 대한민국은 조선민주주의인민공화국의 GDP보다 더 많은 국방비를 지출했고, 강력한 한미동맹의 군사력으로 북을 압박해 왔지만, 그 결과 직면한 것은 북의 핵 능력 고도화일 뿐이다. 강력한 제재에도 불구하고 북은 꾸준히 경제적, 군사적 성장을 이어오고 있기도 하다. 적대와 군사적 압박으로는 결코 평화를 실현할 수 없으며 해법은 적대와 전쟁의 종식, 평화협정 체결에 있다는 것을 일관되게 제기하고 알려 나가야 한다.

정부가 대북 군사 압박 강화를 명분 삼아 진행하고 있는 한미일 군사협력은 한반도 평화운동의 주요한 현안으로 대두되었다. 정부는 한미일 3국의 정상, 외교장관, 국방장관, 국가안보실, 경제안보대화 등 중층적이고 촘촘하게 한미일 협의체와 논의 구조를 정례화하고 군사정보 공유, 군사훈련 정례화도 본격 추진한다고 밝혔는데, 주변국과 적대적 기조 아래 진행되는 한미일 군사협력의 결과로 조중러 협력이 본격화되고 진영 간 대결, 신냉전 대결이 격화되고 있음을 주목해야 한다. 또한 한미일 군사협력은 한반도 문제에 일본을 끌어들이고 독도 등 영토주권과 역사정의를 후퇴시키는 것이면서, 동시에 대만, 우크라이나 문제 등 미국 패권을 위해 한국이 군사적으로 관여할 부담도 함께 높여 우리의 주권과 평화를 심대히 위협하는 요인이

되고 있다. 역사정의와 평화, 주권을 훼손하는 한미일 군사협력에 대한 반대 행동을 올해에 보다 적극적으로 펼쳐야 할 이유이다.

2020년부터 2023년까지 한반도 평화를 위해 광범위한 종교, 시민사회가 함께 연대하여 집중적인 운동을 펼친 것은 모두의 소중한 경험과 자산이다. 〈정전 70년 한반도 평화행동〉의 활동은 마무리되었으나, 한반도 전쟁위기가 현실로 대두되고 있으며 주권과 평화가 심대히 위태로워진 만큼, 이번 공동행동, 네트워크 운영의 경험과 성과를 최대한 유실시키지 않는 방향에서 재정비 또는 재구성하여 전쟁을 막고자 하는 모든 역량이 결집할 수 있도록 해야 한다.

3부

. . . .

공 부

*3부에 실린 글들은 「사단법인 생명평화민주주의연구소」가 매월 발간하는 생명·평화·민주주의 전문 웹진 『正道精進』에 2023년 1월부터 12월까지 실린 연구소 회원들의 추천 도서 서평이다. 이 중 일부는 사회적경제 미디어 '이로운넷'에 공동 게재되었다.

플랫폼 자본주의라는 자화상

| 하태규_경제학박사, 사)생명평화민주주의연구소 이사,
tghatgha@naver.com |

『플랫폼 자본주의』
-닉 서르닉 저, 심성보 역, 2020년, 킹콩북

이번에 소개하는 책은 2016년에 영국에서 출판되고, 2020년에 번역되어 (한국의 사회과학서적에서 드물게 2023년 초 현재) 3판이 간행된 『플랫폼 자본주의』(닉 서르닉 저, 심성보 역)다. 이미 읽어본 회원들도 있겠지만, 이 책은 우리 연구소의 유튜브 방송 〈시민교육채널 길〉이 추구하는 적녹보라 주제들의 근저에 놓여 있는 자본주의 사회에 대한 이해에 특별히 기여한다고 판단하여 추천하고자 한다. 이 책은 인지-, 디지털-, 인공지능-, 4차 산업혁명 자본주의 같은 최근의 자본주의 변화를 규정할 수 있는 다양한 표현들 중에서도 플랫폼 자본주의라는 표현의 적합성과 깊은 의미를 깨닫게 해주는 책이라고 할 수 있다.

우선 1장은 플랫폼 자본주의가 발전하게 된 역사적 배경을 서술하고 있다. 세계 자본주의 역사에서 예외적이었던 전후 장기호황이 끝난 70년대 이래의 장기침체는 지금까지 제대로 회복되지 못하고 있다. 미국의 제조업 패권 아래의 장기호황을 끝낸, 독일과 일본의 미국을 앞지르는 불균등 발전과 경쟁에 의한 제조업의 세계적인 과잉설비로 드러난 자본의 과잉축적과 이윤율 하락의 경향은 이후 한국, 중국, 인도 등 후발국들의 불균등 발전을 통한 가세로 인해 지금까지 지속되기 때문이다. 불황의 타개책으로 80년대 이래의 노동에 대한 공격을 통한 임금하락과 고용 유연화, 복지축소, 제조업의 글로벌 외주화는 이전까지의 노동의 상대적 고임금과 안정적 일자리, 촘촘한 복지에 기초하던 고수요-고성장의 케인스주의를 더는 재현할 수 없게 했다. 이에 대한 대응 전략은 자산가격 케인스주의로서 (하락한 이윤율의 분할인 탓에) 낮게 형성될 수밖에 없는 이자율을 반영한 (미래 수익의 이자율 환산가격인) 주식 등 자산가격의 인플레와 여기서 창출한 금융 수익에 근거한 수요증대를 통한 경제 활성화였다. 하지만 기본적인 부가(잉여)가치를 창출하는 제조업의 경쟁력 회복이 불가능했던 미국은 대안으로 신기술 사업으로서 인터넷 기반의 닷컴 붐을 조성했다.

그렇지만, 닷컴 붐은 2000년 초의 거품 파열로 붕괴되었는데, 닷컴 붐은 현재의 부가가치창출이 아니라 미래의 수익 가능성에 기초한 자산가격인플레를 통한 붐이었기 때문이다. 금융자본이 기대한 수익이 실제로는 실현되지 않는다는 점이 확인될 때, 자산가격의 거품은 사라질 수밖에 없었다. 하지만, 닷컴 버블은 그 덕분에 확보했던 과잉자본으로 건설한 인터넷 통신망이라는 방대한 하부구조를 남겼다.

한편, 닷컴 침체를 극복하는 방안은 주택 모기지 금융으로 서민들까지도 낮은 임금소득을 보완하여 수요를 증대할 수 있게 하여 경제를 활성화하는 낮은 이자율에 기초한 자산가격인플레의 지속이었다.

이것은 그 거품의 붕괴로 촉발된 2008년 세계금융위기에도 불구하고 긴축을 절대명령으로 삼는 재정적자의 상한선과 제로금리에 따라 이자율도 더 낮출 수 없는 조건에서 (중앙은행이 발행한 화폐로 국채나 회사채를 사들여서 금융자본의 수익성을 보장하면서도 유동성을 공급하는) 양적 완화라는 비전통적 수단을 통해 최근까지 지속해 왔다. (저서의 출판 이후 사태인 양적 긴축과 포스트코로나국면의 높은 이자율이 이런 기조의 근본적 변경일지 여부는 별도 논의 사항이다.) 이런 상태에서 2008년 위기의 타개책으로 등장한 것이 이미 구축된 인터넷 하부구조를 기초로 하는 신기술 디지털 플랫폼 사업 붐이다.

2장은 플랫폼 자본주의의 현재에 대한 서술이다. 여기서 깨닫게 되는 점은 우리가 이미 플랫폼 자본주의에 깊숙이 연루되고 중독되어 있다는 것이다. 세상의 거의 모든 시민들이 스마트폰을 통해 아침에 기상하고, 정보를 검색하고, 음악/동영상/게임을 듣고/보고/하고, 움직일 경로와 일정을 정하고, 교통수단을 이용하고, 일하고, 학습하고, 병원가고, 공공기관을 이용하고, 상품을 구매하고, 서비스를 예약하고, 금융거래하고, 차량을 운행하고, 여행하고, 사진 찍고, 가족/지인과 대화하고 사회정치적으로 소통하고, 밤에 자는 동안까지 24시간, 365일의 모든 일상 활동은 해당 분야 (디지털) 플랫폼을 통해 기초 데이터로서 축적되고 (집단적, 개별적으로) 의미 있는 정보로 가공되어 활용되고 있다. 한 마디로 우리의 모든 활동을 데이터로 수집, 분석, 가공, 활용하는 (디지털) 플랫폼 자본이 현재의 자본주의 변화를 주도하고 있다.

플랫폼은 네트워크로 상호 연계되고 작용하는 수요자와 공급자의 한쪽이 늘면 다른 쪽도 늘면서 서로 (책에서는 가치라고 잘못 표현하지만) 사용가치를 증대시키는 양면시장(네트워크)효과를 누릴 수 있고, (무료의 터전, 정보, 콘텐츠 등을 제공해서) 한쪽에서 입는 손해를 (광고비, 수수료 등을 통해) 다른 쪽에서 만회하는 교차지원 전략을 구사하여 한번 일정한 수준의 수요자와 공급자 즉 이용자 풀을 달성하고 묶어둘 수 있다면 (계속 축적되는 데이터를 활용하여 기존 매개기능을 더 효율화 하면서) 계속 성장할 수 있다. 이렇게 방대한 이용자 네트워크를 구축한 플랫폼은 자본순환의 관점에서 제품과 서비스를 더 효율적으로 생산하고 빨리 판매하여 자본순환 시간의 단축으로 이윤을 극대화하려는 자본의 경쟁우위 전략에 결정적 무기가 될 수 있다. 이런 플랫폼을 다섯 가지로 분류할 수 있다. 광고를 매개하는 구글, 페이스북, 카카오 같은 광고 플랫폼, 택시, 숙박업소, 배달음식, 청소, 육아 등을 매개하는 우버, 에어비앤비, 배달의 민족 같은 (해당 사업 자산 일체를 보유하지 않고, 노동력만 통제하는) 린 플랫폼, 기존 산업의 생산과정의 사물인터넷을 통해 데이터를 축적, 분석하여 더 효율적인 생산을 추구하는 GE, 지멘스 같은 (독일의 인더스트리 4.0으로 대표되는) 산업 플랫폼, 소비자 일반의 낮아진 구매력을 돌파하기 위해 주택, 자동차, 칫솔, 면도기, 개인용 비행기 같은 제품을 (판매가 아니라) 임대 서비스하는 구독자모델의 제품 플랫폼, 이 모든 과정에서 발생하는 데이터를 축적하는 플랫폼들에 클라우드를 임대해주면서 그 데이터를 활용할 수 있는 아마존웹서비스 같은 클라우드 플랫폼이 그것들이다. 이렇게 볼 때, 앞으로 모든 자본은 플랫폼 자본으로 변신하거나 플랫폼 자본의 네트워크에 종속되게 될 것이다.

그래서 플랫폼 자본주의라는 표현의 깊은 뜻을 이해할 수 있게 된다.

마지막 3장은 플랫폼 자본의 미래에 관한 전망이다. 플랫폼 자본들은 해당 분야에서 (책에서 독점이라고 잘못 표현되었지만, 사실은 과점인) 시장 지배적 지위를 추구하지만 실제로는 업계의 경계가 계속 허물어지기 때문에 치열한 경쟁에 놓여 있다. 이들은 다음 다섯 가지 경향들을 통해 미래를 그려갈 것이다. 첫째, 데이터 추출의 확대 경향인데, 이것은 이용자 확대를 통한 규모의 경제 외에도 데이터 자체가 (기존과 신규분야) 경쟁력의 원천이기 때문이다. 이런 맥락에서 소비자 사물인터넷에 대한 대규모 투자를 봐야 한다. 둘째, 핵심사업의 주변으로 생태계를 확장하고 그 안에서 핵심 지위를 추구하는 경향이다. 구글의 검색엔진 영역 지배에 대항하기 위해 페이스북과 아마존은 (공개된 웹이 아니라) 자신의 앱 내부에 검색엔진을 심었다. 페이스북은 또한, 자연어로 소통하는 챗봇 인터페이스를 통해 구글의 검색엔진이나 아마존의 물류망과 직접 경쟁하지 않으면서 전자상거래 영역에 진출하였다. 셋째, 앞의 두 가지 경향으로 인해 수렴 경향이 나타나게 된다. 결국 모든 플랫폼들은 같은 영역에서 경쟁하게 된다. 페이스북, 구글, 아마존, 알리바바, 우버, GE는 서로 간의 차이에도 직접적인 경쟁자로 변하게 될 것이다. 마지막으로, 각 플랫폼은 결국 이용자와 데이터를 자기 영역 안에 가두려고 한다. 각 플랫폼은 이용자의 자신의 서비스 의존도를 강화하고, 다른 서비스 이용을 차단하거나 데이터 이전을 어렵게 만들 것이다. 지금 애플의 전략을 거의 모든 플랫폼들이 채택할 것이다. 결론적으로 자본주의 경쟁을 통해 플랫폼 자본들은 인터넷을 분절된 공간으로 몰아갈 것이다.

그렇다면 노동과 인민은 이런 플랫폼 자본주의 중독에 벗어나기 위해 어떻게 해야 할까? 플랫폼 자본주의에 중독된다는 것은 노동이 기존 유연화, 외주화 경향의 극단에 처하게 되면서도 모든 일상이 자본의 순환회로에 완전히 포섭되는 것이기 때문이다. 대안은 우선 공공적 플랫폼을 건설하고, 더 나아가 생산관계 변혁을 통해 탈자본주의 플랫폼으로 바꾸는 것이다.

이상 책 내용을 간략히 요약했다. 책은 얇지만, 문장들 각각이 학술적으로 엄밀하면서도, 쉽게 씌어 있고 번역도 잘되어 있어서 숙독하기에 알맞다(단, 2009년 미국의 재정적자가 14억 달러라는 33쪽의 표현이 1,400억 달러의 오기라는 점은 예외다). 덧붙여서 역자 후기도 읽어보기를 권하는데, 저자의 지적 배경(디지털 정치경제학), 정치적 배경(가속주의 좌파)과 책의 저술 맥락을 잘 이해할 수 있게 해주기 때문이다. 결국 이 책을 통해 나의 자화상을 발견한다면 나는 무엇을 할 것인가?라는 질문의 답을 찾게 될 것이다. 세상을 바꾸길 원하는 사람은 누구나 사업도 운동도 정치도 디지털 플랫폼 방식으로 조직해야 할 것이다.

포스트 성장 시대는 이렇게 온다

- 대전환과 새로운 번영을 위한 사유 -

| 정범진_사)생명평화민주주의연구소 이사장, bjj0816@gmail.com |

『포스트 성장 시대는 이렇게 온다: 대전환과 새로운 번영을 위한 사유』
-팀 잭슨 지음, 우석영 & 장석준 옮김, 2022년, 산현재

2019년 말부터 3년이 넘도록 80억 세계 인류를 공포에 떨게 만들었던 코로나 팬데믹은 이제 서서히 잦아드는 느낌이다. 물론 아직 일상으로의 완전한 회복을 점치기는 이르지만 사람들이 느끼는 경계심은 예전과는 확실히 다르다. 조류 독감에서부터 사스, 메르스를 거쳐 코로나19까지 동물을 중간 숙주로 하는 인수공통 감염병의 주된 경로와 원인은 결국 인간 활동의 결과라는 진단이었다.

무한성장을 추구하는 인간의 탐욕이 비인간 자연 즉 동물들의 서식지를 무분별하게 파괴한 결과 오갈 곳이 없어진 동물들과 인간의 접촉면이 확대되면서 그간 잘 알려지지 않았던 감염병이 더 자주 출몰하고, 교통수단의 발달과 세계화로 인해 전 지구적 차원에서 더 빠르게 확산되고 있다는 진단에 많은 전문가들이 동의하고 있다.

그런데 각국이 국경을 봉쇄하고, 사람들의 일상이 통제되면서 제반 경제 활동이 위축되자 외신에는 이제까지 경험해보지 못한 뉴스들이

등장했다. 야생 염소들이 웨일스의 흘란두 마을로 내려오고, 애리조나에서는 북미산 멧돼지들이 집마당으로 뛰어들었다. 스모그로 시달리던 베이징에 푸른 하늘이 나타나고, 히말라야 산맥에서 200킬로미터 떨어진 인도의 펀자브 지방에서는 30년 만에 처음으로 산맥을 볼 수 있었다.

이것이 의미하는 바는 무엇인가? 성장이 멈춘 후 어떤 상황이 전개될 것인가를 우리가 언뜻 본 것은 아닐까? 성장이 멈춰도 상황은 지금보다 더 나아질 수 있다는.

팬데믹 이전, 사람들은 인간과 비인간 자연이 공존하는 지구공동체의 미래에 대해 결코 낙관하지 못했다. 지금도 역시 전망은 비관적이다. 지금으로부터 약 600년 전 인류사에 등장한 이래 전 지구적으로 지배적인 생산양식이 된 자본주의는 유한한 지구에서 무한한 이윤을 추구하며, 성장의 길로 내달려왔다. 46억 년을 거치며 생성된 화석 연료를 300년도 못 되는 시간 동안 태워가며 만들어진 현재의 문명은 80억으로 늘어난 인류는 물론 비인간 자연에게도 6차 대절멸의 위기를 결과하고 있다.

그런데 일상이 통제되고, 생산이 멈추자 경험하지 못한 새로운 상황이 연출된 것이다. 인류와 비인간 자연은 무한 성장을 추구하는 자본주의 이후의 시대를 맞이할 수 있을까? 이 책은 지구공동체의 생태계 파괴, 극심한 불평등으로 고통받는 인류공동체에게 성장 이후의 세계를 향한 대전환과 새로운 번영을 위한 사유의 필요를 역설한다.

저자인 팀 잭슨(Tim Jackson)은 영국 서리 대학교(University of Surrey)의 지속 가능한 발전 교수이자 '지속 가능한 번영 연구 센터(CUSP)'

센터장으로서 30년이 넘도록 유한한 지구 안에서의 인간의 번영과 도덕적·경제적·사회적 면모를 연구해왔다. 그의 대표 저서인 『성장 없는 번영』(2009/2017)은 '파이낸셜 타임스(Financial Times)'의 올해의 책, '언허드(UnHerd)' 선정 10년의 책으로 선정되었고, 전 세계에서 17개 언어로 출간되었다.

코로나 팬데믹이 절정이던 2021년 출간된 이 책의 원제는 『포스트 성장시대, 자본주의 이후의 삶. Post Growth: Life after Capitalism』이다. 책 제목에서 알 수 있듯이 저자는 자본가의 무한한 이윤 추구로 황폐해진 지구에서 자본주의 이후의 삶을 꿈꾼다. 당연히 자본주의가 가져온 온갖 폐해, 특히 생태계 파괴와 불평 등에 대해 신랄하게 비판한다.

1970년에서 2002년 사이, 아프리카 국가들은 5,400억 달러를 빌린 후 5,500억 달러를 갚았다. 하지만 이들은 여전히 3,000억 달러의 빚을 대출 기관들에게 지고 있다. 2004년 노벨 평화상을 수상한 케냐의 왕가리는 이에 분노해 1998년 '주빌리(Jubilee) 2000 아프리카' 캠페인의 공동의장 직을 맡아 약 1,000억 달러의 부채를 탕감한다. 그러나 이것은 승리가 아니다. 오늘날 아프리카에서 빠져나오는 채무 상환, 본국으로의 이익 송금, 자본 이탈 등으로 인한 돈의 양은 아프리카로 들어가는 돈의 양보다 2.5배 더 많다. "부자나라가 가난한 나라를 발전시키는 것이 아니라, 가난한 나라들이 부자나라들을 발전시키고 있으며, 이런 사태는 15세기 후반부터 줄곧 지속돼왔다."〔인류학자 제이슨 히켈(Jason Hickel)〕.

2008년 글로벌 금융 위기 훨씬 이전부터 은행들은 비-금융권 기업들에 대한 대출보다 서로에 대한 대출을 증가시켰다. 온갖 종류의 금융파생상품, 헤지펀드, 담보채무, 신용파산스왑, 서브프라임모기지, 서브프라임보험, 선물시장…… 실물 경제에 자금을 조달하는 대신, 금융권은 금융권에 자금을 조달하느라 바빴다. 이 게임에 평가기관들이 공모했다. 규제 기관들은 위법행위를 눈감아주었다. 이 거품은 터져야 했고, 2008년 9월 터져야 할 것이 터졌을 때 세계 경제를 붕괴로부터 구한 것은 오직 대중의 지갑, 즉 납세자들이 낸 세금이었다. 그 구조 방식은 부자들은 구제하고, 빈자들에게는 긴축을 강요했다. 이윤의 사유화, 비용의 사회화는 자본주의의 가장 본질적 모습의 하나였다.

유한한 지구에서 무한한 성장을 추구하는 자본주의가 가져오는 생태계 파괴는 엔트로피, 열역학법칙으로 설명한다. 질서를 창조하는 데 사용되는 에너지는 사용 과정에서 점점 더 사용할 수 없는 상태가 된다. 우주는 전보다 조금 더 무질서해진다. 절대로 이길 수 없고, 심지어 비길 수도 없다. 결정적으로 게임에서 나갈 수도 없다. 매년 세계경제포럼이 열리는 다보스로 자가용 제트비행기를 타고 몰려드는 자본가와 각국의 정상들, 그곳에서 리프트 대신 헬리콥터를 이용해 산 정상으로 올라가 내려오는 헬리스키를 이용하는 슈퍼 리치들, 그들이 이야기하는 녹색성장 역시 성장 이데올로기의 하나에 불과하며, 허위와 기만의 전형이다.

존 F. 케네디 대통령의 동생이자 대통령 후보로 출마했다가 역시 암살당한 로버트 F. 케네디가 미국 자본주의의 무한성장 추구와 부도덕한 전쟁에 반대하는 선거 유세 일화로부터 시작되는 이 책은 다분히 시적으로도 읽혀진다. 그레타 툰베리, 로자 룩셈부르크, 엘렌 맥아더,

존 스튜어트 밀, 아리스토텔레스, 루트비히 볼츠만, 린 마굴리스, 미하이 칙센트미하이, 한나 아렌트, 윌리엄 모리스, 왕가리 마타이, 마틴 루터 킹 주니어, 틱낫한, 헨리 데이비드 소로, 존 로크, 에밀리 디킨슨의 저작과 어록이 다양하게 인용된다. 가히 동서고금, 철학·정치학·물리학·생물학·문학은 물론 세대와 지역, 종교, 좌우 진영을 넘나든다.

저자는 자본주의 이후를 사유하는 방법으로 린 마굴리스에게서 경쟁이 아닌 공생과 협동의 철학을, 틱낫한을 통해서는 연대와 비폭력 불복종을 가져온다. 베트남 승려 틱낫한의 불교 계율은 울림을 준다. "고통과의 접촉을 피하지 말라. 고통 앞에서 눈 감지 말라. 고통받는 이들과 함께 있을 방도를 찾아라. 그런 방법으로 당신과 남들을 깨워 세상의 고통이라는 현실을 보게 하라."

자본주의가 추구하는 경제 성장은 필패다. 이 진리를 알아가는 길 위에, 개인으로서, 또 사회로서의 우리를 다시 세우자고 저자는 주장한다.

선량한 차별주의자

| 윤기홍_사)생명평화민주주의연구소 이사, ykh7150@hanmail.net |

『선량한 차별주의자』
-김지혜 지음, 2019년, 창비

최근 넷플릭스 드라마 〈더 글로리〉가 우리 세상에 내던지고 있는 커다란 반향은 어떤 의미에서 매우 낯설다. 이미 오래전부터 존재해 왔던 것을 너무 오랫동안 외면하고 있었던 것이라는 점에서였다. 자녀의 학폭 사건으로 검찰 출신 정순신 씨가 '국가수사본부장'에서 낙마한 사건이 〈더 글로리〉 1부와 2부 사이의 매우 절묘한 시점에 드러났기 때문에 세간에 더욱 화제가 되었다는 느낌도 든다.

필자가 긴 시간 근무했던 학교에서의 학폭 사건은 물론 세상 곳곳에서 자행되는 모든 폭력의 배후에 도사리고 있는 것은 약자에 대한 강제와 혐오 그리고 차별의 문제인 동시에 다양한 형태의 권력의 문제이다. 그것이 정치적이든 경제적이든 사회문화적이든 더 나아가 신체적, 정신적 영역이든 마찬가지이다.

몇 년 전 서울 강서구에서 장애인학교를 설립하는 과정에서 장애인 자녀를 둔 학부모들이 해당지역 아파트 주민들에게 무릎을 꿇었던 일화는 매우 상징적이다. 다양한 요인을 핑계로 삼아 사회적 약자, 사회적 소수자를 향해 차별과 혐오의 언어와 심지어 폭력을 행사하는 사람들을 차별주의자로 분류하는 것은 매우 쉬운 일이다. 그것을 인권 침해를 넘어 범죄 행위로 규정하는 것도 어렵지 않은 일이다.

그런데 '선량한 차별주의자'라니? 형용모순일 수밖에 없는 이 책의 제목은 한나 아렌트의 '악의 평범성(진부성)'에 빗대어 많은 사람들이 '차별의 평범성'을 가지고 살고 있다는 점에 주목해야 할 필요가 있다는 생각이 들어 다시금 책을 펴보게 되었다.

강릉원주대학교 다문화학과에서 소수자, 인권, 차별에 관해 가르치고 연구하는 저자 김지혜는 자신이 참석했던 혐오표현에 관한 토론회에서 어떤 참석자에게 왜 '결정장애'라는 용어를 사용했는가에 대한 질문을 받은 후 '장애'라는 말을 어떤 맥락에서 사용하고 있는지 의식하게 되었다고 한다. 다문화를 전공하고 사회적 약자에 대한 연구를 하는 자신조차 일상에서의 차별과 혐오표현에 노출되어 있다는 자각을 하게 되었다고 한다. 즉, 자신을 포함하여 스스로 선량한 시민일 뿐 차별을 하지 않는다고 믿는 '선량한 차별주의자'들이 사회 곳곳에 존재하고 있으며 이렇듯 차별을 인식 또는 발견하지 못하는 형용모순으로서 선량함과 차별함이 결부되어 있다는 사실을 드러내고 있다.

이 책은 모두 3부로 구성되어 있다.

1부는 실재하는 차별을 보지 못하는 ─발견하지 못하는─ 선량한 차별주의자가 만들어지는 현상을 돌아보고 있다. 일상에서 익숙하게 받아들인 특권을 돌아보며 다양한 사회적 위치(역할)로 인한 불평등을 발견하지 못하는 착시현상을 다루며, 더 나아가 구조적 차별이 만연한 사회에서 차별을 받는 사람들조차 사회 질서에 순응함으로써 불평등이 유지되는 역설을 설명한다.

특권이란 주어진 사회적 조건이 유리해서 누리게 되는 온갖 혜택을 말하는 것으로 아주 사소한 형태의 특권이라도 그것을 누리는 자와 누리지 못한 자 사이의 차별과 불평등으로 이어진다는 점에서 선량한 차별주의자의 형성에 기여한다는 것이다. 한 예로 영화 '부당거래 (2010)'에서 주인공이 "호의가 계속되면 권리인 줄 안다"고 말하는 장면은 불평등한 권력관계가 선명하게 드러나는 부분인데 즉 더 많은 자원을 가지고 있는 사람은 우월적 지위를 유지하면서 '호의'를 통해 좋은 사람이 될 수 있는 방법을 가지고 있다는 것이다. 즉, 통제권을 가진 자가 행사하는 일종의 '권력행위'라는 것이다.

저자는 이 외에도 성차별에 의한 임금 격차에 대한 관행적인 무시, 최근 장애인의 이동권을 둘러싼 논쟁에서 비장애인들의 공격적인 반응, 몇 년 전 제주지역에서의 예멘 난민 수용에 대한 배타적인 거부 행위, 또 현재진행형인 대구지역에서의 이슬람 사원 건립을 둘러싼 갈등 사례에 대하여 깊이 있는 성찰적 태도를 요구한다. 즉 고정관념으로 인한 적대감의 표현, 특정 종교나 집단에 대한 낙인의 내면화 현상, 각자가 누리는 지위와 상황에 따라 달라지는 행동양식 등을 돌아보며 차별을 부정할 때가 아니라 더 발견해야 한다는 저자의 경구를 새겨들어야 한다고 느꼈다. 특히 구조적 차별은 어떤 면에서는 매우 자연스러운 일상일 수도 있다는 점, 그래서 인식하기 쉽지 않기도 하다는 점을 고려할 때 우리에게는 '의심'이 필요한데 왜냐하면 평등이 란 저절로 이루어지는 것이 아니라는 설명에 깊이 공감한다.

2부에서는 이러한 차별이 어떻게 '정당한' 차별로 위장되어 모습을 지워가는지에 대하여 이야기한다. 오래전 인기를 끌었던 '시커먼스' 개그를 소환하여 그 문제점을 드러내기도 하고 심지어 '공정한 차별'로 생각하게 하는 왜곡된 '능력주의'에 대한 신념을 해체하고자 노력해야 한다는 것이다.

저자는 웃음마저 사회적 맥락에서 고려되어야 한다고 지적하면서 자칫 웃음이 타인의 약함, 부족함, 서툶에 대해 일종의 조롱일 수 있다는 우월성 이론을 소개하고 있다. 백인이 일부러 흑인으로 분장하고 춤을 추는 공연으로 유명했던 캐릭터가 '짐 크로'였고 미국에서 흑백 분리정책을 채택한 법을 통칭하는 '짐 크로 법'이 블랙페이스 캐릭터에서 유래했다는 사실을 새삼 알게 되었다. 필자도 이제는 가능하지 않은 이러한 블랙페이스를 각색했던 '시커먼스' 개그를 보면서 미소를 지었던 일이 갑자기 부끄러워졌다. 물론 "사장님 나빠요~"라는 유행어를 만들어낸 개그에 대해서는 인종적 차별의 요소가 포함되어 있다며 학생들에게 비판적인 입장을 설파했던 적도 있었지만 여전히 차별에 대한 민감성이 부족했던 시절이 있었음을 부정하기는 쉽지 않은 것 같다. 이렇듯 일정 취약 집단에 대한 농담의 형식을 띤 표현들조차 결코 가벼운 유희가 아니라 차별을 촉진시키는 힘이 있음을 강조하는 입장에 대하여 숙고할 필요가 있다는 저자의 설명을 수용하여 민감성을 키우기 위한 노력을 기울여야겠다고 생각했다.

불과 얼마 되지 않는 기간에 우리 사회가 능력주의와 공정성에 포획되어 왔다고 표현하면 과도할까? 한때 한 보수정당의 대표였던 이모 씨가 불러온 광풍과도 연계되어 있는 능력주의란 능력에 따라 다른 대우가 가능한 것이 공정함이고 정의라는 입장이라고 저자는 설명하면서 이러한 능력주의의 관점으로 보면 많은 불평등이 정당하게 보인다고 말한다. 과연 능력은 객관적인 잣대로 측정될 수 있는가? 대체 능력이란 무엇인가? 더 나아가 서로 다른 개인적 성격, 성장 배경, 사회·경제적 환경에 따라 습득 가능한 개개인의 능력은 서로 다를 수 있는 바 그렇게 습득된 능력은 온전히 그 개인의 몫이라 할 수 있을까? 이런 문제들에 대한 대답을 명확하게 하기 어려운 입장에서 그 능력에 따른 대우의 '공정성'은 또 어떻게 확보될 수 있는 것인가라는 매우 어려운 문제에 봉착하고 있는 현실에 대하여 고민이 필요하리라.

그래서 오히려 교육을 통해 불공정한 능력주의를 가르치고 있는 것은 아닌지, 그래서 불합리한 구분을 일삼는 불평등 사회를 만들고 있는 것은 아닌지 새삼 두려워진다는 저자의 언급은 한 때 교육현장에 몸담았던 필자의 입장에서도 매우 뼈아픈 지적으로 다가온다.

그리고 마지막 3부에서는 차별에 대응하는 자세에 대하여 이야기한다. 세상은 공정하다고 믿고 싶지만 늘 평등은 부당한 법과 체제에 저항하는 사람들을 통해 진보해 왔다는 점, 그래서 평등을 실현하는 중요한 법적 장치로 '차별금지법' 제정을 둘러싼 논쟁의 의미를 살펴보고 있다.

다문화주의 없는 다문화, 또는 우리를 제외하고 나머지를 다문화로 설정하고 있는 입장이 얼마나 자기중심적인가를 생각해 봐야 할 필요가 있다고 강조한다. 즉 한국인은 다문화에 속하지 않는다고 전제한 이 묘한 구도는 우리의 모순된 인식구조를 반영하는 것처럼 보이는데 그럼에도 우리를 다양한 문화를 동등하게 존중하고 있다고 착각하게 한다는 것이다. 이와 같은 입장에서 자칫 '다문화'가 누군가에는 낙인이고 차별과 배제의 용어가 되고 있는데도 이를 미처 인지하지 못하는 현상이 발생하고 있다고 지적하고 있다.

따라서 저자는 평등이란 변화의 두려움을 딛고 오는 것이며, 일상 속에 부당한 법과 제도가 존재할 수 있음을 수용하고 그러한 법과 제도를 변화시키기 위한 노력이 필요하다는 점을 강조한다. 왜냐하면 세상은 여전히 충분히 정의롭지 않기 때문이기도 하다는 것이다. 여전히 '다름'과 '틀림'이 혼동되고 있으며 '다름'이 주류집단의 기준에서 '일탈'된 무언가를 지향하고 있을 때 그 자체를 '틀림'을 전제하는 모순이 존재하고 있다면서 따라서 차이를 관계적으로 이해하여 상대화하는 것이 매우 중요하다고 본다.

더 나아가 이러한 관점에서 2007년 이후 여지껏 '차별금지법'을 제정하지 못하는 문제는 소수자의 이익이 다수자의 피해라는 끝도 없는 논쟁에서 벗어나지 못한 채 평등을 지연시키는 논리로 작동하고 있다고 지적한다.

저자는 결론적으로 모두가 차별 없는 평등한 세상을 바라지만 선량한 마음만으로는 평등이 이루어지지 않는다고 말한다. 불평등한 세상에서 '선량한 차별주의자'가 되지 않기 위해 우리에게 익숙한 질서 너머의 세상을 상상해야 한다면서 차별금지법의 제정은 그런 의미에서 우리가 어떤 사회를 만들 것인가에 관한 상징이며 선언이라고 한다.

평등은 그냥 우리에게 주어진 것이 아니며, 인간 조직이 정의의 원칙에 의해 지배를 받는 한 그 결과로 나타나는 것이며, 평등하게 태어나지도 않았기 때문에 상호 간에 동등한 권리를 보장하겠다는 우리의 결정에 따라 한 집단의 구성원으로서 평등하게 된다고 주장한다.

글머리에서 언급했듯이 이미 오래전에 베스트셀러가 된 『선량한 차별주의자』를 애써 다시 읽어보고 서평을 쓰게 된 것은 1차적으로는 근간에 사회적 관심사가 되었던 여러 가지 현상 때문이었지만 더 나아가 헌법적 권리인 평등의 원칙이 제대로 지켜지지도 않는, 인간으로서의 자기 존엄성을 훼손하는 병리적이고 억압적인 사회현상이 여전히 다양한 이유에서, 다양한 형태로 지속되고 있음에 그저 화만 내고 있는 자신의 모습을 한번쯤 곰곰이 돌아보고 싶었기 때문이다. 차별과 혐오, 배제로 왜곡되어 온 인간관계를 평등과 환대가 바탕이 되는 '사람사는 세상'의 모습으로 변화시키기 위한 노력을 기울여야겠다고 다짐해 본다.

감시 자본주의, 로봇의 세상 혹은 생지옥

| 하태규_경제학 박사, 사)생명평화민주주의연구소 이사,
tghatgha@naver.com |

『감시자본주의 시대』
-주보프 지음, 김보영 옮김, 2021년, 문학사상

『감시자본주의 시대』(주보프 지음, 김보영 옮김)는 앞서 소개한 『플랫폼 자본주의』에 이어 자본주의 사회 이해를 위한 추천서의 2탄이다. 그리고 이 책의 내용은 플랫폼 자본주의의 이면 혹은 심화 내용을 다루기에 플랫폼 자본주의를 잘 이해한 바탕에서 더 잘 이해될 수 있다. 이 책은 디지털 플랫폼을 매개로 전 사회적, 지구적 차원에서 노동과 소비를 조직하고 있는 자본이 그것을 통해 (생산기간과 판매기간으로 구성된) 회전기간을 단축하여 이윤 극대화를 추구하는 과정의 부산물로서 방대하게 집적하는 인간의 모든 활동에 관한 데이터를 어떻게 사용하고 있는지와 사용할지에 관한 비판적 분석을 제공하고 있다. 이 분석과정을 따라가다 보면 정말 충격적인 사실을 알게 된다. 그것은 자본이 모든 인간의 현재의 일거수일투족을 파악하고 그것을 기초로 미래의 행동을 예측하여 그에 맞는 (자본을 위한) 해결책을 제시하는 감시 자본주의 사회, 말 그대로 자본이 인간의 모든 행동을 파악하고 통제하는 사회로 변하게 될 것이라는 점이다. 그리고 더욱 충격적인 사실은 이런 변화가 불과 지난 10년여 동안, 2010년대에 일어났다는 점이다. 그래서 세상의 변화에 둔감했던 독자에게는 이런 논의 자체가 생소할 수 있을 것이고, 앞으로의 변화는 너무 빠르고 깊을 터라 완전히 딴 세상 이야기가 될 수도 있을 것이다.

지금까지 우리는 경험에 근거하여 자본의 목적이 끊임없는 자본축적이라는 점을 명시적으로 알 수도 있었다면, 이를 실현하기 위해 노동하고 소비하는 주체, 노동자와 소비자를 통제하고 조직하는 것이 자본의 목적을 위한 수단, 혹은 최종 목표를 위한 중간 목표라는 점을 어렴풋이 알 수도 있었다. 이제 이런 중간 목표를 거의 완벽하게 실현할 수 있는 자본주의 혁신이 추진되고 있기에 그 중간 목표 자체도 우리는 명시적으로 알 수 있게 될 것이다. 디지털 플랫폼으로 조직된 세상에서 아침에 일어나서 식사하고 출근하고 일하고 퇴근하고 휴식하거나 여가를 즐기고 밤에 자는 시간까지의 모든 일상생활을 스마트폰 같은 디지털 매체를 통해 영위해나가는 과정은 이제 지구상에서 문명화한 모든 개인에게 공기와 물을 마시듯이 자연스러운 행동 양식이자 무의식적인 과정으로 변해가고 있다. 그래서 우리는 이 시대의 기술혁신, 디지털혁명, 4차 산업혁명이 여러 가지 불안 요소를 낳고 있음에도 우리 생활을 편리하게 하고 있다는 점에 대해 추호의 의심도 하지 않는다. 하지만 이 과정의 종착역이 자본이 인간의 생산과정과 소비과정, 그래서 이를 기반으로 확장되는 모든 사회생활 과정을 완벽하게 통제하는 세상이라면, 그래서 인간을 로봇으로 만든다면, 그것은 이 세상에 실현된 지옥, 생지옥이 아닐 수 없을 것이다.

본론 3부 16장과 서론, 결론으로 구성된 이 방대한 책은 감시자본주의의 현재 진행형인 변화에 대한 치밀한 분석이자 인간의 로봇화와 이 땅의 지옥화에 대한 예언이라고 할 수 있다. 이 짧은 서평에서 모든 논의 내용을 소개하기보다 이하의 몇 가지 조각적 묘사들을 통해 그 분석과정을 실감하는 것이 경제적일 터이다.

우리는 대부분 구글, 페이스북, 인스타그램, 유튜브, 네이버, 카카오, 새로운 앱 등등을 시작할 때 깨알 같은 글씨로 써진 방대한 '서비스 이용약관'을 읽어보지도 않고 "동의합니다"를 누르게 되고, 이때부터 거기서 하는 나의 모든 디지털 활동—검색하고, 이메일을 주고받고, 사이트를 방문하고, 업로딩하고, 다운로딩하고, 스트리밍하고, "좋아요"를 누르고, 콘텐츠를 공유하고, 전화하고, 내비게이션을 켜는 등등의 활동—은 우리 행동에 대한 데이터로 변해서 자본의 가상창고에 저장되고 나의 생활 패턴을 분석하고 예측하기 위한 원재료로 사용된다. 이것이 사생활 보호에 대한 침해라는 주장은 씨알도 먹히지 않는다. 우리가 명시적으로 동의를 했을 뿐만 아니라 가끔 드러나는 자본의 이런 침해에 관한 노골적 증거에 기초한 소비자들의 법적 분쟁도 지금까지 경험이 증명하듯이 자본의 무시와 시간 끌기, 초점 회피 등을 통해 사실상 승인되는 결과로 이어지기 때문이다.

그래서 우리가 공기와 물처럼 24시간 사용하는 검색, 이메일, 글, 사진, 노래, 메시지, 동영상, 위치 정보, 소통패턴, 태도, 선호도, 관심, 얼굴, 감정, 건강 상태, 소셜 네트워크, 구매 이력, 금융거래 내역 등등은 감시 자본의 가상창고로 거리낌 없이 저장되고, 각 개인의 행동 잉여로 포획된다. 이 목적을 위해 감시 자본의 대표주자 구글은 다른 모든 휴대기기 제조사에게 안드로이드 사용권을 무상으로 제공한다. 그 결과 안드로이드에서 다운받는 수천, 수만 가지 앱은 각 개인의 활동을 추적하는 프로그램을 통해 행동 잉여를 포획한다. 그리고 포획된 행동 잉여는 궁극적으로 각 개인의 행동을 통제하는 자본의 목적에 활용된다.

이 과정은 노동의 분업에 빗대어 학습의 분업이라고 할 수 있다. 모든 사람이 참여하는 이 지구적인 학습의 분업을 통해 놀라운 양과 질의 지식이 매 순간 끊임없이 생산되지만, 이 지식을 이해하고 사용을 결정하는 주체는 소수의 엘리트이고 결국 자본이다.

기존에 온라인 세계에서 표적 광고를 만들기 위해 수행되었던 분석은 현실 세계로 자리를 옮겨 고객 행동을 거래하는 신생 미래 행동 시장의 기반이 된다. 내비게이션을 사용하는 운전자의 행동 잉여를 원재료로 하여 만든 표적 광고제품을 통해 견인, 수리, 세차, 음식점, 소매점 등등의 다른 서비스들과 공동마케팅이 전개되게 된다. 더 나아가 차량 렌트 할부금을 내지 않은 운전자의 자동차는 차량 모니터링시스템을 통해 시동이 걸리지 않게 되거나 위치를 확인한 회수직원에게 바로 환수될 수 있다.

피트니스나 다이어트 앱을 통한 모바일 헬스케어는 장기, 혈액, 눈, 뇌파, 얼굴, 걸음걸이, 자세 등등에 관한 행동 잉여 취득의 창구가 된다. 삼성 스마트TV는 거실에서 이루어진 모든 은밀한 대화를 녹음해 행동 잉여용 데이터로 관련 업체에 전송한 적이 있다.

포켓몬고는 어떻게 하면 인간의 행동을 빨리, 대규모로 자본이 원하는 방식대로 조작할 수 있는지에 대한 실험의 이정표였다. 증강현실을 기반으로 현실 공간에서 가상 보물찾기로서 151마리의 포켓몬을 잡고 최고 레벨로 올라가기 게임인 포켓몬고에 참여한 전 세계의 수천만 명의 게이머들은 열광했고, 이 게임을 출시한 게임사는 제휴 마케팅사인 3만 개 일본 맥도날드 매장과 1만 2천 개 미국 스타벅스 매장 등등으로 게이머들을 유인하여 제휴 매출을 급등시켰다.

인간은 과거와 현재의 행동이 사회적 조건에 의해 제약되었을/될 수도 있지만, 적어도 미래에서 행동의 권리, 자유의지의 실현 공간으로서 미래에 대한 권리는 가지고 있다고 할 수 있다. 하지만 감시 자본주의는 인간의 본질인 미래에 대한 권리를 찬탈하고 있다. 이렇게 인간의 내면을 지배하려는 기획이라는 점에서 전체주의와 유사한 감시 자본주의는 그러함에도 폭력 수단이 아니라 행동수정 수단인 도구주의 권력을 통해 작동한다. 20세기 자본주의의 전체주의는 사회를 장악하기 위해 경제를 접합시킨 정치 프로젝트였지만, 21세기 자본주의의 도구주의는 독자적인 사회 지배 양식을 확립하기 위해 디지털 기술을 결합한 시장 프로젝트다. 감시 자본주의는 언제 어디서나 존재하는 디지털 매체를 통해 그의 의지를 강요하는 꼭두각시 조정자로서 (빅브라더가 아니라) 빅아더다.

이상 몇 가지 묘사를 통해 감시 자본주의가 어떻게 작동하고 있고 진화해갈 것인지에 대한 대략적 상을 얻었을 것이다. 더 구체적이고 복잡한 분석이 물론 책에 자세하게 나와 있다. 이제 이런 분석에 공감한다면, 어떻게 할 것인가의 물음이 제기된다. 저자의 "저항하라"는 권고에 당연히 동의한다. 문제는 어떻게 저항하고 어떻게 대안적 사회를 조직할 것인가이다. 직관적으로 생각하여 모든 디지털 매체와 단절하는 삶을 추구하는 것은 저항도 대안을 만드는 것도 아니다. 왜냐하면, 본인이 무인도나 깊은 산속에서 자연과 함께 고립된 삶을 살지 않는 이상, 만나는 사람마다 움직이는 모든 장소와 시간마다 유비쿼터스 하게 작동되는 디지털 매체가 일거수일투족의 모든 데이터를 수취하고 있기 때문이다. 그래서 저항과 대안에 대한 논의는 별도의 장이 요구되지만, 여기서 본 서평자는 이렇게 인간 로봇 감시 생지옥을 창조하는 것은 자본주의라는 점을 환기하고 싶다. 따라서 자본이 주조하는 인간과 인간 사이의 사회적 관계, 사회적 조직방식을 타도하는 저항과 그 성공 위에 인간, 인민이 주체가 되는 새로운 사회적 관계와 사회적 조직방식을 건설하는 혁명 이외의 다른 대안은 없다는 점이 피할 수 없는 결론일 것이다.

기후붕괴와 팬데믹 시대, 한국 생명운동은 어떤 답을 준비하고 있는가?

| 정범진_사)생명평화민주주의연구소 이사장, bjj0816@gmail.com |

『한국 생명운동과 문명전환』
-주요섭 지음. 2023년, 도서출판 풀씨

동학 2대 지도자 해월 최시형이 그날이 언제 올 것인지를 묻는 제자에게 답한다. "길바닥에 비단이 깔릴 때."

80년대 광주항쟁을 거치고 외세와 군부독재의 폭압을 이기기 위해서는 혁명이 필요하며, 그 주체는 민중이 될 수밖에 없다는 결론은 지극히 상식적이었다. 물론 그 혁명의 결과물이 무엇일지, 어떻게 가능할 것인지에 대해서는 치열한 논쟁이 있었다. 그리고 이데올로기적 좌절과 해체, 대혼돈이 왔다. 누구보다 치열하게 혁명을 꿈꾸다 30년 전 '생명운동'을 접한 저자가 한국 생명운동 40년의 역사를 정리하고, 새로운 문명전환을 꿈꾸는 책을 내었다.

지난해 2022년은 '생명운동'이라는 말이 처음 문자화된 「생명의 세계관 확립과 협동적 생존의 확립」, 일명 「생명운동에 관한 원주보고서」가 세상에 나온 지 40년이 되는 해였다. 시인 김지하가 기초를 하고, 장일순을 비롯한 원주캠프가 함께 읽고 수정했던 「생명운동에 관한 원주보고서」는 1982년 1월에 공개된다.

40년 전 한국의 생명운동은 처음부터 '문명전환' 운동, 개벽운동이었다. 삶과 사회를 리셋(reset)하고, 물신화物神化된 세계관과 생활양식의 대전환, 재창조를 지향하는 사회운동이었다. 파국적 위기에 대한 자각과 문명전환 요구의 수용은 선택의 여지가 없었다. 서유럽과 동유럽을 포함해 서구 문명 전체를 반생명적 문명으로 비판하며, 당시의 엄혹한 군사독재체제에 대한 회피로 의심될 수도 있었지만(저자의 표현), 근대문명의 지속가능성에 대한 의문과 함께 문명전환의 열린 가능성에 주목했다.

'생명'의 관점에서 기존 사회운동을 전면적으로 재구성하고자 했다. 노동운동, 농민운동, 민주화운동, 여성운동에 생명운동이 하나 더해지는 것이 아니라, 한국 사회운동 전체, 나아가 제3세계 민중운동

전체의 재구성을 목표로 하는 야심 찬 기획이었다. 재-구성(re-construction)의 전제는 '세계관 재-설정(re-configuration)', '생명의 세계관', 그리고 내밀하게는 기존의 사회혁명 노선으로부터의 이탈, '유물론적 사회혁명'에서 '영성적 사회혁명'으로의 전환이다.

'전환'은 새로운 지평을 여는 것으로서 계급과 민족, 인간의 지평을 넘어 '생명'의 지평을 바라본다. '전환'은 '방향바꾸기(turn)', '변형(transform)', '차원변화'이다. 원효의 이변비중離邊非中, '양 끝을 떠나되 중간도 아니다'이다. 새로운 차원으로의 도약이다. '진보/보수', '좌/우', '노동/자본'의 프레임을 넘어서는 것이다. 현재의 삶과 사회를 구속하고 있는 기존의 세계관과 생활양식, 사고방식을 깨고 새로운 경지에 다다르는 일이다.

기존의 '반체제운동'과 구별되는 새로운 사회운동으로서 생명운동은 〈한살림〉 등의 생명협동운동으로 자리를 잡고, 삼보일배와 생명평화탁발순례, 오체투지 등으로 이어지는 생명평화운동으로 확장되었다.

그러나 오늘날 인류세, 코로나19로 대변되는 파국 앞에서 생명운동이 과연 시대의 요청에 응답하고 있는지 저자는 묻는다. "생명의 세계관을 바탕으로 삶과 사회의 변화를 꾀하는 지속적인 사회적 활동의 체계"로 '생명운동'을 정의할 때 사회적 영향력, 자기생산과 시대적 요청에 부응하지 못하고, 오히려 '생명운동'은 부재하거나 소멸단계들어섰다고 진단한다.

최근 몇 년 사이 가장 사회적으로 민감하고도 뜨거운 이슈인 낙태와 동성애, 트랜스젠더와 같은 원초적 생명 이슈, 인공지능, 포스트휴먼

등에 대해 생명운동은 답하지 못한다. 나아가 생명운동엔 느낌이
없으며, 사회적인 것을 묻지 않고, 찢어짐을 두려워하고, 역설을 회피
하며 자아의 분열을 은폐한다고 주장한다. 기존의 '생명운동' 관련
저작에서 보기 어려웠던 자기진단이자 평가다.

전체 3부로 구성된 이 책은 1부 한국 생명운동 다시보기 편에서는
한국 생명운동의 역사를, 2부 한국 생명사상·생명운동 다시쓰기에서
는 인식론적 측면에서 몸, 생/명, 감응과 우형이라는 개념을, 3부
생명운동과 문명전환: 또 다른 세계의 태동에서는 코로나19시대의
생명운동을 영성을 통해 '또 다른' 전복의 세계(들)에 대한 꿈꾸기를
시도한다. 특히 4장 '몸-생/명'은 저자의 특별한 논지를 구성하는
부분인데 처음 접하는 독자들에게 생경할 수 있으나 도출되는 결론을
이해하는 데 어려움은 없다.

저자의 기본적 문제의식은 서문 "생명담론은 재발명되어야 한다"에
잘 요약되어 있다. '종말의 감각', '확실성의 종말', '소환되는 생명담론',
'응답 없는 생명운동', '한국 생명담론 다시 쓰기'라는 소제목에서 알
수 있듯이 임박한 아니 이미 맞고 있는 파국적 위기에서 답하지 못하는
생명운동의 재발명, 다시쓰기다. 변혁적 생명운동에 대한 성찰, 아니
그 '생각을 다시 생각하는' 성찰만으로는 자신과 세계를 변혁할 수
없으며, 생각이 끊어지는 한순간의 체험인 '영성'의 급진성 동원을
주문한다.

나아가 "개인화된 성찰과 영성만으로는 시스템을 바꿀 수 없고
새로운 시스템의 태동을 도모할 수도 없다. 더욱이 생명운동이 사회운
동인 한, 공동체와 협동조합 등을 포함한 사회적 체계들을 고려하지

않은 생명운동에 대해서는 존재 이유를 묻지 않을 수 없다"고 역설한다.

"문명담론, 생태담론에 대해서도 재고가 필요하다"고 주장한다. "인류, 문명, 생태와 같은 지구적 차원의 담론들은 책임을 져야 할 존재들의 책임을 면피하게 해준다. 문명담론과 생명담론은 일제강점기에, 일제의 만주국 설립기에 민족적 탄압을 호도하는 이데올로기로 생산되었다. 문명사적 통찰은 반드시 필요하지만, 실제적인 고통을 외면하면서 전환 이야기를 할 수는 없다. 자본의 숭상을 공동체의 핵심 이념으로, 중심 가치로 삼는다는 것은 생명의 관점에서뿐만 아니라 사회적으로나 종교적으로도 이해할 수 없는 일이다."라는 비판은 저자의 현 생명운동 담론에 대한 고뇌의 산물로서 공감이 크다.

그렇다면 저자는 팬데믹-기후재난 시대 이후의 미래를 어떻게 전망하는가? 전환담론(transition discourse)을 크게 세 가지로 분류한다. 첫째, 지속가능(sustainable) 전환담론, 둘째, 급진적(radical) 전환담론, 셋째, 파국적(catastrophic) 전환담론이다. 첫째, 지속가능 전환담론은 사실상 정부와 기업의 새로운 성장전략 및 정책으로 탄소중립 및 그린뉴딜 정책 등이 그것이다. 둘째, 급진적 전환담론은 '탈-성장'과 '정의로운 전환' 등 급진적인 체계전환(체제전환, 시스템전환)을 모색하는 담론들이다. "기후변화가 아닌 시스템의 변화"(System Change, Not Climate Change)를 기대한다. 셋째, 파국적 전환담론은 『위험사회』로 널리 알려진 독일의 사회학자 울리히 벡의 '해방적 파국론'이 적절한 예가 될 것으로 보인다. 그리고 이와 조금 결이 다른 김홍중의 '파국의 사회이론', 이들과는 또 다른 차원의 '개벽적 전환담론'이 있을 수 있다. 그리고, 기타 전환적(transformative) 사회혁신이론

등이 있다.

그런데, 이런 수많은 전환담론들의 주장처럼 세상을 전환할 수 있는 걸까? 저자의 감각으로는 비관적이다. 첫째, 지속가능 전환은 경제성장을 견제하고 있다는 점에서 자본주의의 지속가능성으로 읽힌다. 의미 있는 전환을 기대할 수 없다는 말이다. 둘째, 급진적 전환은 '어불성설語不成說'처럼 느껴진다. 시스템의 '자기-개혁'을 통한 자본주의의 '자기-부정'적 전환이란 있을 수 없는 일이기 때문이다. 그렇다면, 역설적으로 가능성은 셋째, '파국적 전환' 밖에 없는 것일까?

파국적 상황은 기존의 상像을 산산이 깨뜨려버린다. 물론 그 과정은 매우 힘들고 고통스러울 수밖에 없다. 그리고 이러한 파상破像과 통감痛感의 과정에서 새로운 주체성이 형성되고, 이러한 새로운 주체성의 조직화를 통해 전혀 새로운 세계의 가능성을 만들어갈 수 있다는 것이다.

전환으로 말하면, '파국적 전환', '개벽적 전환'이다. 그런데, 이때의 전환은 "방향바꾸기"가 아니다. '이행'도 아니다. 탈바꿈도 아니다. '태동'이다. 또 다른 세계의 태동이다. 또 다른 '시스템/환경'의 구성이다. 또 다른 자아(주체성)의 탄생이다.

그 전제는 복수複數의 세계다. 세계는 세계들이다. 하나의 우주가 아니라 다중우주다. 다중문명이다. 그러므로 파국이 된다고 해서 온 세계가 불타오르는 것은 아니다. 메인 시스템이 붕괴된다는 의미이다. 지배적 문명이 몰락한다는 말이다. 거꾸로 대전환 혹은 탈바꿈이란 정치혁명과 같은 체제변혁이 아니라, 파국적 위기危機 속 또 다른 문명과 시스템이 생겨나는 일이다. 루만의 개념을 빌자면, 변화變化가 아니라 '분화(分化, differentiation)'이다. 새로운 시스템의 태동이다. 대전환이란 울리히 벡이나 김홍중이 말하는 것처럼 파국을 염두에 둘 수밖에 없지만, 그런 맥락에서 보면 전환은 '하는 것'이 아니라 '되는 것'이다. 하지만, 더욱 중요한 것은 '복수의 세계'와 '또 다른 세계의 태동'이다. 저자의 전환담론은 '태동적 전환담론'이다.

팬데믹-기후재난 시대에 필요한 것은 뉴노멀이 아니다. 새로운 가정법이다. 뉴노멀은 없다. 뉴노멀은 사후적으로 만들어질 뿐이다. 지금 만들어가야 할 '과정기획'이다. 이제 우리는 먼저, 자신自身의 욕망과 소망을 이야기해야 한다. 정치인들도 마찬가지다. 지금 행동하고 싶은 저자의 사회적 염원은 '비-자본주의' 네트워크다. '만인-만국의 비-자본주의여, 연대하자!'이다. 자본주의 아닌 것, 그것을 꼭 집어서 하나를 말하라면 매우 어렵다. 그렇지만, 조금만 더 생각해보면, 우리는 수많은 비-자본주의를 살고 있다. 친구 밥 사주기, 공짜로 잠 재워주기, 연애하며 무조건 선물하기, 고향에서 삼촌한테 고추 받고 용돈으로 돌려주기, 협동조합 만들기, 공동체 가입하기 등등. 또한, 수많은 비-자본주의 이념을 가지고 있다. 개인주의, 정신주의, 공동체주의, 사회주의, 무정부주의, 영성주의 등등.

수운 최제우의 '각비覺非'와 '불연기연不然其然'의 깨달음이 떠오른다. '아니다'라고 말하는 것은 담론적 실천이기도 하지만, 경계를 넘어 또 다른 세계를 실감해보는 것이기도 하다. 지평을 여는 일이다. 그것은 우리 안에 있던, 언제든지 '현재화顯在化'될 준비를 하고 있던 '잠재성'의 세계다. 수많은 '기연들(이러함들)'로 나타날 준비가 되어 있는 '불연(아직 아님)'의 세계다. '아니다'의 세계엔 무궁무궁한 또 다른 삶들이 있다. 우리 안에 있었고, 있을 예정이다. 문명전환의 대안사회는 우리 안에 있다.

이 책은 저자가 지난 1~2년 사이 여러 공부 모임과 매체에 발표한 것을 기본으로 하고 있다. 그래서 부분적으로 논지의 중복과 부연이 있다. 하지만 40년 전 문명전환을 주창하며 등장했던 '생명운동'이 오늘의 시대적 요구에 답하기 위해 어떻게 해야 하는지에 대한 한 운동가의 절박하고도 절절한 자기고백이자 출사표다.

'군대가 성평등의 잣대가 될 수 있을까?'를 뛰어넘어

| 윤기홍_사)생명평화민주주의연구소 이사, ykh7150@hanmail.com |

『여자도 군대 가라는 말』
-김엘리 지음, 2021년, 동녘

한국에서 남성으로 태어난 이상 피해갈 수 없는 것이 바로 '병역의 의무'였다. 시기에 따라서 다양한 의미로 해석될 수도 있었겠지만, 병역의 의무를 수행하기 위해 가야 하는 '군대'는 기본적으로 '남성으로서의 정상성'의 기준이기도 했고 때로는 정치·사회·경제적으로 사회적 자본을 획득하는 매우 유력한 방책이기도 했다. 오죽하면 시력 문제로 군대를 다녀오지 못한 한 옛 친구는 대학 졸업 후 입사 면접에서 '눈이 얼마나 나쁘면 군대를 못가지?'라는 면접관들의 비아냥거림 속에 속절없이 발길을 돌렸다는 푸념을 다 했을까?(20년 전쯤에는 아들의 병역 문제 때문에 대통령 선거에서 불이익을 받았을 것으로 추측되는 정치인도 있었다. 물론 최근 짝눈으로 군대를 다녀오지 않는 한 인물이 정치적으로 매우 엄청난(?) 일을 하고 있는 경우도 있지만…)

심지어 60년대 이후 군대를 다녀온 남성들은 '군가산점제'라는 성차별적(?) 혜택마저 누렸었는데, 1999년 12월 헌법재판소는 이에 대해 "여성과 신체장애인 등의 평등권과 공무담임권을 침해한다고 판단"하여 위헌결정을 내렸다. 이는 때마침 불붙기 시작한 젠더 논쟁에서 소위 '여자도 군대 가라'라는 용어로 발화發話되었고 지금도 여전히 젠더 갈등에 있어서 주요한 하나의 이슈로 자리매김하고 있다.

근래에 『여자도 군대 가라는 말』이란 책이 출간되었다. 성공회대학교 실천여성학 전공 외래교수이며 피스모모 평화페미니즘연구소 소장으로 대학에서 여성학과 평화학을 강의하는 연구자인 김엘리 교수의 저작이다. 얼핏 제목만으로는 위에서 언급한 젠더 논쟁 중 남성들의 여성 혐오 발화에 대한 여성의 입장을 대변한 내용으로 읽혀지기 십상이다. 상대적으로 간결한 분량이지만 뜻밖에도 이 책에서 저자는 매우 의미심장한 질문들을 우리에게 던지고 있다.

작금의 우리 사회의 정치사회적 변화 속에서 오랫동안 근대적 남성성을 대표하는 군대가 어떻게 여성과 연계되어 왔으며, 또 어떻게 연계지어져야 마땅한가에 대하여 다양한 질문과 논의를 펼치고 있다. "여성의 군 참여는 성평등의 징표인가?", "페미니즘은 군대에 관해 어떻게 말할까?", 군 생활을 영위하기에 "여성의 몸은 진짜 취약한가? 어째서 트랜스젠더의 몸은 군에 허용되지 않는가? 왜 군인의 동성애는 범죄로 취급되는가?" 등의 질문에 대하여 "군에 대해 사유하고 말하지 못한 사회에서 이제 군에 관해 말하는 공론장을 만들자는 멍석 깔기"이자 "닫은 문의 빗장을 여는 시도"라고 말하고 있다.

특히 오랜 분단과 70년이 지나도록 종전終戰조차 하지 못한 채 남북으로 대치하고 있는 한반도에서 군대가 사회와 사람들의 삶에 미치는 영향은 매우 광범위하고 지대하기에 여성에 대한 감정적 언사로 "당신(여자)들도 군대에 다녀오면 되잖아"라는 식의 논의 방식에서 벗어나야 할 필요성을 강조하고 있다.

이 책은 모두 5장으로 구성되어 있다. 그 내용을 간략히 소개하면 다음과 같다.

저자는 1장에서 여성 징집을 둘러싼 사회적 논란을 시대적으로 정리하고 있다. 위에서 언급한 군가산점제는 사실 남성과 여성의 대립 구도를 넘어서는 지점에서부터 형평성 문제가 있음을 지적하고 있다. 즉 군대에 가지 못하는 사람들 뿐 아니라 군필자 사이에서도 농업이나 자영업에 종사하는 남성들에게는 형평성이 없는 제도였다는 점이 간과되고 있음을 이야기한다. 즉 국가와 군이 군가산점을 대체할 수 있는 보상체계를 마련해야 했음에도 누군가의 희생을 담보로 문제를 희석하는 안일함을 보인 결과라는 것이다.

게다가 1990년대 이후 신자유주의 경쟁 체제는 남성'만'의 병역의무제를 회의하게 만들었으며 개인주의를 바탕으로 인권의식이 높아진 사회에서 성장한 젊은이들에게 군인이 된다는 것은 매우 비합리적인 경험으로 여겨졌다는 것이다. 이런 가운데 여전히 존속되어 온 남성'만'의 병역의무제의 군대 이슈는 성 전쟁의 전선이 될 수밖에 없었다는 점을 강조하고 있다.

2~4장에서는 '징집'은 아니었지만 실제 존재했던 여성 군인의 역사적 위치와 표상, 강군을 강조하는 군대에서 해석하고 용인하는 여성성, 초남성 공간에서의 여성 군인의 형성에 대한 내용을 정리하고 있다.

6.25 전쟁 때 병력 부족을 해소하기 위해 여성이 병사로 동원된

이래, 1970년 육군본부 직할의 독립부대로 편성된 여군단은 1989년 여군병과가 해체되어 남군과 통합되기 이전까지 특수병과로서 남군의 활동을 지원, 보조하는 행정 업무를 담당하였다고 한다. 이러한 여군은 1990년대에 들어서 일반병과로 편입되어 전문직업화가 이루어지게 되면서 지식정보화 시대 여군의 '우수인력담론'의 일환으로 변화하는 군을 보여주는 지표가 되고 있음을 강조하고 있다.

한편 군대에서 '여성적인 것'은 부정되지 않고 여성만이 '지닌' 고유한 특성이 여군의 특별한 장점으로 해석되고 있음에도 불구하고 여전히 강군을 강조하는 초남성 공간에서의 여군에게 요구되는 역할은 '변형된 전통의 회귀'라고 볼 수 있다는 것이다. 즉, 남군과 여군의 차이를 인정한 평등을 말하는 듯하나 내밀히 들여다보면 실제 군복무를 수행하는 여군들은 '남성성 행하기'와 같은 모방, 성차를 드러내지 않는 젠더 수행을 통해 순응, 공모, 재편의 방식으로 적응해 가는 모습을 보인다는 것이다. 결국 남성화된 군 체제의 통치규범을 넘어서지 못한 채 그 권위를 강화하는 역할을 하게 되는 한계점 또한 간과해서는 안 된다는 것이다.

저자는 마지막 5장에서 '성평등의 문제로만' 수렴되는 여성의 군 참여에 대한 비판적 논쟁에 대한 내용을 정리하고 있다.

"여성이 군대에 가면 성평등해질까?"를 모두冒頭의 질문으로 던지면서 이런 질문에 대한 다른 접근을 시도해 보자고 제안한다. 즉, 누구든 "군대는 진짜 갈만한 곳인가?", "전쟁 준비와 군사 활동은 할 만한 것인가?", "군대와 군사안보, 국가를 서로 연계 짓는 사유 틀을 좀 다르게 숙고할 여지는 없는가?" 등.

저자는 여성이 군에 가는 일은 여성을 임파워링(empowering)한다고 보면서도 여성 군인이 증가하면 군 조직에 변화가 와서 성평등이 이루어질 것이라고 보기 쉽지 않다고 설명한다. 여성의 군 진입으로 군대 폭력이 감소하고 가혹 행위나 군기 잡기, 불합리한 군대 관행도 개선되었다는 군 관련 연구가 있다고 하지만 실제로 이런 일이 일어나는 것은 이스라엘과 스웨덴의 비교 사례를 들어 민주적이고 인권 중심적인 사회가 먼저 형성되어야 한다는 점을 강조하고 있다. 즉, 민간 영역에서 젠더 다양성과 민주성이 선취되어야 한다는 뜻을 분명히 밝히고 있다.

결국 글제의 문제의식에 비추어 생각해 보았을 때 '여성도 군대에 가라! 그래야 성평등이지 않느냐?'라는 입장에서 감정적으로 '여성징병제'를 주장하는 것보다 중요한 것은 성별이나 개인적 조건을 막론하고 한국 사회에서 '군대'라는 사회 조직의 역할과 의미에 대한 진지한 성찰과 고민이 요청되고 있다는 점이다.

군대에 관해서는 너도나도 참 할 말이 많을 것이라고 생각한다. 하지만 시대 변화에 따라 급격한 사회경제적 그리고 인구학적 변화가 진행되고 있는 이 시점에서 성평등 프레임에 갇혀 다가올 미래 사회의 '갈 만한' 군대, '해볼 만한' 군생활에 대한 지향을 놓쳐서는 곤란하지 않을까?

빅데이터+알고리즘≒
대량살상'수학'무기(WMD)?

- 캐시 오닐의 두 저서를 중심으로 -

| 김성환_사)생명평화민주주의연구소 이사, starhkim@hanmail.net |

『대량살상수학무기』
-캐시 오닐 지음, 김정혜 옮김, 2017년, 흐름출판
『셰임 머신』
-캐시 오닐 지음, 김선영 옮김, 2023년, 흐름출판

지금 전 세계는 챗GPT로 대표되는 생성형 인공지능(Generative AI)에 열광하고 있다. 생성형 인공지능은 빅데이터와 알고리즘을 기반으로 하고 있는데, 대표격인 챗GPT는 베타 버전 출시 2개월 만에 MAU(월간 활성 이용자 수) 1억 명을 돌파하며 일반적인 정보성 대답은 물론, 인간의 심리까지 꿰뚫는 답변까지 "무섭게 뛰어나다"는 평가를 받고 있다.

그러나 다른 한편에서는 문제점 또한 제기되고 있는데, "인터넷에서 사람들의 방대한 정보를 훔치고, 모은 정보로 AI를 훈련시키는 등 저작권과 인터넷 이용자의 프라이버시권을 심각하게 침해하고 있다"는 것이다.

캐시 오닐의 책인『대량살상수학무기(Weapons of Math Destruction, WMD)』는 요즘 유행인 빅데이터와 알고리즘 모형이 어떻게 사회적, 경제적, 정치적으로 불평등을 확산하고 민주주의를 위협하는지를 탐구한 책이다.

저자는 수학과 데이터, IT기술의 결합으로 탄생한 '대량살상수학무기'라고 부르는 알고리즘(algorithm) 모형들이 인종차별, 빈부격차, 지역차별 등 인간의 편견과 차별, 오만을 코드화해 불평등을 확대하고, 민주주의를 위협한다고 주장한다.

이를 위해 교육, 노동, 광고, 보험, 정치 등 다양한 분야에서 대량살상수학무기가 어떻게 작동하고 영향력을 행사하는지 구체적인 예시들을 들어 설명한다.

워싱턴 교육당국이 도입한 학생들의 학업 성취도를 핵심요소로 하는 '임팩트'라는 교원평가제도가 교사들의 해고와 부정행위를 유발하고(서문), "2류 시사주간지의 대학 줄 세우기"가 결과적으로 학교와 학생들에게 불이익과 차별이라는 결과를 만들고(2장), 알고리즘이 우리의 행동과 성향을 추적하고 분석하여 맞춤형 광고를 제공하며, 취약한 사람들을 노리는 약탈적 광고를 통해 우리의 욕망과 수치심을 자극한다(4장)는 것을 설득력 있게 제시하고 있다.

또한 인성 적성검사나 일정관리 시스템이 노동자들의 개성과 자율성을 억압하고, 성과와 효율성을 강요하며, 고용과 해고에 영향을 미치고(6·7장), 신용점수나 건강보험료 등이 우리의 사생활과 재정 상태에 영향을 주며, 가난이 범죄가 되는 세상을 만들며(5·8·9장), 마이크로 타겟팅(micro targeting)이라는 기법이 유권자들을 세분화하고 갈라치

기해 민주주의를 손상시킨다(10장)는 것을 생생히 보여준다.

저자는 이러한 대량살상수학무기에 맞서기 위해 우리가 해야 할 일들 역시 제시하고 있는데, 알고리즘 모형의 원인과 결과를 인식하고 분석하기, 알고리즘 모형의 피해자와 연대하고 지지하기, 알고리즘 모형의 가해자와 권력자에게 책임과 변화를 요구하기, 알고리즘 모형의 문화와 제도를 개선하고 균형 있게 만들기 등이 그것이다.

이를 통해 우리가 알고리즘 모형에 대해 깊이 생각하고, 타인에게 알고리즘 모형을 주지 않으며, 알고리즘 모형으로부터 자유롭고 존엄한 삶을 영위할 수 있도록 도움을 준다.

캐시 오닐의 또 다른 책 『셰임 머신(The Shame Machine)』은 수치심이 어떻게 사회적, 경제적, 정치적으로 이용되고 악용되는지를 탐구한 책이다.

저자는 자신의 비만과 수치심에 대한 경험을 바탕으로, 수치심을 이용해 제도적, 상업적 이윤을 취하는 시스템을 '셰임 머신'이라고 부르며, 이를 통해 취약계층에게 불이익과 차별을 가하는 현상을 설명한다.

수치심(shame)이란 "자아와 자존심의 연장에 있는 개념으로, 스스로를 부끄럽게 느끼는 마음"이라고 정의할 수 있다. 수치심은 사회 규범에 적응하거나 타인의 인정을 얻기 위한 행동을 하도록 할 수 있지만, 반면에 지나치게 느낄 경우에는 행동의 위축, 자기혐오, 불안, 우울 등의 문제 또한 낳을 수 있다. 우리의 욕망과도 관련이 있는데, 욕망이 강한 사람이 수치심이 강하다고 할 수 있다. 즉 욕망이 강할수록 수치심을 강하게 느낄 여지가 생기는 것이다.

저자는 마트에서 넘어진 뚱뚱한 여성의 모습을 촬영하고 인터넷에 공유하는 행위를 시작으로 비만인 사람들에게 다이어트 상품과 서비스를 강요하고 실패할 경우 비난하는 행위(1장), 약물 중독자들에게 치료보다는 처벌과 공개 처형을 하는 행위(2장), 가난한 사람들에게 신용 점수를 낮추고 고금리 대출을 강제하는 행위(3장), 인종차별과 성차별을 유발하는 알고리즘과 데이터의 편향성(4·5·6장) 등의 예를 들어 셰임 머신의 구체적인 작동 방식과 영향력을 설명한다.

이러한 셰임 머신에 맞서기 위해 우리가 해야 할 일은 무엇일까? 저자는 수치심의 원인과 결과를 인식하고 분석하기, 수치심의 피해자와 연대하고 지지하기, 수치심의 가해자와 권력자에게 책임과 변화를 요구하기, 수치심의 문화와 제도를 개선하고 균형 있게 만들기 등을 제시하며, 우리가 수치심에 대해 깊이 생각하고, 타인에게 수치심을 주지 않으며, 수치심으로부터 자유롭고 존엄한 삶을 영위할 수 있는 방법을 알려준다.

두 책은 수학과 데이터 과학의 전문가이자 실리콘밸리와 헤지펀드 등에서 일한 경험이 있는 저자가 자신이 만든 알고리즘 모형이 사회적, 경제적, 정치적으로 어떤 부작용을 낳는지를 인식하고, 이를 고발하고 개선하려는 목적으로 책을 썼다는 점에서 특이하다.

또한 빅데이터와 알고리즘 모형이 사람들로 하여금 수치심을 일으키고 사회적, 경제적, 정치적으로 불평등을 확산하고 민주주의를 위협한다는 주장을 하며, 일상생활 속에서 어떻게 알고리즘 모형이 작동하고 영향력을 행사하는지를 설명한다.

빅데이터와 알고리즘 모형에 맞서기 위해 우리가 해야 할 일들 또한 명확하게 제시하고 있는데, 알고리즘 모형(수치심)의 원인과 결과를 인식하고 분석하기, 알고리즘 모형(수치심)의 피해자와 연대하고 지지하기, 알고리즘 모형(수치심)의 가해자와 권력자에게 책임과 변화를 요구하기, 알고리즘 모형(수치심)의 문화와 제도를 개선하고 균형 있게 만들기 등이다.

물론 차이점도 있다. 『대량살상수학무기』는 알고리즘 모형이 어떻게 사회적·경제적·정치적으로 불평등을 확산하고 민주주의를 위협하는지를 객관적이고 분석적인 관점에서 설명하고 있는 반면, 『셰임 머신』은 수치심이 어떻게 사회적·경제적·정치적으로 이용되고 악용되는지를 주관적이고 체험적인 관점에서 설명한다.

지난 7월 18일(현지 시간) 유엔 안전보장이사회(안보리)가 "AI가 국제 평화와 안보에 미치는 영향"에 대해 처음으로 연 고위급 공개 회의에 참석한 안토니우 구테흐스 유엔 사무총장은 AI 기술의 위험을 관리·통제하기 위해 유엔기구를 신설해 AI에 대한 국제적 거버넌스를 강화할 것을 호소했다.

앞서 기타 고피나스 국제통화기금(IMF) 제1부총재 역시 "인공지능(AI)의 도래에 대해 혁신을 지원하고 감독하는 사이의 균형을 조심스럽게 유지해야 한다"고 밝힌 바 있으며, 5월 일본 히로시마의 G7 정상들은 인공 지능(AI)에 대한 기술 표준의 개발 및 확립의 필요성을 강조하고, 관련 업계와 규제기관이 AI를 "신뢰할 수 있도록" 보장할 것을 촉구하기도 했다.

『대량살상수학무기』와 『셰임 머신』은 빅데이터와 알고리즘 모형이 우리의 삶에 미치는 영향에 대해 다루고 있으며, 지금 이 시기에 빅데이터와 알고리즘 모형에 대해 깊이 생각하고, 알고리즘 모형과 수치심으로부터 자유롭고 존엄한 삶을 영위할 수 있는 방법을 고민하는데 많은 도움이 될 것으로 기대한다.

『'좋아요'는 어떻게 지구를 파괴하는가』를 읽어야 하는 이유

| 하태규_경제학 박사, 사)생명평화민주주의연구소 이사,
tghatgha@naver.com |

『'좋아요'는 어떻게 지구를 파괴하는가』
-기욤 피트롱 지음, 양영란 옮김, 2023년, 갈라파고스

우리는 소셜네트워크를 사용하면서 환경파괴 문제를 잘 생각하거나 의식하지는 않는다. 하지만 이 책은 이런 우리의 사이버 공간상의 일상적 활동이 어떻게 환경파괴에 이르는지를 설득력 있게 제시하고 있다.

먼저 스마트시티를 보자. 현재 전 세계 인구의 절반 이상이 대도시에 몰려 있고, 지구 면적의 2%를 차지함에도 지구 전력의 75%를 사용하고 있다. 아랍에미리트의 마스다르라는 사막 도시는 이런 도시 집중과 환경파괴로부터 지구를 지키기 위한 대안으로서 스마트시티 프로젝트의 상징이다. 이 도시는 비록 에코 시티 계획에서 10%만 진척시켰고 주민도 2천 명에 불과하지만, 스마트 시스템을 통해 완전히 재생 가능한 에너지로 작동되며 이산화탄소도 쓰레기도 배출하지 않는다. 하지만 이런 도시를 만들기 위해 생산되고 운송된 엄청난 장치 자체는

환경에 선한 영향보다 더 큰 악영향을 끼쳤다고 할 수 있다. 이런 상황은 디지털 산업, 디지털 기술이 과연 환경친화적일지 반환경적일지를 따져보게 만든다.

디지털 산업의 대표로서 스마트 폰을 보자. 요즘 스마트 폰은 금, 리튬, 마그네슘, 규소, 브로민 등 50가지 이상의 원자재를 사용하여 만들어진다. 그래서 이런 엄청난 자원을 손바닥만 한 크기에 욱여넣는 작업 자체는 '에너지 먹는 하마'라고 할 수 있다. 즉 스마트 폰 제조과정은 제품의 생애주기 전체가 배출하는 생태 발자국의 절반, 소비에너지의 80% 이상을 잡아먹는 원흉이다. 그리고 이런 원자재들을 채굴하는 지구상의 수십 개 나라의 지표가 끊임없이 파헤치는 과정을 제외하고 디지털 혁명을 논하는 것은 어불성설에 불과하다고 할 수 있다.

우리의 소비방식이 함축하는 물질적 파급효과를 계산하는 방식이 있다. 서비스 단위당 투입된 물질(MIPS: Material Input Per Service), 즉 하나의 제품 혹은 서비스를 생산하는데 필요한 자원의 총량을 측정하는 방식이다. 하나의 제품이나 서비스를 만들기 위해 원자재부터 중간재를 거쳐 최종 제품까지 채굴, 가공, 운반, 보관 등의 다양한 과정을 거친다. 이 과정에 수많은 물질적 과정이 내포된다. 우리가 제조하는 물질의 '나비효과' 같은 개념이다. 티셔츠 한 벌 제작에 자원 226킬로그램, 오렌지 주스 1리터에는 물질 100킬로그램, 신문 한 부에는 10킬로그램, 금반지 하나는 3톤이 소요된다. 즉 우리 주변의 물건들은 평균 30배 정도 숨겨진 무게를 지닌다. 물건의 생산에 기술이 더 많이 포함될수록 더 큰 MIPS가 나오기 마련이다. 무게 2킬로그램 PC 한 대에는 화학제품 22킬로그램, 연료 240킬로그램, 담수 1.5톤이

들어간다. TV 1대는 MIPS가 200에서 1,000이고, 스마트 폰은 1,200, 집적회로는 심지어 16,000에 달한다. 디지털 산업은 이렇게 우리의 생태 발자국을 "폭발"시킨다. '탈물질화' 자체라고 칭송되는 디지털이 지금까지 존재했던 그 어떤 산업보다 거대한 물질 기반 산업이라는 점이 드러난다.

클라우드를 가상의 데이터 창고라고들 한다. 하지만 클라우드는 실제 창고로 기능하는 작업장, 데이터 센터를 필요로 한다. 오늘날 전 세계는 500평방미터에 못 미치는 규모가 3백만 개, 중간 규모가 8만 5천 개, 대규모가 수만 개, 그리고 축구장 크기 정도의 초대 규모가 500개에 달하는 데이터 센터들을 가지고 있다. 그리고 이 숫자는 데이터 유통과 축적의 폭발적 증가를 고려하면 조만간 수십만 개 이상에 달할 것이다. 다시 말해 2십만 개라고 가정하면 전 세계 200개 나라에서 한 나라 당 1천 개 이상이 존재하게 된다. 최근 SK 데이터 센터의 화재로 카톡이 한나절 이상 불통 되어 일상 소통과 비즈니스 소통이 중단되었던 사건을 기억할 것이다. 여기서 알 수 있듯이 데이터는 무슨 일이 있어도 한순간도 끊기지 않고 계속되어야 하는 시대가 되었다. 이를 위해 데이터 센터는 에너지 분배망의 중복, 즉 두 개의 전기 주입구, 두 개의 발전기, 비상 냉방용 대형 물탱크, 이들을 작동하기 위한 크레인, 비상용 중유 비축 등의 거대한 장치와 자원들을 한 건물에 결집해야 한다. 이것도 모자라 데이터 센터 자체를 지역별로 중복해서 설치하는 경향이 있다. 여기에다 데이터 교통량의 정점을 고려하여 과잉설비를 구축하곤 한다. 이 모든 결과 클라우드 센터는 현시점에 전 세계 전기 소비량의 2%를 차지하지만, 2030년까지 4~5배는 늘어날 것이다.

그리고 이런 단말기와 데이터 센터를 통해 24시간 365일 끊임없이 유통되고 축적되는 데이터는 그들을 연결하는 지구적 통신선을 필수적으로 요구한다. 이 통신선은 지상에서는 무선도 가능하지만, 바다에서는 유선 광섬유케이블을 사용해야만 한다. 사실 오늘날 전 세계 데이터 교통량의 99%가 지하와 해저를 통과하고 있다. 놀라운 운송 역량과 비용 경쟁력을 고려하면 공중보다 지하, 지하보다 해저 유선망이 승리를 거두었다는 것은 자명하다. 이 결과 약 450개의 '불붙은' 촉수가 해저를 도배하고 있고 그 길이는 120만 킬로미터, 지구 둘레를 30바퀴 도는 거리에 해당한다. 그리고 2030년 무렵에는 1천 개 정도의 광케이블이 작동하게 될 것이다. 이런 케이블의 평균수명은 25년인데, 수명이 다한 케이블은 그것을 회수하는 비용으로 인해 방치되고 있다. 그리고 지정학적 경쟁으로 인해 영미권 5 eyes(미, 영, 캐, 호, 뉴)가 독점하다시피 하는 대륙 간 통신망을 대체하려는 중국, 러시아, 유럽 일부 등의 자체망 개설은 이런 바다 오염과 에너지 과소비를 더욱 촉진하고 있다.

이런 모든 과정과 구조의 결과 우리가 하루에도 몇 차례 식 누르는 '좋아요'는 지금까지 인간의 창조물 가운데 가장 거대한 하부구조를 가동하며 7개 계층을 통과하여 지구 반 바퀴 이상을 돌아야 바로 옆 사람에게 닿을 수 있게 된다.

피트롱이 2021년에 출판한 이 책은 저자가 직접 현장을 답사하며 서술하는 방식이라 전달하려는 메시지가 더욱 생생하게 드러난다. 일반적으로 절대적으로 비물질적이라고 오해되는 디지털 기술, 디지털 산업이 실제로는 가장 물질적이란 점이 폭로되는 이 책을 통해 우리는 이 시대, 디지털 자본주의 시대의 생태파괴 경향을 어떻게 대처해야 할지 깊은 고민에 빠지지 않을 수 없게 된다. 지난 두 번의 서평("플랫폼 자본주의라는 자화상", "감시 자본주의, 로봇의 세상 혹은 생지옥")에서 확인했듯이 디지털이 없는 자본주의, 아니 인류 문명은 현실에서 불가능하다. 그렇다면 디지털 기반의 탈자본주의는 어떤가? 저자는 물론 이에 대해 말하지 않지만, 우리는 생각해봐야 한다. 저자는 이 책에서 여전히 절반 이상의 에너지가 화석연료 기반인 조건에서 디지털 산업의 하부구조가 절대적으로 에너지 과소비 경향이라는 점을 문제 삼지만, 자본주의가 존속하는 한 "탄소 제로"를 위한 화석연료 대체는 자본과 국가의 저항과 태업으로 인해 거의 달성할 수 없는 목표라고 할 수 있다. 설령 에너지를 완전히 재생에너지로 전환한다고 하더라도 디지털 기반 물질적 변형과정 자체가 더 심한 자연파괴, 환경파괴를 낳을 수밖에 없다는 점을 이 책은 강조하고 있다. 따라서 우리의 과제는 디지털 탈자본주의를 통해 완전 재생에너지 기반하에서 제품과 서비스를 생산하는 물질적 과정, 인간의 자연과의 신진대사 과정 자체를 합리적으로 통제할 수 있는 세상, 자본 축적의 동기가 아니라 인간의 합리적 계획이 통제하는 세상을 실현하는 것이 된다. "필연의 영역에서 자유는… 자연과의 신진대사를… 연합한 인간, 연합한 생산자들의 공동체적 통제 하에 두는 것에서 나온다"라는 마르크스의 언명을 깊이 새겨볼 일이다.

해월의 길, 녹두의 길

| 정범진_사)생명평화민주주의연구소 이사장, bjj0816@gmail.com |

『해월 최시형 평전』
-김삼웅 지음, 2023년, 미디어샘
『녹두 전봉준 평전』
-김삼웅 지음, 2007년, 시대의창

같은 듯 다른 하나의 길

해월 최시형 선생은 수운 최제우를 이은 동학의 2대 교주이고, 녹두 전봉준 장군은 갑오년 동학혁명을 이끈 지도자이다. 두 사람은 같은 듯 다르게, 다르지만 하나의 길에서 세상을 바꾸는 꿈을 꾸다가 역사 속으로 사라져갔다. 해월은 1827년 경상도 경주에서 태어나 1898년에 교수형을 당하고, 녹두는 1855년 전라도 고창에서 태어나 1895년에 교수형에 처해졌다. 해월에게는 동학을 이끈 조직가이자 사상가로서 한국 생명사상의 원류라는 자리매김이, 녹두에게는 압제와 수탈로 얼룩진 조선왕조 500년 사에서 '뼈 없는 기록'을 모면하도록 만든 비범한 범인이라는 헌사가 주어졌다.

낡은 것은 사라지고 아직 새 것은 오지 않은

'동학'은 '서학'과 대비되는 개념이다. 서학은 조선 후기 중국에서 도입된 한역 서양 학술서적과 서양 과학기술 문물을 토대로 연구하던 학문을 일컫는다. 명·청 양대에 활동하던 예수회 선교사들은 천주교 신앙을 보다 효과적으로 전도하기 위하여 서양문명의 여러 측면을 알려 주는 서적을 한문으로 번역, 저술하면서 서양 학술과 기술 및 문화를 '서학'이라는 용어로 나타내었다. 수운 최제우는 서교(西敎: 천주교)의 도래에 대항하여 동쪽 나라인 우리나라의 도를 일으킨다는 뜻에서 '동학'이라 칭했다.(한국민족문화대백과사전)

'동학'의 창도는 1860년이다. 시대는 혼란 그 자체였다. 1862년 한 해 동안 전국에 걸쳐 자연발생적이고 비조직적인 민란이 37차례나 일어났다. 권력의 부패와 학정, 가혹한 조세와 의무는 민초들을 봉기로 내몰았고, 전 국토는 한숨과 아우성으로 조용할 날이 없었다. 분명 세상은 바뀌고 있었지만, 여전히 지배계급은 그대로였고, 미래는 보이지 않았다. 버러지만도 못한 민초들에게 시천주(侍天主, 수운), 사인여천(事人如天, 해월), 인내천(人乃天, 의암)이라는 인간중심주의적 사고는 혁명 그 자체였다. 권력은 이를 용납할 수 없었다. 교조 수운은 41세의 나이에 참형, 해월은 35년의 도피 끝에 교수형, 의암은 수감 생활을 하다가 병보석으로 출소하여 사망하였다.

1894년의 갑오농민전쟁은 동학이 주축이 되어 외세와 결탁한 부패한 권력을 바로잡고, 새로운 사회로 나아가고자 시도한 혁명이었다. 동학군은 전주성을 함락한 뒤, 외세의 개입을 우려해 화약을 맺고,

53개의 군현에 집강소를 설치하고 농민 자치에 나선다. 폐정개혁을 위한 12개 항의 행정요강은 "탐관오리와 횡포한 부호, 외적과 내통하는 자들에 대한 엄징, 노비 문서는 불태울 것, 칠반천인 대우 개선, 과부 재가 허용, 무명잡세 폐지, 지벌타파 인재등용, 토지를 고르게 나누어 경작할 것" 등을 담았다.

그러나 청나라와의 경쟁에서 승리한 일본이 내정 간섭을 넘어 대원군을 중심으로 하는 친일정권을 세우자 동학군은 '척왜척양斥倭斥洋, 보국안민保國安民'의 기치를 내걸고 제2차 봉기에 나선다. 그러나 스나이더 소총과 무라타 소총 등 신식무기로 무장한 일본군과 관군의 연합군에게 구식 화승총과 죽창, 농기구 등으로 무장한 동학군은 애초에 상대가 될 수 없었다. 학자들은 1800년대 중반 조선의 인구를 1,850만 명 정도로 추산한다.(김재호, 2014) 이 인구에서 동학군 30만 명 이상이 일본군과 관군에게 학살당했다. 열악한 무장을 주문과 부적으로 뛰어넘을 수 있다고 믿었던 동학군들의 시체가 온 국토를 뒤덮고 혈해를 이루었다.

해월의 길

해월은 1827년 음력 3월 경상도 경주읍내 황오방(현 경북 경주시 황오동)에서 빈농인 부모의 무녀독남으로 태어났다. 워낙 가난했던 살림이어서 마을에서 종이 만드는 조지소에서 일을 하며 생계를 도모하고, 19세에 결혼을 하고 포항으로 옮겨가 살았다. 34세 되던 해에 동학에 입교하고, 북도중주인으로 임명되어 활동하던 중 수운이 체포되자

체포의 손길을 피해 태백산, 평해, 죽변 등지에서 은거하며 수운의 유족들을 보살폈다.

36세가 되던 1863년 수운으로부터 도통을 전수받고 동학의 제2세 교주가 되었다. 이듬해 수운이 처형되자 관헌의 감시를 피해 안동, 울진 등지로 돌아다니며 포교에 힘썼다. 1880년에 강원도 인제에 경전간행소를 세워 『동경대전』을, 1881년에 단양에서 『용담유사』를 간행하고, 58세가 되던 1885년 교세가 비약적으로 커지자 충청도 보은으로 본거지를 옮겨 활동했다. 65세가 되던 1892년부터 교조의 신원을 명분으로 합법적 투쟁을 전개해, 1차 1892년, 2차 1893년 신원운동을 전개해 서울 광화문에서 50여 명의 대표가 임금에게 직접 상소를 하기도 한다. 정부 측의 탄압이 심해지자 1893년 3월 보은의 장내리에 수만 명의 교도가 모여 제3차 신원운동을 감행했다.

1894년 고부군청 습격을 시작으로 동학농민운동이 시작되나, 해월은 초기에는 폭력에 반대하는 입장을 취했다. 1894년 9월 녹두가 일본군의 상륙과 정부의 요구 불이행을 이유로 봉기하자, 해월도 북접 접주들에게 총궐기를 명하고, 10만의 병력을 인솔하여 논산에서 남접군과 합세한다. 1894년 12월 일본군의 개입으로 동학혁명이 좌절되자 피신하면서 포교에 전력을 다한다. 해월은 산간벽지를 떠돌면서도 잠시도 쉬지 않았다. 해월은 시대를 절망하면서도 '길이 없는 길'을 찾아 쉼 없이 걸었다. 앉아서 대화하면서도 짚신 삼기, 멍석 짜기는 일상이었다. 70세 되던 1897년에 의암 손병희에게 도통을 승계하고, 이듬해 1898년 원주 원진녀의 집에 머물던 중 밀고로 체포되어 서울로 압송되었고, 1898년 6월 2일 반역죄로 교수형에 처해졌다.

녹두의 길

녹두는 1855년 전라도 고창에서 태어났으나, 가족과 관련된 정설은 전해오지 않는다. 다만 아버지 전창혁이 한학에 조예가 있고, 약을 팔아 생계를 유지하는 가난한 집안이었다는 것은 공통된다. 아버지 전창혁은 동학혁명이 발발하기 몇 해 전 고부군수 조병갑의 탐학에 항의하다가 곤장을 맞고 죽었다. 녹두는 20~21세 때 결혼을 하나 부인과는 1894년 이전에 사별한 것으로 보인다. 전주, 정읍, 김제, 태인 등으로 옮겨다니며 유기공장의 객사에 거주하거나 약을 팔고, 훈장 일을 하면서 생계를 꾸렸다.

36세가 되던 1890년 동학에 입도하고, 1892년 고부접주로 임명되어 본격적인 활동을 시작한다. 1893년은 민란의 해였다. 그해 일어난 농민봉기만 65차례에 달한다. 11월에는 고부군수 조병갑에게 등소, 이듬해 1월에는 전주감영에 등소를 하고서, 1월 10일 고부성으로 진격한다. 3월 20일 무창에서 1차 기병을 하고, 창의문을 선포한 후 마침내 4월 27일 전주성을 점령한다. 일본군이 인천항에 상륙했다는 소식을 접하고 5월 7일 전주화약을 맺고, 집강소 통치를 실시한다. 일본의 침략이 노골화되자 9월 12일 2차 기병을 결정하고, 북접 교단과의 갈등도 해소한다. 특히 충청도감사나 관군에게 항일연합전선을 펼칠 것을 제안하나 성사되지 아니한다. 동학군은 11월 9일 공주 대회전(우금치, 효포, 곰티, 곰나루, 금학동) 이후 패퇴를 거듭하며, 12월 1일 손화중의 농민군이 해산하고, 최경선·김개남에 이어 12월 2일 순창 피로리에서 녹두도 피체된다. 서울로 압송된 후 이듬해 2월

9일부터 3월 10일까지 5차례의 신문을 거쳐 3월 29일 사형을 선고받고 교수형으로 처형된다. 그의 나이 41세였다.

해월의 길인가, 녹두의 길인가

해월과 녹두는 동학을 매개로 묶여 있지만 가는 길은 많이 달랐다.

해월은 수운의 시천주 사상을 계승 발전시켜, 사인여천과 삼경사상(三敬思想, 敬天, 敬人, 敬物)으로 확장하고, 동학의 대중화를 통해 동학 혁명의 원동력을 만들어냈다. 특히 삼경사상은 생태계 파괴로 이루어진 현대 문명의 위기를 극복할 수 있는 유력한 생명사상으로 다시금 소환되고 있다. 해월은 시대를 앞서간 위대한 사상가이자 조직가였다.

녹두는 가난한 선비로서(공초 조서에 "학구로 업을 삼고 있었던 것으로 전답이라는 것이 3두락밖에 없다") 그가 추구하는 가치는 공적가치의 추구 곧 의義였다. "일신의 해로 말미암아 기포함이 어찌 남자의 일이 되리오. 중민衆民이 억울해 하고 한탄하는고로 백성을 위하여 해를 제거코자 한 것이다."(공초 조서) 녹두는 또한 집강소 행정요강과 관군을 대상으로 한 항일연합전선 제안에서 알 수 있듯이 시대의 한계를 넘어 새로운 세상을 꿈꾼 혁명가이자 전략가였다.

해월과 녹두는 모두 믿었던 자들의 밀고에 의해 체포되었다. 예나 지금이나 중요인물에게는 거액의 현상금과 보상이 뒤따른다. 녹두에게는 돈 1천 냥과 신분 여하를 막론하고 군수직을 주겠다는 제안이 걸려 있었다. 현상금에 눈이 먼 마을의 장정들은 녹두를 몽둥이질로 초주검을 만들었다. 독자들이 접하는 녹두의 마지막 사진과 종로거리의 동상은 한양으로 압송될 때 걸음을 걸을 수 없어서 가마에 실려 가는 모습이다. 해월과 녹두 이전과 이후로도 수많은 시대의 영웅들이 믿었던 이들의 배신에 의해 생을 마감했다. 1898년 해월에게 사형을 선고한 고등재판소 재판 판결문에 동학혁명의 동기를 제공한 조병갑이 예비판사로 등재된 역설은 여전히 현재진행형이다.

해월 유시

젊어서 무덤에 오니 청춘이 곡하고(少來墳典靑春哭)

늙어서 경륜이 가니 백마가 우는구나(老去經綸白馬嘶)

***

녹두 유시 – 운명殞命

때가 오매 천지가 모두 힘을 합하더니(時來天地皆同力)

운이 다하니 영웅도 어쩔 수 없구나(運去英雄不自謨)

백성을 사랑하고 정의를 세운 것이 무슨 허물이랴(愛民正義我
無天)

나라 위한 일편단심 그 누가 알리(爲國丹心誰有知)

위기는 왜 반복되는가

| 김성환_사)생명평화민주주의연구소 이사, starhkim@hanmail.net |

『위기는 왜 반복되는가: 공황과 번영, 불황 그리고 제4의 시대』
-로버트 라이시 저, 안진환·박슬라 옮김, 2011년, 김영사

지금 한국 경제는 심각한 어려움에 봉착해 있다. 대외적으로는 미국의
고금리로 촉발된 글로벌 긴축 속에 중국 경제의 더딘 회복세, 이스라엘
-하마스 간의 충돌로 인한 경제 불확실성에 국제 유가가 폭등하는
'오일쇼크' 우려까지 나오고, 대내적으로는 글로벌 수요 감소로 수출이
급감하며 사상 최대 규모의 무역적자를 기록하며, 고금리·고물가·고
환율 등 '3고高'에 IMF 경제위기 보다 더 심각하다는 가계부채 문제까지
도무지 앞이 보이지 않는 상황이다. 왜 이렇게 되었을까? 어떻게
이 위기를 극복할 수 있을까?

　로버트 라이시(Robert Reich)의 책 『위기는 왜 반복되는가: 공황과
번영, 불황 그리고 제4의 시대』는 이에 대한 중요한 단서를 제공해준다.
로버트 라이시는 미국의 경제학자이자 정치학자로, 버클리 캘리포니
아 대학교 공공정책대학원 교수이다. 그는 또한 빌 클린턴 대통령
행정부의 노동부 장관을 역임하였으며, 여러 언론매체에서 경제와

정치에 관한 칼럼을 쓰고 있다.

그가 미국의 경제사에서 반복되는 위기의 원인과 해결책을 탐구한 이 책의 주장은 명확하다. 미국 경제에서 두 번의 위기(1929년, 2008년)가 발생한 공통적인 원인은 소득과 재산의 불균형이며, 이를 해결하기 위해서는 소득과 재산의 분배를 개선하고, 중산층의 소비력을 증대시키고, 대기업과 부유층에게 적절한 규제와 세금을 부과하는 새로운 합의가 필요하다는 것이다.

이 책은 크게 세 부분으로 나뉘어 있다. 제1부에서는 미국의 경제사에서 두 번의 대규모 위기(1929년, 2008년)가 발생한 배경과 공통점을 분석하고, 제2부에서는 현재의 위기가 어떻게 경제적 혼돈과 정치적 분노를 야기하고 있는지를 설명하며, 제3부에서는 위기를 극복하기 위해 필요한 기본적인 합의와 제도적 개혁을 제안한다.

제1부에서 미국의 경제사에서 두 번의 위기(1929년, 2008년)가 발생한 공통적인 원인을 분석한다. 라이시는 두 번의 위기가 모두 "대부분의 사람들이 근로자로서 버는 금액과 소비자로서 지출하는 금액 사이의 격차가 커지고, 총소득에서 상류층에게 돌아가는 몫의 편향성 심화"(p.50) 때문에 발생했다고 주장한다.

라이시는 소득과 재산의 불균형이 심해지면, 중산층의 소비력이 줄어들고, 경제가 침체하게 된다. 그러면 정부는 금융기관과 대기업을 구제하기 위해 대규모의 부양책을 실시하게 되는데, 이는 결국 소득과 재산의 불균형을 더욱 심화시키고, 다음 위기를 야기한다고 주장한다. 이러한 주장을 뒷받침하기 위해, 그는 각 위기가 발생하기 전후의 소득과 재산 분포에 대한 통계자료와 역사적 사례를 상세하게 제시한다.

그는 "미국인들은 이제 미국 경제가 생산할 수 있는 재화와 용역을 더는 마음껏 구매할 능력이 없다. 그 이유는 국민 총소득에서 점점 더 많은 부분이 상위 부유층에만 집중되었고, 지금도 그러고 있기 때문이다. 급료와 생산을 연결해주는 기본합의가 깨졌기 때문이 다"(p.127)라고 말한다. 그리고 이러한 불균형을 해소하는 진정한 해결책은 그 합의를 다시 확립하는 것이며, 필요한 것은 적절한 규제와 세금, 사회보장 등의 정부의 역할이라고 강조한다.

제2부에서 2008년 금융위기 이후의 현재 상황(2010년)을 다룬다. 라이시는 현재의 경제와 정치를 "혼돈의 시대"라고 칭하며, 그 원인을 다음과 같이 설명한다. 경제적 혼돈은 소득과 재산의 불균형으로 인해 중산층의 소비력이 약화되었기 때문이다. 정치적 혼돈은 소득과 재산의 불균형으로 인해 대기업과 부유층이 정치권력을 독점하고, 중산층과 하류계층의 목소리가 무시되었기 때문이다.

이러한 과정에서 "사람들이 경제적인 위협을 느끼고 삶의 안정을 상실할 때 희생양과 단순한 해법을 내놓는 권력에 끌리게 되고"(p.192), 사회적 분열과 분노를 야기하며, 극단주의와 극우주의를 부추긴다고 지적한다. 이 부분에서 그는 트럼프 대통령의 등장과 미국 내외에서 일어난 여러 사건들을 예로 들어 설명한다.

라이시는 미국의 정치체계가 금융업계와 부유층에 의해 지배되어 있으며, 대중의 요구와 이익을 무시하고 있다고 비판하며 현재의 위기가 경제적 혼돈과 정치적 분노를 야기하고 있다고 지적한다. 그는 "소득격차가 극심해짐에 따라 박탈감은 많은 미국인들에게 허탈감과 초라함을 주고 나아가 더 심각한 좌절감에 빠뜨릴 수 있다. 역사적으로 소득과 부의 거대한 격차는 정치적 불안정을 낳았다."(p.162)라고 말한다.

제3부에서 라이시는 위기를 극복하기 위해 필요한 기본적인 합의와 제도적 개혁을 제안한다.

라이시는 현대 미국 자본주의의 특징을 3단계로 구분하고, 제1단계 (1870~1929년)는 수입과 부가 점차 집중되는 시기, 제2단계(1974~ 1975년)는 번영이 더욱 폭넓게 공유되는 시기, 제3단계(1980~2010년) 는 다시 점진적 집중의 시기로 규정한다. 그러면서 새로운 합의를 통해 번영의 폭넓은 공유가 다시 규범이 되는 제4의 시대를 시작하는 것이 미래를 위해 무엇보다 시급하고 중요한 일이라고 주장한다.(p.17)

미국은 과거에도 위기를 극복하고 새로운 합의를 이루어 왔는데, 19세기 말의 진보주의 운동, 1930년대의 뉴딜 정책, 1960년대의 공공 복지 정책이 그것이다. 이러한 합의는 모두 소득과 재산의 불균형을 해소하고, 중산층의 소비력을 증대시키고, 대기업과 부유층에게 적절한 규제와 세금을 부과하는 방향으로 이루어졌다.

그는 이러한 시대를 실현하기 위해서는 역소득세 정책, 탄소세 부과, 부자들의 한계세율 인상, 실업 대책이 아닌 재고용 대책, 소득수준에 따른 학교 바우처 제도, 학자금대출과 미래 소득의 연계, 전국민 메디케어 정책, 대중교통과 공원, 박물관, 도서관 등 공공재의 확충과 무료 제공, 정경유착 지양 및 깨끗한 정치풍토 마련 등 9가지 대안을 제시한다.(pp.199~213)

그러나 이 책에는 일부 비판적인 점도 있다. 첫째, 라이시는 미국의 경제사를 너무 단순화하고 일반화하여, 각 시대별로 다른 요인과 상황을 고려하지 않고 있으며, 둘째, 미국의 정치체제가 완전히 부패하고 비효율적이라고 주장하면서도, 정부의 역할을 과도하게 강조하고 있고. 셋째, 자신의 제안이 어떻게 실현될 수 있는지에 대한 구체적인 방안과 실행력을 충분히 제시하지 못하고 있다. 그 외에도 미국 중심적인 시각에서 작성되었으므로, 다른 국가나 지역의 상황에 적용하기 어렵고, 이 책이 2010년에 출간되었기 때문에, 그 이후에 특히 코로나19 이후 발생한 여러 변화와 사건들을 반영하지 못한다는 한계가 있다.

그럼에도 불구하고 라이시의 책은 미국의 경제사와 현실을 깊이 있게 분석하고, 위기의 원인과 해결책을 명확하게 제시하고 있어 관심이 있는 사람들에게 유익하고 흥미로운 정보와 인사이트(insight)를 준다. 2011년에 출간되었으나, 현재의 코로나19 대유행(pandemic)과 그로 인한 경제적, 사회적 격변을 예견한 듯한 통찰력도 엿볼 수 있다.

좌파의 길에 대해, 좌파의 정체에 대해 과감하게 질문하자! 투쟁!

| 박지용_한국철학사상연구회, wunder@hanmail.net |

『좌파의 길』
-낸시 프레이저 지음, 장석준 옮김, 2023년, 서해문집

마르크스가 독일을 떠나 오랜 망명 생활을 거쳐 런던 한 골목에서 가난하고 고독하고 절박하게 저술한 『자본론』은 세계를 뒤흔든 저작이 되었다. 『자본론』은 자본주의 세계 안에서 노동자의 삶뿐만 아니라 전 세계 민중의 삶이 행복으로부터 아득히 멀어질 수밖에 없다고 말한다. 자본주의에 대한 비판적 분석을 통해 마르크스는 노동계급의 착취로 얻은 자본의 잉여가치가 거대한 자본 세계를 움직이는 동력임을 과학적으로 제시한다. 마르크스주의는 정치경제학만 전부가 아니다. 하지만 자본주의의 근본적인 모순이 생산수단의 소유 여부로 결정된 계급 모순에 있고, 자본주의 모순을 해결할 과제는 노동자계급에 주어진 과제라는 점은 마르크스주의의 최소한의 테두리다.

　19세기 말 가장 발전한 영국의 자본주의는 21세기 세계화된 자본주의의 형상으로 승승장구해오고 있다. 당면한 역사적 국면과 사회적인

제 형태에 따라 자본주의는 각기 다른 파시즘의 모습으로 역사를 가로질러 파국을 향해 폭주하는 기관차가 되었다. 누가 멈춰 세울 것인가.

원제로는 식인 자본주의(Canibal Capitialism)라는 제목의 책이 다시금 마르크스의 이름을 출판시장에 소환해냈다. 우리말로 번역본이 출간될 때 제목이 『좌파의 길』로 되어 있어서 "길"을 보려는 독자들은 주로 미래로 향하는 길을 보게 되리라고 기대할 것이다. 책의 마지막 부분에 제시된 21세기 좌파가 가야 할 길을 제시하고는 있지만, 현실적인 정치 지형의 공간에서 눈에 보이는 형상으로 그려져 있지는 않다. 어디서건 희망을 보려고 두리번거리는 사람이라면 누구나 알고 있다. 그 길을 기대하기란 어렵다는 것을.

프레이저는 최근 일련의 진보 논의에서 이전 저작들을 통해 그 이름이 꽤 알려져 있다. 페미니즘 정체성 정치를 좌파적 관점에서 생각하기 위한 중요한 방법론을 제시하기도 했고, 자유주의적 정치 이론에서 독점되어 온 정의이론 내부로 침입해 인정이론과의 대결 속에서 새롭게 방향 전환해야 함을 주장해왔다. 노동뿐만 아니라 환경, 페미니즘과 젠더, 정체성 정치, 제국주의와 제3세계, 포퓰리즘 정치 문제 등 여러 부문들에서 제기되는 사회적인 의제가 전체적인 진보의 관점과 어떻게 연관되어야 하는가의 물음은 21세기 진보가 지향할 기본 방향에 관한 물음이다. 이러한 중요한 질문을 던지고 답하고 있다는 점에서 『좌파의 길』이 시사점을 주는 듯하다. 만족할 만한가를 묻는 것도 중요하다. 저자가 내심 바라고 있을 터이지만, 독자인 나로서는 의문인 상황이다. 이 점은 열띤 논쟁의 대상이 되어야 한다.

『역사와 계급의식』의 저자 루카치가 1920년대 코민테른에서 교조주의로 정죄 되고 자아비판을 수행한 일이 있다. 루카치는 한참 나중에 1960년대에 주요저작들의 재판을 출간할 때, 20년대의 상황을 떠올리며 담담하게 소회를 밝히는 곳에서 20세기 좌파 지식인의 한 획을 긋는 비판이론의 이론적 태도를 문제 삼았다. 아도르노를 대표로 한 비판이론은 "심연이라는 이름의 그랜드 호텔"에 안락하게 정주해 있었다는 것이었다. 진보적인 이론은 이론적인 성찰만으로도 충분히 현실적인 힘으로 작용할 수 있는가. 분명하게 드러나 있지 않지만, 프레이저는 비판이론의 계보에서 이론적 실천을 신뢰하는 듯하다.

프레이저는 책 맨 앞 '감사의 글'에서 책을 내놓은 "저자의 '감춰진 장소'"에 대해 언급한다. 프레이저가 마르크스로부터 빌려온 표현인 '감춰진 장소'는 자본 증식의 비밀이 풀어지는 장소, 노동계급의 착취가 일어나는 현장이다. 겉으로 드러난 자본주의 사회는 현란한 상품의 세계이지만 상품 세계의 뒷골목을 돌아가면 착취당하는 노동계급의 현실이 드러나는 장소, 자본가의 잉여가치가 생산되는 장소가 있다. 『자본론』에서 착취와 수탈은 마르크스의 의도에 따라 구분되고 있다. 역사적으로 초기 자본이 형성될 때는 자본주의의 고유한 작용 매커니즘과 다른 가치 형성이 역사적으로 일어났다. 제국주의의 식민지 수탈, 정치 세력과 결탁한 자본가의 수탈은 자본의 전근대적이고 부당한 힘으로 자행된 그야말로 무법하고 뻔뻔한 자본 형성이다.

프레이저가 주장하는 '새로운 자본주의 이해를 통한 확장과 변형'은 거대한 경제적인 착취 시스템에서 사회 전체로 확장되고 전 지구적인 차원에서 자행되는 수탈 체계로서 자본주의를 이해하자는 것이다.

지불받지 못할 노동시간을 자유로운 계약을 통해서 제공하는 노동계급의 착취 이면에는 돌봄과 사회적 재생산에서 지불받지 못한 노동, 공공재와 자연환경에 대한 자본의 특권적 지배가 작용하고 있다는 점이 주요 논거로 제시된다. 단순한 상품 생산을 넘어 사회적인 재생산에서, 자연에 대한 자본의 무상 사용에서, 경제적 영역을 넘어 전 지구적 정치권력으로 확장되어, 자본주의는 '제도화된 사회질서'로서 인간과 자연환경을 집어삼키고 있다. 프레이저의 이런 기본적인 주장이 이미 마르크스 안에서도 제시된 것이거나 발견될 수 있다고 지적하는 것은 별 소득 없는 논의가 될 것이다.

수탈과 착취의 결합체인 자본주의를 분석하기 위해 착취하는 자본의 구조를 분석하는 것, 착취구조가 자본주의의 기본모순을 이룬다는 것, 이 모순을 풀기 위해 노동계급의 중심이 서야 한다는 것은 여전히 주요한 쟁점으로 논의되어야 한다. 이 문제 제기는 프레이저의 주장에 대한 근본적인 반론이기도 하다. 프레이저가 협소하다고 지적한 것이 부당하다고 문제 제기하는 것이다. 여러 모순들이 중층적으로 겹치고 걸쳐 있게 되더라도. 모순들의 해결을 위해서라도 모순들의 관계가 이론적으로 더 설득력 있게 논리적으로 해명되어야 한다.

자본주의의 모순을 뚫고 제도화된 사회질서를 사회주의적 사회질서로 새롭게 변혁하자는 주장에서 왜 혁명적인 변화를 우회하는 사민주의의 전략만을 사고해야 하는가. "그렇다면 우리 시대의 '사회주의'는 무엇을 의미하는가, 아니 의미해야 하는가? 앞 장들에서 전개한 논의가 이에 관한 한 가지 답을 제시한다. 확장된 자본주의관은 사회주의에 관해서도 확장된 인식이 필요함을 말해준다. 무엇보다도 일단 우리가 자본주의를 단지 경제로만 바라보는 관점을 폐기한다면, 사회주의 역시 더는 대안적인 경제 시스템으로만 이해할 수 없다. 자본이 상품 생산의 '비-경제적' 기둥을 놓고 제 살 깎아먹기를 하도록 생겨 먹었다면, 이에 대한 바람직한 대안 역시 생산수단을 사회적 소유로 만드는 데 그쳐서는 안 된다. 이러한 필수사항(내가 전적으로 지지하는)에 더해, 생산이 이뤄질 수 있게 하는 배경조건과 생산 사이의 관계 또한 변혁해야 한다."(pp.262~263) 이처럼 진보가 나가야 할 길로서 프레이저는 사회주의를 분명하게 표명하고 있다. 하지만 사회주의가 나아가야 할 길을 모색하자는 제안에서 프레이저는 머뭇거리면서 다시 한번 지루하게 전 지구적으로 광범위하게 제도화된 체제로서 자본주의를 세운다. 결론적으로, 프레이저는 사회적 생산에 따른 잉여에 대한 민주적인 공동 결정과 비상품적이어야 할 기초적인 공공재 공급 외에도, 존 로머가 사회주의와 시장 경제를 결합할 수 있다고 믿었듯이, 시장과 사회주의가 화해할 수 있음을 말한다.

자본주의에서 펼쳐지는 각기 다른 다양한 모순들의 백화점이 한순간 사회주의적인 조화의 백화점으로 변모할 수는 없다. 20세기를 가로질러 좌파는 자본주의에 맞선 이 싸움을 '사회주의 건설을 위한 투쟁'이라는 이름으로 한 세기를 비틀거리며 방황해왔다. 프레이저가 책에서 제시한 21세기 사회주의의 길 또한 여전히 암중모색이다. 하지만 좌파 진영에 걸친 전체 연관과 총체적인 윤곽을 그려내고 있으며, 그에 따라서 미래를 전망해야 한다는 논의는 현 단계 좌파의 상황을 잘 반영하고 있다. 열띤 논의로 좌파 정치의 불씨가 살아나길 기대해 본다.

남북은 국가 차원의 관계 개선과 공존의 제도화를 모색해야

| 이창희_동국대 북한학과 외래교수, changhi69@hanmail.net |

『남북한 국가관계 구상: 대북정책의 뉴 패러다임』
-김계동 지음, 2023년, 명인문화사

인터넷에서 시민언론 〈민들레〉의 조선민주주의인민공화국(이하 '조선') 관련 뉴스를 보다가 11월 8일 김대중 도서관에서 문정인 교수와 조선 핵전문가 시그프리드 헤커 박사, 조선 정보분석가 로버트 칼린이 함께 의견을 나눈 '코리아에서 핵 재앙 예방하기' 대담 취재기사에 주목하게 되었다. 1974년부터 조선을 연구하였고, CIA 정보분석관으로 종사하다가 1989년부터 2002년까지 국무부 정보분석국 동북아 팀장으로 30여 차례 방북하면서 당시 모든 조미 회담에 관여했다는 로버트 칼린은 대담에서 "조선이 여전히 원하고 있는 한 가지는 완전한 주권 국가로 대우받는 것이다. … 바로 우리가 해야만 하는 것 중의 하나다. 워싱턴에 있는 이들은 이를 악물고 어려운 상황을 받아들여야 한다. 원치 않더라도 조선을 국가로서 승인, 국제질서 속에서 책임과 편익의 기회를 줘야 한다. 그런 다음, 조선을 상대로 (비핵화로) '세계에 입증해야 할 게 있다'고 말해야 한다."고 발언하였다. 일종의 선국가인정, 후 비핵화 주장이다.

10월 5일 출판된 김계동 교수의 『남북한 국가관계 구상: 대북정책의 뉴 패러다임』도 유사한 문제 인식을 지니고 있다. 김계동 교수는 40년 전 유학 시절 스승인 옥스퍼드대 국제정치학 석학 헤들리 불 교수에게서 남북관계가 불안한 이유 중의 하나는 남북이 서로를 국가로 인정하지 않기 때문이라는 말씀을 듣게 되었고, 그것이 이 책을 쓰게 된 동기라고 밝혔다.

대북정책의 목표: 국가 차원의 관계개선과 공존의 제도화

김계동 교수는 단기적인 대북정책의 목표는 남북 주민들의 안전과 번영을 가져오는 평화적인 "국가 차원의 관계 개선"이며, 중장기적인 대북정책의 목표는 남북이 국제적으로 인정받는 평화협정을 체결하는 "공존의 제도화"라고 주장한다. 평화는 "대체로 국제법에 준거하고 국제사회의 인정과 지원이 절대로 필요"하기 때문에 남북관계를 특수한 관계로 설정하는 등 국가적 수준에 미흡한 합의서나 공동선언보다는 조약과 협정 등과 같이 국가 간의 제도적 차원에서 이루어져야 한다고 말한다. 조선을 국가로 인정하지 않는 문제는 냉전시대 남북 간 "상호 국격 부정과 적대적 공존"을 가져왔으며, 탈냉전시대에는 평화애호국이라는 전제에서만 가입할 수 있는 유엔에 남과 북이 동시에 가입했음에도 "주적과 평화공존의 이중구조"를 가져와 결국 평화적인 대북정책의 지속성을 가져오지 못했다고 비판한다. 과거 독일연방공화국(서독)과 독일민주공화국(동독)이 1972년 서로 주권국가로 인정하면서 서로 정식 국호로 동서독 기본조약을 체결하여 지속적인 동방정책을 추진한 것처럼 남과 북도 지속적인 평화를 위해 서로를 국가로 인정해야 한다는 것이다.

물론 조선의 핵무기 개발이 한반도 평화를 지속시키지 못한 가장 큰 원인이었다. 그러나 그는 이를 인정하면서도 국제적으로 함부로 사용할 수 없는 핵무기를 개발한 조선의 의도는 개발과 협상을 반복한 이례적인 역사에서 나타나듯이 "체제 안전을 위한 협상용 카드"라고 해석한다. 이에 근거하여 조급하거나 무리한 방식의 조선 비핵화를 추구하지 말고, 조선을 체제 안전을 요구하는 국가로 인정하면서 비핵화와 평화체제를 교환하는 해법을 제시하며, 이를 위한 남북과 미국, 중국이 참여하는 4자회담을 제안한다.

이러한 점에서 김계동 교수는 평화공동체를 경제공동체보다 먼저 실현해야 한다며 민족공동체 3단계 통일방안의 1단계 화해협력단계와 2단계 연합단계의 중간에 평화공동체 건설이 위치해야 한다고 주장한다. 남과 북의 경제적 수준 차이가 크고, 경제 제도가 완전히 다른 상황에서 남북교류협력 초기 단계에서 더 나아가는 경제공동체를 어렵게 건설하기보다는, '남북 기본합의서'와 '한반도 비핵화 공동선언'의 성실 이행 등 기존의 남북 간 군사적 합의를 이행하는 군사적 신뢰 구축을 통한 평화공동체를 충분히 구축하면서, 이를 통해 경제협력도 강화해야 한다는 것이다. 이에 기초하여 미국과 중국 등이 참여하는 '동북아 다자안보협력체'를 건설하여 한반도 및 동북아 평화의 구조화와 제도화를 확실하게 실현해야 한다고 주장한다.

남북의 국가 관계는 시대정신의 합리적 선택

그는 냉전시대에 남과 북이 서로 국가로 인정하는 것을 이적행위로, 통일에 방해되는 생각으로 취급했지만, 현재는 2022년 통일연구원의 통일의식조사에서 바람직한 남북 관계에 대해 질문했을 때 '자유로운 왕래가 가능한 2국가'를 52%가 지지한 것처럼 남과 북이 두 개의 국가로서 관계발전을 시키는 것을 시대적으로 원한다고 주장한다. 따라서 이러한 시대적 여론의 흐름과 더불어 유엔에서 남북을 두 개의 주권국가로 인정하는 상황 등을 헌법의 영토조항 변경에 반영해야 하고, 이를 통해 조선을 국내외 법적으로 주권국가로 인정하면서 남북관계 개선을 추진해야 한다는 것이다.

　나아가 이미 남과 북은 이러한 흐름을 어느 정도 자신들의 통일방안에 반영하고 있다고 주장한다. '민족공동체 3단계 통일방안'은 교류와 협력을 통한 남북관계 개선, 제도적인 평화 구축, 국가연합단계를 거쳐 하나의 국가로 통일을 하는 것으로서 국가적인 평화공동체 구상이 내재되어 있다고 한다. 다만 민족공동체 통일방안을 발전시키려면 남과 북의 평화적인 공존 상생을 지속시키기 위해서 '특수관계'보다 '국가 간의 관계'임을 명확히 하면서 국가연합을 유럽연합과 같이 최종 목표로 하는 것이 필요하며, 분단국가의 목표인 통일을 국가연합 이후의 과제로 놓는 것이 타당하다는 것이다. 또한 조선도 급진적이고 이상적인 '고려민주연방공화국 창립방안'에서 벗어나 6.15 남북정상회담에서 '낮은 단계의 연방제'를 표방하면서 남측의 연합제안과 공통점이 있다고 하여 사실상 남과 북의 정부가 정치, 외교, 군사권을 그대로 지니는 국가연합을 수용하였다는 것이다. 이는 남북 모두 이적행위, 두 개의 조선 반대 등의 냉전적 여론에서 벗어나 합리적으로 국제법상의 국가연합 건설 상황이 조성되고 있음을 나타내는 것이다.

2024년은 민족공동체 통일방안 30주년으로 발전적 계승방안 모색 필요

1989년 여야 만장일치로 국회에서 채택된 '한민족공동체통일방안'이 1994년 민족공동체 3단계 통일방안으로 발전하면서 한국의 공식적인 통일방안이 되어 30여 년이 지난 지금까지 자리하고 있다. 하지만 당시 사회주의권의 몰락과 조선의 경제난, 그리고 1차 북핵 위기 등과 맞물려 흡수통일이 강조되는 분위기에서 '민족공동체통일방안'은 교과서에 명기되었을 뿐, 구체적이고 지속적인 통일방안으로 발전하지 못하였다. 점진적이고 단계적인 특성을 지니고 있음에도 개략적인 시간표와 로드맵도 제시되지 않았다.

현재 통일부는 '통일미래기획위원회'를 신설하여 2024년 민족공동체통일방안 30주년에 이를 수정할 '신통일미래구상'을 발표할 준비를 하고 있다. 최근 자유민주주의를 강조하기 위해 '신통일미래구상'에서 '자유통일비전'으로의 명칭 변경을 검토하고 있다는 뉴스도 보도되었다. 이러한 현실에서 김계동 교수의 『남북한 국가관계 구상: 대북정책의 뉴 패러다임』은 민족공동체통일방안의 정신을 올바르게 계승하는 흐름에 커다란 자극제가 될 것이다.

❀이 책을 만드는 데 도움을 주신 분들(가나다 순)

2022년 「사단법인 생명평화민주주의연구소」 출범 이후 물심양면으로 많은 분들의 도움을 받았다. 총서 발간을 계기로 회원님들께 다시 한번 심심한 감사의 인사를 드린다(2024년 2월 16일).

강기훈	김태홍	박유미
강학모	김헌성	박자영
곽진석	김현욱	박지용
권혁소	김형욱	박찬주
고대훈	김형욱	박형근
김 관	남중현	박환수
김광영	맹찬호	배동열
김 담	민경태	배외숙
김대규	민우성	백호림
김동현	박경미	변지숙
김병직	박경희	봉 근
김선복	박광주	신동일
김성운	박기태	신혜선
김성환	박대호	안성규
김시열	박덕용	안철환
김재승	박동수	양승호
김정은	박선홍	양훈도
김종희	박수일	양희제
김춘희	박순정	여현철
김태엽	박시백	오경열

오동신	이재형	하태동
원일형	이정순	홍성순
유명이	이철희	홍영구
윤기홍	이필주	홍진옥
윤우용	임석현	황경선
윤주원	정경란	황규식
윤지환	정범진	황정옥
이덕경	정승만	황호섭
이동열	정양근	
이로운넷(윤병훈)	정연진	
이메스(왕용국)	정용태	
이명재	정진만	
이미경	정현백	
이미영	㈜월트리(정나성)	
이상진(산돌선교센터)	㈜현대디엘(신명준)	
이석규	㈜IBCPLU(임선수)	
이성현	채수건	
이세형	최승진	
이승봉	최용준	
이은경	최정아	

퇴행은 저지하고 희망은 만든다

초판 1쇄 인쇄 2024년 2월 15일 | 초판 1쇄 발행 2024년 2월 22일
엮은이 사단법인 생명평화민주주의연구소 | 펴낸이 김시열
펴낸곳 도서출판 자유문고

(02832) 서울시 성북구 동소문로 67-1 성심빌딩 3층

전화 (02) 2637-8988 | 팩스 (02) 2676-9759

ISBN 978-89-7030-174-7 93300   값 30,000원

http://cafe.daum.net/unjubooks 〈다음카페: 도서출판 자유문고〉

*표지이미지: Designed by Freepik